Wilshusen · Abreise von China

W0233228

Axel Roschen/Thomas Theye (Hrsg.)

Abreise von China

Texte und Photographien von Wilhelm Wilshusen 1901-1919

Stroemfeld /Roter Stern

Mit dem Kodak Photobuchpreis prämiiert

Inhalt

Die Deutsche Bibliothek – CIP-Einheitsaufnahme
Wilshusen, Wilhelm:
Abreise von China / Texte und Photogr. von
Wilhelm Wilshusen 1901 - 1919 / Axel Roschen;
Thomas Theye (Hrsg.). – Basel; Frankfurt am
Main: Stroemfeld, 1997
  (Roter Stern)
  ISBN 3-87877-131-2

Copyright © 1980, 1997
Stroemfeld Verlag
CH-4007 Basel, Oetlingerstrasse 19
D-60322 Frankfurt am Main, Holzhausenstraße 4
Alle Rechte vorbehalten. All Rights Reserved.
Druck und Verarbeitung: Druckhaus Dresden
Printed in the Federal Republic of Germany

Bitte fordern Sie unsere kostenlose Programm-
information an!

1. Auflage 1980
2. Auflage 1981
3. Auflage 1997 zur Ausstellung
im Reiss-Museum, Mannheim

**Photographie auf der
Umschlagseite:**

*Tung Han Sen und Wil-
helm Wilshusen (v.l.) bei einem
Ausflug nach dem Schneethale*,
Snow Valley, Ningpo; Aufnahme
ca. 1903

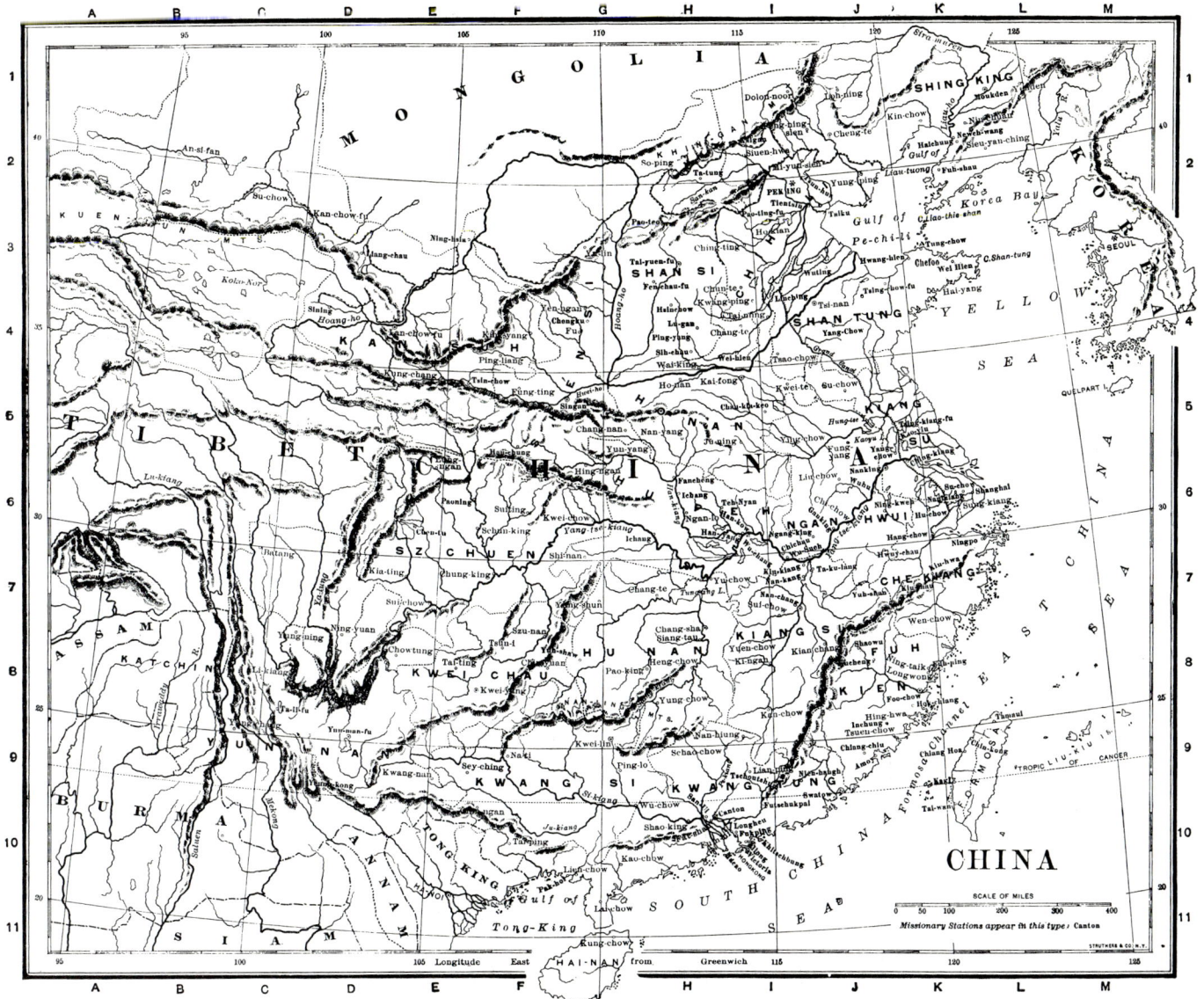

CHINA

SCALE OF MILES

Missionary Stations appear in this type: Canton

Sowie es mir meine Zeit erlaubt, werde ich wieder einen kleinen Ausflug machen, denn interessanteres als in unbekannter Gegend herumzustreifen, kenne ich gar nicht.
Wilhelm Wilshusen

„Wilhelm Wilshusen in einem chinesischen Garten", Shanghai: Aufnahme ca. 1905

Beschreibung meiner unter Zwang erfolgten Abreise von China.

Schon kurz nach der Kriegserklärung Chinas' an Deutschland wurden in den in China herausgegebenen englischen und französischen Zeitungen und auch in einzelnen chinesischen Zeitungen, welch' Letztere allerdings unter englischem oder französischem Einfluß standen, Stimmen laut, die Deutschen müssten entweder interniert oder ausgewiesen werden, da sie eine stete Gefahr für das „friedliebende" China bildeten. Dabei bekämpften sich die Chinesen in ihrem eigenen Lande. Die Zwistigkeiten unter den Chinesen waren eigentlich eine Folge der Kriegserklärung der chinesischen Regierung in Peking an Deutschland, denn diese Kriegserklärung ist von einzelnen Ministern erlassen worden ohne Befragen des chinesischen Parlaments und ohne, dass das Parlament das Vorgehen der betreffenden Minister gutheissen oder rügen konnte. Als im Parlament Männer auftraten, die ein Mitbestimmungsrecht an der auswärtigen Politik China's beanspruchten, wurde das Parlament kurzer Hand aufgelöst und die Folge war der Streit zwischen Nord- und Süd-China. Die Süd-Chinesen waren zu Anfang dieser Streitigkeiten absolut gegen eine Kriegserklärung an Deutschland, haben sich dann aber später gemausert und sich mit allen Erlassen etc., die von der Peking Regierung in Bezug auf auswärtige Politik ergingen, einverstanden erklärt. — Die Provinz Szechuan, in welcher ich mit noch ungefähr 12 anderen Deutschen ansässig war, schloss sich dem Süden an — war also

deutschfreundlich — und haben die verschiedenen höheren chinesischen Behörden und Beamten den englischen und französischen Konsuln in Chungking und Chengtu viel Widerstand entgegen gesetzt, bevor sie sich den Befehlen ihrer Peking Behörden fügten. —

Ganz systematisch wurde nun seitens der Engländer und Franzosen — und in geringerem Masse auch wohl seitens der Amerikaner — gewühlt, um uns Deutschen das Leben so schwer wie möglich zu machen. Wenngleich in der Kriegserklärung China's an Deutschland ausdrücklich betont wurde, dass China sich an die internationalen Abmachungen halten würde und die Deutschen, welche friedlichen Berufen nachgingen, dasselbe Leben führen könnten, als wie vor der Kriegserklärung, so mussten wir doch damit rechnen, dass die Chinesen stetem Druck doch nicht standhalten würden, sondern schliesslich nachgeben würden und uns entweder internieren oder gar ausweisen würden. Dass diese Ausweisung nun aber noch nach Abschluss des Waffenstillstand erfolgen würde, haben wohl nur wenige der in China ansässigen Deutschen sich träumen lassen. — Seit Mitte vorigen Jahres (1918) waren schon die in China erscheinenden Zeitungen voll davon, dass die Deutschen wohl in ihre Heimat befördert werden würden, ein verzuckerter Ausdruck für „Ausweisung". Erst gegen Anfang dieses Jahres nahmen diese Nachrichten immer bestimmtere Form an. Nun kam das chinesische Neujahr und mit ihm blieben die Zeitungen für etwa einen halben Monat aus, sodass wir Anfang Februar kaum erfuhren, was in China vor sich ging, wenn auch die

Der unglückliche November 1918.

Es nahte der unglückliche November, und der 13. November vor allem brachte das Telegramm mit der Nachricht über das Einstellen der Feindseligkeiten. Man hatte in den alliierten Konzessionen beschlossen dies durch Läuten der großen Kruppglocke in der englischen Konzession bekannt zu geben. Beim Abendbrot bei meiner Familie in der russischen Konzession begann gegen halb neun Uhr das Läuten, auf das wir mit Spannung jeden Augenblick gewartet hatten.

Der Auslanddeutsche

HALBMONATSSCHRIFT FÜR AUSLAND-
DEUTSCHTUM UND AUSLANDKUNDE

• • •

MITTEILUNGEN DES DEUTSCHEN AUSLAND-INSTITUTS STUTTGART
ORGAN DES BUNDES DER AUSLANDSDEUTSCHEN

• • •

JAHRGANG I–II • 1918–1919

JAHRGANG I–II. HEFT 4, ERSCHIENEN UNTER DEM TITEL:
MITTEILUNGEN DES DEUTSCHEN AUSLAND-INSTITUTS

STUTTGART

VERLAG DES DEUTSCHEN AUSLAND-INSTITUTS • DRUCK VON GRÜNER & PFEIFFER

Sofort setzte ich über den Peiho, um mich in das Deutsche Hotel Kreier zu begeben, als mir, aus einer Nebenstraße in die Wilhelmstraße, unsere Hauptstraße, biegend, ein großer Strom männlicher und weiblicher Engländer, Franzosen und Amerikaner entgegen strömte, der unter lautem Gejohl und Gekeife in unsere frühere Konzession einzog. Glücklicherweise erkannte man mich nicht als Deutschen und begab mich schleunigst durch eine Nebenstraße wieder zurück in meine Wohnung jenseits des Peiho. Diese so zivilisierten und kultivierten Rassen zertrümmerten verschiedene Fensterscheiben, schlugen die Schaufenster unserer Läden ein, u.a. die großen Fenster der Deutschen Konditorei Kiesling, die nicht nur in Tientsin, sondern fast überall in China wegen ihrer vorzüglichen Waren und seines angenehmen Aufenthaltes bekannt, daher auch früher viel von den Alliierten besucht war. Auf diesem Sieges- und Ruhmeszuge gelangten dann diese damals sich wie Hunnen gebärdenden weißen Kulturvölker vor unser früheres Konsulat, in das man eindrang und verschiedenes zerstörte, wobei man Herrn Siebert, der als holländischer Delegierter fungierte, die eine Gesichtsseite blutig schlug. Es folgten eine große Zahl von uns hier schon verschiedentlich geschilderten

„Coolies", Shanghai; Aufnahme ca. 1902

Die abgebildeten Coolies beförderten ihre Lasten mit dem sogenannten „Wheelbarrow", einer Art Schubkarren, dem zur damaligen Zeit, neben dem „Rickshaw", in China üblichen Transportmittel.

Neben der Lastenbeförderung diente er auch zum Transport von Personen. Auf längeren Strecken wurden bei günstigen Winden auch Segel aufgespannt.

10 Reuter-Telegramme uns über wichtige Begebenheiten ausserhalb China's unterrichteten. — Ziemlich unerwartet traf mich und einen anderen deutschen Herrn am 11. Februar 1919 abends gegen 7.30 der Befehl der chinesischen Regierung uns am 15. Februar zur Abreise nach Schanghai bereit zu halten. Es blieben uns also drei volle Tage um alle geschäftlichen Angelegenheiten zu erledigen und unseren Hausstand aufzulösen und was dieses in solch' kurzer Frist bedeutete, davon macht sich nur der einen Begriff, der es selbst mit durchgemacht hat. — Unser Erstes war, sich mit den in Frage kommenden chinesischen Behörden in Verbindung zu setzen und dieselben um Aufschub zu bitten, dieser wurde uns auch, wenn nicht direct, so doch durch Redensarten, „wir sollten doch versuchen innerhalb einer Woche, oder doch so schnell wie möglich reisefertig zu sein" gewährt. Bezeichnend ist, dass der Ausweisbefehl der chinesischen Regierung, der wohl von dem Fremdenamts-Kommissar und dem Polizeichef gezeichnet war, von dem Zoll-Director — einem Engländer — in's Englische übersetzt und in seinem Büro ausgeschrieben worden war und nur seitens der beiden chinesischen Beamten gezeichnet resp. gesiegelt worden war. So hilflos waren die chinesischen Beamten in Chungking. — Nachdem wir nun die zwar unverbindliche Zusage hatten, dass unsere Abreise einige Tage später stattfinden durfte, als im Ausweisbefehl angegeben, versuchten wir durch Eingaben an die nächst höheren Behörden in der Provinzial-Hauptstadt Chengtu einen weiteren Aufschub zu erlangen. — Auf alle unsere Eingaben an den Civil- und den Militär-

Gouverneur erhielten wir keine Antwort, ebenfalls erhielten uns wohlgesinnte Chinesen, die Verbindungen mit diesen Gouverneuren hatten auch keinerlei Antwort auf ihre Eingaben und mussten wir nunmehr damit rechnen, dass unsere Abreise sich nicht verhindern liesse. Inzwischen war zwei weiteren Deutschen, die in Chungking ansässig waren, ebenfalls der Ausweis-Befehl zugestellt worden und war diese Ausweisung direct auf das Betreiben des englischen und französischen Konsuls zurückzuführen. Nach den Bestimmungen des Pekinger Erlasses hätten diese beiden Herren in China verbleiben können, da der Eine dem Sanitätspersonal angehörte und der andere mit Bewilligung der chinesischen Regierung in Chungking zurückgelassen worden war, obwohl er als Konsularbeamter bei Kriegserklärung China's an Deutschland hätte nach Deutschland befördert werden müssen. — Da wir durch unsere chinesischen Bekannten von den Wühlarbeiten des englischen und französischen Konsuls unterrichtet waren und die chinesischen Behörden uns zu verstehen gaben, dass sie leider Nichts für uns tun konnten, gingen wir nun daran, uns auf die Abreise vorzubereiten. — Zunächst handelte es sich für mich darum, alles an geschäftlichen Papieren, die von irgendwelchem Wert für die Engländer sein konnten zu vernichten und nur ganz unersetzliche Dokumente einer als zuverlässig bekannten Person zur Aufbewahrung zu übergeben. Vorerst wurden die im Laufe der Jahre sich angesammelten Korrespondenzen einer Durchsicht unterzogen und zum grössten Teil zerrissen und verbrannt, wichtig erscheinende Briefe wurden vorläu-

Roheiten, wie die Zerstörung des Rolanddenkmals. Einige amerikanische Soldaten hielten es für nötig noch am andern Vormittag ein Schaufenster unserer deutschen Apotheke zu zertrümmern. Doch sollen diese Täter bestraft worden sein, als der Besitzer der Apotheke sofort der chinesischen Polizei mitteilte, und diese dann weitere Schritte unternahm. Jedenfalls merkte man von diesem Zeitpunkt ein Zurückhalten der Amerikaner. Am ungebärdigsten und wildesten benahmen sich nun ständig die Franzosen, für die man während des Kriegs immer noch insofern ein gewisses Beileid empfunden hatte, als man sich sagte, sie sind ja nur die

Busch „Tropen" Drei-Preis
Kamera 9 × 12 cm mit Neusilber - Gehäuse, Neusilber-Laufboden, Neusilber - Kassetten und stark vernickelten Messingbeschlägen. Außergewöhnlich solide Konstruktion. Größte Widerstandsfähigkeit auch gegen ungünstigstes Tropenklima.
Spezialprospekt hierüber, sowie Katalog über photogr. Objektive, Handkameras und Prismenbinocles kostenlos.
Emil Busch A.-G. Optische Industrie Rathenow.

Opfer ihres Ententefreundes. Die französische Konzession, Straßen wie Häuser, war bis zuletzt festlich geschmückt, während man in der englischen nur noch vereinzelt Fahnenschmuck sah. Bei dem nach einigen Wochen veranstalteten großen Fackelzuge, der aber nur sehr kurz war und vor allem auch durch unsere Haupt-, die Wilhelmstraße ging, beteiligten sich in erster Linie Franzosen, auch Engländer; aber kein Amerikaner soll teilgenommen haben.

„Wilhelm Wilshusen (Zweiter v.l.)
bei einem Ausflug mit Freunden
auf dem Hausboot „Lilienthal",
Soochow bei Shanghai; Aufnahme
ca. 1903

12 fig bei Seite gelegt, um erst im letzten Augenblick doch noch vernichtet zu werden. — Dann ging ich daran, Wäsche und Kleidung, die ich auf der Reise und später in Deutschland benötigte, zurecht zu legen. Es waren jedem Deutschen Privat-Gepäck im Gewichte von 350 engl. Pfunden: ca. 315 deutsche Pfunde erlaubt. Dieses Gepäck wurde nun voll ausgenutzt. Da wir uns in Chungking mit unserer Kleidung und unserem Schuhzeug auf's Notwendigste beschränkt hatten und die Absicht hatten uns erst nach Friedensschluss — wenn wieder ein geregelter Warenaustausch eintreten würde — neu auszurüsten, waren wir mit Kleidung und Schuhzeug ziemlich abgerissen. Es hies nun schnell den Schneider und Schuster unter Arbeit setzen und haben uns Beide auch prompt und den Verhältnissen nach gut bedient. Da wir aus englischen Zeitungen ersehen hatten, dass Leder und Seife so gut wie garnicht in Deutschland zu haben waren, oder doch nur zu unerschwinglichen Preisen, versorgten wir uns auch mit diesen beiden Artikeln und bin ich froh, Seife und Sohlleder zu haben. — Von meiner Kleidung musste ich einen Teil zurück lassen, doch handelte es sich in der Hauptsache um leichte, nur bei grosser Hitze zu tragende Kleider. Nachdem nun das Gepäck für die Reise zurechtgelegt war, ging es ans Verkaufen meiner Möbeln und Hausgeräte. Wenngleich ich auch für einzelne Gegenstände, wie Teller, Gläser und Tischwäsche sehr gute Preise erzielt habe, so habe ich doch mit dem Verkauf der überigen Sachen grosse Verluste gehabt, da die Zeit zu kurz war, um mehrere Chinesen für die Sachen zu interessieren. — Die zurückgelassenen Kisten mit

Kleidung, Büchern, Photographien, Photographischen Platten und Films, Kuriositäten etc. etc. übergab ich dem einzigen zurückbleibenden deutschen Herrn, Dr. A., mit der Bitte, die Sachen, für den Fall er auch fortmüsse, einem zuverlässigen Chinesen zu übergeben. Kurz vor unserer Abfahrt von Schanghai erfuhren wir dann, dass Dr. A. auch Chungking verlassen musste, somit bin ich über den Verbleib meiner in Chungking zurückgelassenen Sachen im Ungewissen. — Von den noch vorhandenen Konserven und aus meiner Räucherkammer wurden die besten Sachen zurechtgelegt, um unseren Proviant auf der Reise von Chungking nach Ichang — dem ersten Hafen, an welchem wir unser Hausboot zu verlassen hatten, zu vervollständigen. Nun konnten wir mit Ruhe unserer Abreise, die seitens der chinesischen Behörden auf dem 5. März festgesetzt war, entgegen sehen. Als Beförderungsmittel dienten uns zwei chinesische Salzboote. Das grössere Boot war für uns vier Deutschen bestimmt, während das kleinere Boot die Bedienung und deren Angehörigen zweier der Herren aufnehmen sollte. — Bevor wir aber die Reise antreten sollten, gab es noch harte Auseinandersetzungen mit dem Transportführer, welcher, ob mit seinem Wissen oder nicht, das will ich dahin gestellt sein lassen, mehrere chinesische Kaufleute sich auf unserem Boot hatte einnisten lassen, sodass der uns zur Küche dienende Raum sehr beengt wurde. Nachdem schliesslich der eine Teil dieser blinden Passagiere nach dem kleineren Boot übersiedelte, gaben wir uns zufrieden und die Reise konnte losgehen. Unter gewöhnlichen Verhältnissen würde die Fahrt

Nach dem 11.11.1918.

Wir sehen jetzt auf Grund vorliegender Originalberichte der chinesisch-englischen oder französischen Zeitungen etwas genauer über die hier schon z.T. erwähnten Vorgänge in China, wenn auch freilich erst die bald zu erwartende Ankunft unserer Chinadeutschen uns die volle Wahrheit enthüllen wird. Der „Peking Leader" und der „Currier d' Haiphong" berichten über die Siegesfeiern, die in Peking

Aus China und Japan

Reise-Erinnerungen

von

Rudolf Lindau

Berlin W
S. Fontane & Co.
1896

und Tientsin von den in einen wahren Freudentaumel geratenen Alliierten veranstaltet wurden, als die Kunde vom Abschluss des Waffenstillstandes nach China kam. Als die grosse Glocke der britischen Niederlassung in Tientsin die Nachricht durch Läuten verkündet hatte, sammelte sich ein Trupp von über 1000 Engländern und Engländerinnen, Franzosen und Französinnen sich an, der durch Damen und Herren verstärkt wurde, die im französischen Klub das Ereignis schon reichlich begossen hatten. Mit Sirenen und Pfeifen, Trommeln und Gongs, mit Lärminstrumenten aller Art wurde ein Höllenlärm gemacht. Dann zog man zur deutschen Niederlassung, warf überall die verdunkelten Fenster ein, drang in das deutsche Konsulat hinein, wo ein Beamter Deutschlands zurückgeblieben war, der unter dem Schutze des holländischen Konsuls die deutschen Angelegenheiten bearbeitet, griff den Beamten tätlich an und warf ihn zum Fenster hinaus. Vor dem Konsulat liegt der Platz, wo die deutsche Roland-Statue aus Bronze zum Andenken an die Verteidigung Tientsins während der Boxer-Unruhen errichtet worden ist; man warf die Statue von ihrem Sockel und schleifte sie an einem Automobil durch die Strassen zum französischen Klub, wo sie in Stücke geschlagen wurde. Die Stücke wurden

„Straßenschuster", Shanghai; Aufnahme ca. 1907

Chungking-Ichang etwa 8 Tage gedauert haben. Da wir aber zur Zeit sehr niedrigen Wasserstandes abfuhren, hatte der Fluss ganz geringe Strömung, ausserdem wurde der Räubergefahr wegen nur an grösseren Plätzen angelegt, sodass wir manchmal schon um 3 Uhr Nachmittags festmachten, um dort bis zum nächsten Morgen liegen zu bleiben. Unter diesen Verhältnissen dauerte unsere Fahrt bis Ichang 14 Tage.

„Floß auf dem Jangtse"; Aufnahme ca. 1908

Ich kann nicht behaupten, dass wir böse über die langsame Fahrt waren, denn nachdem wir uns an Bord unseres Schiffes einigermassen eingerichtet hatten und unser Koch sich über die mitgenommenen Vorräte informiert hatte, konnten wir ruhig eine mehrwöchentliche Reise im Hausboot antreten, war doch dieser Teil der Reise der angenehmste von Allen, da wir hier nur mit Chinesen zu tun hatten, während wir später doch mehr oder weniger von Englands Willen abhängig waren. —

Zu unserem Schutze dienten der Transportführer — ein Schulmeister von Beruf — sowie ein Unterleutnant nebst 10-12 Soldaten. — Als wir am Abend vor unserer Abfahrt bei schönstem Wetter an Bord sassen und wir durch verschiedene Gläser Bier, die wir mit chinesischen Bekannten, die uns gute Reise wünschen wollten, tranken, in eine Stimmung geraten waren, die uns über den zwangsweisen Abschied aus Chungking hinwegsetzen sollte, begann unser mitreisender Herr Sch. die mitgenommene Quetschkommode zu bearbeiten. — Als ich Herrn Sch. bat, doch das uns allen bekannte Kinderlied „alle Vögel sind schon da" zu spielen, hatten wir bald das schönste Konzert an Bord, denn die zu unserem Schutz mitfahrenden Soldaten stimmten alsbald zu dieser Melodie ihren chinesischen Text an. — Irgendein deutscher Instructeur hat wahrscheinlich früher einmal zu dieser Melodie ein chinesisches Marschlied verfasst, denn in Szechuan hört man dieses Lied häufig von den Soldaten singen. Die Soldaten waren ganz erstaunt, dass Herr Sch. dieses schöne *chinesische* Soldatenlied so ganz fehlerfrei spielen konnte und meinten, er müsse doch sehr gut chinesisch können. Dass es sich um ein deutsches Kinderlied handelte, wollten sie sich nicht sagen lassen. — So war gleich am ersten Tage unseres Anbordsein ein angenehmes Verhältnis zwischen den Ausgewiesenen und den Ausweisenden und ist das gute Verhältnis auch bis beim Verlassen des Hausbootes geblieben. —

Es erübrigt sich nun etwas über unser Boot zu sagen, in welchem wir die nächsten zwei Wochen verbringen mussten. —

Das Boot hatte eine Länge von etwa 120 Fuss, die hintere Hälfte des Bootes war überdacht und dieser überdachte Raum in

durch einen Engländer zugunsten des französischen Verwundeten Fonds versteigert. Die englische Presse berichtet, dass am nächsten Morgen die schmucke deutsche Niederlassung „wie ein Dorf nach einem Pogrom" ausgesehen habe. Die Menge zog durch die Strassen, um sich das Schlachtfeld anzusehen. Chinesische Polizei hatte vergeblich versucht, des Alliiertenpöbels Herr zu werden.

Ebenso toll oder noch toller ging es in Peking zu. Soldaten der Alliierten drangen in das Gesandtschaftsviertel und plünderten und brandschatzten dort nach Herzenslust. Anamitische Soldaten drangen den erwähnten Zeitungen zufolge in das schöne Gebäude der Deutschen Bank und legten dort Feuer an. Ein deutscher Juwelierladen lag der Bank gegenüber, er wurde verwüstet und ausgeplündert, die Einrichtung wurde in Stücke geschlagen, die Juwelierwaren wurden auf die Strasse geworfen. Der Laden von Hartung, einem deutschen Photographen, der neben dem bekannten Wagons-Lits-Hotel wohnte, wurde demoliert, auf die Fensterscheiben hatte jemand geschrieben: „Gott strafe den Kaiser". Gegen 11 Uhr abends drangen dann die Horden in die Bank ein, und zwar durch die Hinterpforte. Mehrere Behälter, die anscheinend Petroleum oder Paraffin oder sonst entzündliche Stoffe enthielten, wurden in die Räume gebracht und angezündet. Die chinesischen Polizisten der Gesandtschaft brachten unter Überwachung der amerikanischen Schutzwache die erste Hilfe. Gegen Morgen wurde man erst des Feuers Herr. Die Feuerwehrleute trugen aus dem brennenden Gebäude noch zwei oder drei Kisten mit Brennstoffen heraus. Auch ein chinesischer Lebensmittelladen wurde verwüstet, der von sehr vielen Chinesen, Europäern, auch Deutschen darunter, besucht wurde. Man vermutete zu Unrecht, dass es deutsches Eigentum sei. Die aufgeregte Menge wollte auch die deutsche Kaserne zerstören, da aber die holländische Wache mit Gebrauch ihrer Schusswaffen drohte, wagte sich niemand heran. Dann zog in der Morgenfrühe eine Rotte angetrunkener Engländer auf dem Heimweg von einer Siegesfeier durch die grosse Hatamenstrasse und begann, wie der „London and China Telegraph" meldet, das Ketteler-Denkmal zu zerstören. Wir haben über diese Angelegenheit schon berichtet, tragen aber noch nach, daß die chinesische Polizei machtlos war und nur den Verkehr abzulenken vermochte. Fran

„Dschunke auf dem Yangtse-
Kiang"; Aufnahme ca. 1908
2

16 drei Abteilungen abgeteilt. Die beiden vorderen Abteilungen waren als Wohn- und Schlafräume für etwaige Mitreisende gedacht, in unserem Falle aber, waren beide Räume als Schlafräume benötigt, jeder Raum war gerade gross genug, um je zwei Betten darin aufstellen zu können. Herr Kn. und ich, die wir den vorderen Raum benutzten und unsere Feldbetten darin untergebracht hatten, -hätten ja schliesslich vor dem Frühstück die Feldbetten zusammenklappen können, aber da das Wetter so schön war konnten wir uns fast während der ganzen Reise auf dem Verdeck aufhalten, so ersparten wir unseren Dienern die Mühe des sich sonst täglich wiederholenden Umbaus der Betten. — Die dritte Abteilung des überdachten Raumes in unserem Boote diente als Küche (für uns) und als Wohnung für den Laoban (Schiffsführer) und den zwei mitreisenden Kaufleuten, sowie dem Transportführer und dem Unterleutnant.

Unser schweres Gepäck war unter Deck auf den Salzsäcken verstaut, während die während der Reise gebrauchten Sachen in unseren „Kabinen" Platz fanden. —

Die vordere Hälfte des Bootes erhielt nur während der Nacht ein Dach aus Matten, die Schutz gegen Regen gewährten. Auf dem Vorderdeck befand sich die Küche für die Schiffsbesatzung und die Ruderer, deren Zahl sich auf etwa 70-75 Personen belief. Die Fortbewegung unseres Bootes geschah durch seitlich am Schiff angebrachte grosse Ruder (Yuloh genannt) diese Ruder — sechs an der Zahl, auf jeder Seite drei — wurden ähnlich den Flossen beim Schwimmen der Fische durch je 8-12 Ruderer in Bewegung gesetzt und gaben dem

Schiff in ruhigem Wasser eine Fahrt, mit der man am Ufer ganz bequem Schritt hätte halten können. Bei stärkerer Strömung dagegen erhöhte sich die Geschwindigkeit um ein Bedeutendes. Bei der Fahrt flussabwärts hat der Laoban seinen Bedacht darauf, das Boot möglichst in der grössten Strömung zu halten, da es dann schneller fortkommt, während bei der Bergfahrt die Boote so dirigiert werden, dass die geringste Strömung aufgesucht wird. —

Von der gesamten Schiffsbesatzung und den Ruderern gehörten wohl 10 Personen dem Schiff als feste Besatzung an, die Uebrigen waren nur für die Reise Chungking-Ichang angenommen worden. — Die Leute erhalten an Bord für die Strecke Chungking-Ichang volle Verpflegung, sowie 800-1200 Käsch Löhnung, nach derzeitigem Kurse ungefähr Mk.-. 80 bis Mk. 1.20. An Verpflegung giebt es, mit zwei oder drei Ausnahmen während der Dauer der Reise, nur Reis und Gemüse, Fleisch soll gewöhnlich an den grösseren Plätzen, an welchem das Boot dann auch meistens einen Tag liegen bleibt, gegeben werden, doch wissen sich die Laobans hierum zu drücken oder aber sie veranlassen ihre Passagiere der Schiffsbesatzung und den Ruderern die ihnen eigentlich zustehenden Fleischrationen zu kaufen. Da wir uns über die Arbeit der Schiffsmannschaft und der Ruderer nicht zu beklagen hatten, haben wir gerne den Leuten zweimal einen grösseren Posten Schweinefleisch zukommen lassen und waren die Leute sehr dankbar dafür. —

Ich habe noch vergessen zu erwähnen, dass einer unserer Mitreisenden, Herr Sch., am Abend vor unserer Abreise durch das

zösische und italienische Soldaten setzten nachmittags das angefangene Werk fort und brachten dazu ihr geeignetes Handwerkzeug mit. Einige Pfeiler des Bogen wurden abgetragen. Schliesslich griffen die Chinesen ein, errichteten ein Gerüst und bauten den Marmorbogen ab. Am 4. Dezember wurde der letzte Teil des Denkmals gesprengt. Die englischen Zeitschriften berichteten schamhaft, es habe die Absicht bestanden, das Denkmal an einem anderen Punkt wieder zu erstellen „als ein Zeichen des Sieges des Rechts über die Macht". Das ist wohl aber nun unnötig geworden. Scheinheilig erzählte später die englische Presse, man hoffe in Zukunft verhindern zu können, dass die Begeisterung der Bevölkerung in Akte ausarte, die einen Bruch des öffentlichen Friedens bedeuteten.

3

*„Gänse werden zum Markte getra-
gen"*, Shanghai; Aufnahme ca. 1905

18 chinesische Rote Kreuz in Chunking an Bord gebracht wurde, nachdem derselbe beim Präsidenten des Roten Kreuzes, Herrn Wei zum Abschiedsessen nebst den Vorstandsmitgliedern geladen worden war. — Herr Wei hat sich tüchtig für die Deutschen in Chungking in's Zeug gelegt und dafür auch allerlei Anfeindungen, besonders seitens des englischen Konsuls gefallen lassen müssen. — Als ihm eines Tages der Konsul sagte, er würde dafür sorgen, dass Herrn Wei's Bruder, welcher eine Stellung bei der Asiatic Petroleum Co. hatte, seinen Posten los würde, sagte ihm Herr Wei, damit käme er zu spät, er habe seinen Bruder schon veranlasst, dass er diesen Posten aufgebe, bevor er dazu gezwungen werden würde. Auf Vorhalte desselben Konsuls, wie er wohl einen deutschen Arzt beim chinesischen Roten Kreuz beschäftigen könne, wo doch auch tüchtige englische, amerikanische und französische Aerzte zur Verfügung ständen, erwiderte Herr Wei, es läge kein Grund vor den deutschen Arzt zu entlassen, da das Rote Kreuz ausserhalb der Kriegsmassregeln ständen und im Uebrigen nähme er — Herr Wei — nur Befehle von seiner Regierung an und nicht von einem englischen Konsul. Die Wut des englischen Konsuls kann man sich lebhaft vorstellen, wie er erfahren hat, dass Herr Sch. seitens des chinesischen Roten Kreuzes mit Musik und Feuerwerk abgefeiert wurde. —

Am frühen Morgen des 5. März legte unser Boot ab um nach etwa einstündiger Fahrt in Tang Chia Toh bei der unterhalb Chungking gelegenen Zoll-Kontrollstation wieder anzulegen, um seitens der Likin-Behörde einer Untersuchung unterzogen zu werden. — Wir vier Deutsche wurden von dem in Tang Chia Toh stationirten Dänen, Herrn S. in liebenswürdiger Weise zu einem kleinen Imbiss geladen und wurde sogar noch ein Glas Sekt auf gute Heimreise getrunken. So ganz ohne Freunde sollten die in aller Welt verhassten Deutschen nicht sein; auch in Chungking haben verschiedene chinesische Bekannte uns kleine Geschenke von Tee und Seide mit auf den Weg gegeben und uns verschiedentlich zu Abschiedsessen eingeladen. — Nach etwa 1½ stündigem Aufenthalt in Tang Chia Toh setzten wir die Reise wieder fort und passirten die der Tang Chia Toh-Bucht vorgelagerte Schlucht, sowie das Dorf Da Ching Chang, bei welchem wir so häufig zur Entenjagd mit meinem Hausboot gewesen waren. — Von herrlichstem Wetter begünstigt ging die Fahrt vor sich, alle von den früheren Reisen bekannten schönen Punkte kamen uns wieder zu Gesicht und waren wir fast die ganze Zeit auf dem Mattenverdeck um uns der schönen Gegend zu erfreuen, denn das hatten wir uns bei der Abreise vorgenommen, Trübsal wird nicht geblasen, wir mussten uns eben damit abfinden, dass wir ausgewiesen waren, aber unterkriegen liessen wir uns nicht von aufkommender trüber Stimmung und ich kann wohl sagen, die 14tägige Fahrt von Chungking bis Ichang gehört zu meiner schönsten Erinnerung von meinen vielen Reisen, wenn ich auch vorausschicken muss, dass wir vier Reisende uns nicht immer einig gewesen sind, haben wir doch schon nach wenigen Tagen unserer Abfahrt zwei getrennte Küchen geführt. Einer unserer Mitreisenden, Herr Gl., war sehr leidend geworden, d.h. seelisch, nicht

TAGEBUCH
MEINER REISE NACH AUSTRALIEN,
DER SÜDSEE UND DEM OSTEN
VOM 21. MAI 1910 BIS
11. FEBRUAR 1911

PH. HEINEKEN

Das Dinner.

Abends gaben die Herren Melchers & Co. mir zu Ehren ein größeres chinesisches Diner, das in einem in der Chinesenstadt gelegenen chinesischen Restaurant stattfand. Der Comprador von Melchers, in dessen Händen die Arrangements lagen, hatte alles bestens vorbereitet; das Lokal war mit zahlreichen bunten Laternen, Fahnen, unter denen sich auch die Lloydflagge befand, sehr hübsch ausgeschmückt. An einer Reihe von runden Tischen nahm die Gesellschaft, ca. 40 Europäer, Herren und Damen, sowie ca. 170 Chinesen, nur Herren, Platz, um sich den mehr als zweifelhaften Genüssen der chinesischen Gerichte hinzugeben; Haifischflossen, Vogelnestsuppe, alte, schwarz gewordene Eier und dergleichen Delikatessen mehr wurden uns in reicher Fülle vorgesetzt. Als Getränk wurde Champagner, Rheinwein und schließlich ein sogenannter Sherry, der, aus Reis zubereitet, dem japanischen Reiswein ähnelt, gereicht.

4

„Amt für Likin-Steuern", bei
Shanghai; Aufnahme ca. 1903

Seit etwa 1853 wurde in China
die Likin-Steuer erhoben, jedoch in
größerem Umfange erst seit dem
Taiping-Aufstand (1850-1864), als
die zur Niederwerfung des Auf-
standes nötigen Geldmittel fehlten.

Bei der Likin-Steuer handelte es
sich um eine Inlandssteuer, die ursprünglich einmal 1 Käsch per Tael
auf den Verkauf aller Waren betrug.

Im Laufe der Zeit unterlag sie jedoch immer mehr der Willkür der
Steuerbeamten, die sie oftmals nur
nach eigenem Gutdünken festsetz-
ten.

An allen wichtigen Handelsstra-
ßen fand man damals solche Ämter,
bei denen die Steuer zu entrichten
war. Auf den Tafeln am Eingang
sieht man rechts die Inschrift: „Amt
für Likin-Steuer; Unbefugten ist
der Zutritt verboten." Die linke
Tafel trägt die Inschrift: „Steuer-
hinterziehung wird streng bestraft".

körperlich, denn er hatte das respectable Gewicht von rund 200-210 Pfund — und fiel uns schliesslich durch sein Benehmen derart auf die Nerven, dass wir es als eine Erholung betrachteten, als wir durch seinen Diener erfuhren, er sei genötigt, seines kranken (?) Magens wegen für sich alleine zu essen. — Dieser Herr war durch die Ausweisung und die dadurch hervorgerufene Nichtachtung seiner gewichtigen Persönlichkeit seitens seiner früheren sogenannten chinesischen Freunde beim Fremdenamt u.s.w. derartig verstimmt und niedergeschlagen, dass wir manchmal an seinem Verstande zweifelten. — Na, uns drei Anderen hat dieses Benehmen den Reiz der herrlichen Fahrt nicht nehmen können. —

„Boot hoch auf einem Felsen sitzend, bei Hochwasser gestrandet, etwa 60 bis 70 Fuß über niedrigem Wasserstand"; Aufnahme ca. 1916

Gegen vier Uhr nachmittags machte das Boot bei einem grösseren Platz fest und konnten wir nun noch bis zum Dunkelwerden uns am Ufer ergehen. Bei diesem Her-

umlaufen bedauerten wir, dass wir unsere Hunde hatten zurücklassen müssen, da diese ihre Freude am Herumtollen gehabt hätten; da wir aber gute Herren für unsere Freunde gefunden hatten — einer meiner Hunde hatte einen Griechen zum neuen Herrn bekommen und der andere einen Schweden — war es wohl besser so, denn nach unserer Ankunft in Ichang hätte es Schwierigkeiten verursacht, die Hunde mitzunehmen um sie vielleicht in Hankow oder in Schanghai bei Bekannten unterzubringen, da wir ja garnicht wussten, wer von unseren alten Bekannten überhaupt noch in China war. —

Am nächsten morgen bei Tagesanbruch setzten wir unsere Fahrt fort, alle zwei bis drei Stunden wurde mit einem kleinen Eisenstab, welcher an einer Leine bis zum Schiffsboden heruntergelassen wurde, im Schiff nachgesehen, ob das Schiff wasserdicht sei, denn bei der heiklen Ladung durfte das Schiff kein Leck bekommen. Unser Schiff hatte eine Ladung von etwa 30 Tons Salz, welches vom Orte der Gewinnung — der Stadt Tzeliu Tsin in Szechuan — bis zum Verkaufsplatz Shasi, unterhalb Ichang, einen Weg von 800-1000 Kilometer zurück zu legen hatte. — Durch die häufige Kontrolle im Schiff, die auch des nachts ausgeübt wurde, konnten wir ganz beruhigt schlafen und brauchten nicht zu fürchten, dass uns das Schiff unter unseren Füssen versacken würde. — So setzten wir die Fahrt drei Tage fort, um dann schliesslich eine kleine Abwechselung zu bekommen. Bei der Einfahrt in eine wunderbare Schlucht, auf beiden Seiten mit kleinen Waldungen bestanden ging unser Unterleutnant mit seinen Leuten — bis

Der deutsche Gelehrte.

Während Mrs. Wilms dies sprach, sah Lilith, wie ein Mann in chinesischen Kleidern mit raschen Schritten, aber in einer feierlichen Haltung vom Garten her auf die Terrasse zukam. Er hielt die Hände mit einer vornehmen Bewegung leicht vor sich hergestreckt, und Lilith bemerkte jetzt, dass er einen langen, dichten Bart hatte und ein Europäer war. Er kam leicht wie ein Schatten zu Mrs. Wilms Sessel, legte die Hände ausgebreitet, dass die langen Fingernägel, die er nach der alten Sitte hoher Mandarine trug, sich über die Lehne spreizten, und beugte sich zu Mrs. Wilms nieder. [. . .] Mrs. Wilms sagte zu Lilith: „Es ist der Professor Dang aus Jena. Er ist etwas gestört und wohnt in meinem Haus. Er war auf einer chinesischen Universität im Innern des Landes und hat sich oft so tief in die Rätsel der chinesischen Denkungsart verloren, daß sein Verstand sich nicht mehr zurückfand. Er glaubt jetzt, er befinde sich in einem zweiten Leben auf der Welt als hoher chinesischer Literat, und zum Dank für seine Liebe zu den chinesischen Menschen und Schriften aus dem ersten Leben liebe ihn die Kuan Jün, die chinesische Mutter Gottes, von der sie in der Halle die schöne Statuette aus Rosenquarz gesehen haben. Es kommt häufig vor, daß europäische Gelehrte über die Beschäftigung mit chinesischen Dingen den Verstand verlieren. Besonders Deutsche, weil diese aus der Veranlagung ihres Volkes heraus sich hemmungslos an das Fremde hingeben können. Oder sie werden Trinker."

5

„Hausboot auf einem Creek bei Soochow"; Aufnahme ca. 1904

Die Hausboote zählten zu den beliebtesten Verkehrsmittel im alten China. Um die Jahrhundertwende gab es in China nur ein sehr kurzes Eisenbahnnetz, und den Landweg im Tragestuhl oder auf Reittieren zurückzulegen, nahm der Reisende nur sehr ungern in Kauf, denn es war strapaziös, das Gepäck war begrenzt und die Herbergen hatten einen zweifelhaften Ruf.

So wurden für längere Reisen, die nicht selten mehrere Wochen dauerten, wann immer die aus-gedehnten Fluß- und Kanalsysteme es zuließen, Hausboote gemietet.

auf zwei, die im Boot verblieben — an Land, um nach Räubern, die ihm am letzten Liegeplatz gemeldet worden waren zu fahnden. Das Boot machte nur wenig Fahrt, die Ruderer, die sonst viel sangen oder Spässe machten waren still und Alles erwartete jeden Augenblick einen Zusammenstoss der Soldaten mit den Räubern. Nur wir vier Deutsche glaubten nicht an den Spuk, als wenn die Räuber vorher Bescheid schicken werden, wo und wann sie Boote überfallen wollen. Es geschah natürlich Nichts und nach wenigen Stunden kam unser tapferer Unterleutnant wieder mit seinen Kriegern an Bord um den mit uns reisenden chinesischen Kaufleuten grosse Geschichten zu erzählen, die schliesslich darauf hinausliefen, dass man es nur seiner Umsicht zuzuschreiben habe, wenn sich die Räuber nicht aus ihren Verstecken hervorgewagt hätten. — Bei den Plätzen Schang Sheu, Föngtu und Schung chow legten wir auf der Weiterfahrt während der Nächte an und näherten uns dann der grösseren Stadt Wanhsien. Diese Stadt liegt etwa in der Mitte zwischen Chungking und Ichang und sollten wir hier erfahren, ob die beiden dort ansässigen Deutschen Herren sich unserem Transport anschliessen würden oder nicht, denn nach den bisher aus Wanhsien nach Chungking an uns gelangten Nachrichten hatten diese Herren bei unserer Abfahrt aus Chungking noch keinen Ausweisungsbefehl erhalten. — Gleich nach unserer Ankunft suchten wir nun die beiden Herren auf und erfuhren von ihnen, dass sie sich auch reisebereit zu halten hätten. — Ihre Ausweisungsbefehle waren ursprünglich für Herrn Sch. und Dr. A. ausgefertigt gewesen, damit sie nun für die bei-

den Herren in Wanhsien passten, waren die zuerst eingefüllten Namen ausradiert und die neuen Namen darüber geschrieben. Hätte der chinesische Sekretär vom Fremdenamt in Chungking die beiden Schriftstücke umschreiben müssen, so würde er wohl eine Woche dazu benötigt haben, da half er sich eben auf diese Weise. Die beiden Herren versuchten nun sich unserem Transport anzuschliessen, mussten aber die Erfahrung machen, dass die chinesischen Behörden in Wanhsien ganz unabhängig von denjenigen in Chungking arbeiteten, denn es stellte sich heraus, dass das Chungking Fremdenamt wohl den Befehl von Peking, die Deutschen nach Schanghai zu befördern weitergegeben hatte, aber die Bestreitung der Kosten hierfür den Wanhsien-Behörden überlassen hatte. Die Behörden in Wanhsien stellten sich nun anfänglich auf den Standpunkt den sie auch den beiden Deutschen Herren ganz offen darlegten — wenn man uns kein Geld für die Heimsendung der Deutschen bewilligt oder schickt, tun wir auch nichts in dieser Angelegenheit. — Es erschien demnach ausgeschlossen, dass die beiden Herren mit uns fahren konnten und wollte unser Transportführer sich auf längeres Warten auch nicht einlassen. Wir fuhren deshalb am nächsten Tage wieder weiter um dann nach etwa einer Woche mit den beiden Wanhsien-Herren einen Tag nach unserer Ankunft in Ichang wieder zusammen zu treffen. —

Kurz nachdem wir Wanhsien verlassen hatten, sollten wir die erste grössere Stromschnelle passieren, es war dieses der „Hsin Lung tan" eine vor etwa 25 Jahren durch Bergrutsch gebildete Schnelle. Das

Spezial-Haus für
Tropen-Ausrüstungen
für Beamte, Kaufleute, Private, Farmer und Expeditionen

Lüttge & Braun · Hamburg
Ferdinandstraße 55/57

Unsere Spezialität: Lieferung sämtlicher Tropenausrüstungsartikel, als: Tropen-Anzüge, Kopfbekleidung, Tropenwäsche, Fußbekleidung, Bademittel, Koffer, Reise- und Tropenartikel, Zelte, Zeltausrüstungen usw. für einzelne Herren und Expeditionen
Auf Grund persönlich in den Tropen gesammelter Erfahrungen!

Keine Preußen.

Der Verkehr mit den Dienstboten und Kulis freilich wie mit den Handwerkern, Lieferanten usw. muß ein für unsere Begriffe zum mindesten sehr energischer sein, weil man sonst bald als der Dumme übers Ohr gehauen wird und jeden Respekt verliert. Gutmütigkeit empfindet der Ostasiate als Dummheit.

Jeder chinesische Angestellte will außer seinem festen Gehalt noch die Möglichkeit haben, auf Umwegen durch Provisionen und kleine Betrügereien einen Nebenverdienst zu erlangen. Jeder, aber auch jeder Hausboy oder Koch betrügt seine Herrschaft, und zwar meist in so geschickter Weise, daß man oft gar nicht oder zu spät dahinterkommt. Eine Beamtenstellung mit festem Gehalt ohne heimlichen Nebenverdienst ist dem durch und durch kaufmännisch veranlagten Chinesen unerträglich.

Ich kannte eine Dame, die zu ihrem Koch sagte: Ich weiß, daß du mich monatlich um etwa fünf Dollar betrügst. Ich werde dir von jetzt an fünf Dollar mehr Gehalt geben, aber ich werde dir die Gelegenheit nehmen, mich zu betrügen. Und so geschah es. Aber der Koch, der doch mühelos die früher mühsam erschwindelten fünf Dollar Zulage bekam, fühlte sich bei dem Brachliegen seiner kaufmännischen Intelligenz so unglücklich, daß er seine gute Stellung kündigte und davonging. Dieser Zug ist außerordentlich charakteristisch für alle Chinesen und er ist gleichzeitig ein Beweis dafür, daß China nie einen Beamtenstaat nach preußischer Art bilden kann.

„Hafenplatz am oberen Yangtse-
Kiang"; Aufnahme ca. 1916

24 an und für sich durch felsige Ufer eingeengte Fahrwasser ist noch durch hineingerollte grosse Felsblöcke versperrt und bildet für die Schiffahrt eine gefährliche Passage. — Die Schnelle musste in einem ganz besonderen Winkel angesteuert werden, war das Schiff dann aber erst in dem wild wirbenden Strömungen drin, so mussten die Ruderer ihre ganze Kraft aufbieten, um zu verhindern, dass das Schiff in den sich bei der Schnelle bildenden Aufstrom geriet, da es sonst eine Art Karussellfahren abgegeben hätte. — Als das Schiff gerade in den grössten Wogenschwall geriet, nahm unser Unterleutnant einem der Soldaten das Gewehr aus der Hand und feuerte fünf scharfe Schüsse in's Wasser um den Wassergott einzuschüchtern, damit derselbe das Schiff nicht zu sich in die Tiefe zöge. — Nach wenigen Sekunden war alle Gefahr überstanden und unser Leutnant tat sich etwas zu Gute darauf, durch sein schnelles Eingreifen unser aller Leben gerettet zu haben. — Herr Kn. und ich hatten diese Fahrt schon mehrfach gemacht und dieselbe jedes Mal von Neuem schauerlich schön gefunden. Dagegen Herr Gl. traf sofort durch seinen Diener als Vermittler, mit dem Laoban ein Abkommen, dass er bei jeder der folgenden Schnellen, die irgendwie gefährlich sein könnte, ihn vorher an Land setzen müsse, damit er die lebensgefährlichen Passagen auf sicherem Boden zu Fuss passiren könne. So ist es dann auch später geschehen. — Am nächsten Tage, bei herrlichsten Frühlingswetter, machte unser Boot schon an frühem Nachmittage in der Nähe eines kleinen Dorfes fest. Es war dieses der Heimatsort des Laobans. Kn. und ich benutzten die Gelegenheit um ein erfrischendes

Bad im Yangtse zu nehmen. Wenngleich die Luft sehr warm war, so war das Wasser doch noch ganz eklig kühl und machte ich bald, dass ich wieder aus dem Wasser herauskam. — Während der ganzen Jahre, die ich in Szechuan ansässig war, habe ich nie im Yangtse gebadet, da das Wasser während der warmen Monate zu trübe, durch den mitgeführten Lös war und während der Zeit des niedrigeren Wasserstandes — in den kühleren Monaten war es mir zu kalt zum Baden im Freien. — Um nun nach der Abkühlung wieder einigermassen warm zu werden, erstiegen wir die nächsten Anhöhen, von welchen sich uns wunderbare Ausblicke des sich durch das Gebirgsland seinen Weg suchenden Yangtse boten. — Wir hatten es uns nicht träumen lassen, dass wir auf der Talfahrt, welche sonst in etwa 7 Tagen vor sich geht, solch' schöne kleinere Ausflüge unternehmen konnten, wo wir doch schliesslich als Gefangene reisten. Unser Laoban schien aber gar keine Eile mit seiner Ladung — die schon seit nahezu ¾ Jahren im Schiffsraum lag, nach Shasi zu gelangen. — Jetzt wurde die Gegend von Tag zu Tag schöner, nach Passiren der Stadt Kweitschu-Fu — wo wir einen ganzen Tag lagen und Gelegenheit nahmen, die Salzgewinnung näher kennen zu lernen, begann das eigentlich reizvolle der Fahrt, da wir von dieser Stadt ab mit wenig Unterbrechung durch Schluchten mit teilweise steilaufragenden Felswänden zu Tal fuhren. — Den uns in Kweitschu-Fu (Fu heisst Districtstadt 1ter Ordnung) zur Verfügung stehenden freien Tag benutzten wir, um unter Führung des Herrn Kn., bisheriger Salz-Inspector in chinesischen Diensten, den ganzen Betrieb der Salz-

In den Gruben.

Ein in der gedruckten Peking-Zeitung vom 5. Juni 1883 veröffentlichter Bericht des Gouverneurs von Honan, der durch ein auf Veranlassung eines Zensors im Sommer 1879 erlassenes Kaiserliches Edikt zur Vornahme einer Untersuchung angewiesen worden war, enthält darüber folgende Angaben. „Von den zur Feststellung des Thatbestandes abgesandten drei Beamten seien hundertundvierzig in den Kohlengruben gewaltsam zurückgehaltene Unglückliche befreit worden. Im Leihgang-District der Provinz befänden sich mehrere Hundert Kohlengruben, in denen die Gänge periodisch überschwemmt zu werden pflegten. Um das Wasser auszuschöpfen, machten die Besitzer der Minen Kontrakte mit Gesellschaften, die nach dem Bericht der Behörden aus den allerschlechtesten Elementen der Bevölkerung zusammengesetzt seien. Von den Gesellschaften würden Spiel- und Opiumhäuser angelegt, um die Unvorsichtigen anzulocken; gerieten diese einmal, wie das nicht anders sein könne, in Spiel- oder sonstige Schulden, so würden ihnen unerschwingliche Zinsen berechnet, während die Gastwirte für Speisen und Getränke die höchsten Preise verlangten, bis die Unglücklichen, durch die Last der Schulden ganz erdrückt, keinen Rat mehr wüßten und sich der Gesellschaft als Sklaven verkauften. Auch Fremde sollten manchmal gewaltsam entführt werden. Die Gesellschaften errichten bei den Kohlengruben Wohnungen, die in unterirdischen Löchern bestanden und mit festen Pallisaden umgeben seien, durch die nur eine enge, stets scharf bewachte Thüre führe. In diese Gefängnisse würden die Opfer der Gesellschaften geführt, aller Kleider, selbst der Schuhe, beraubt und dann abwechselnd Tag und Nacht zum Ausschöpfen des Wassers in den Gruben verwendet, während sie nur die allerspärlichste und schlechteste Nahrung erhielten. Seien die „Wasserfrösche", wie man sie nenne, ermüdet, so würden sie mit Schlägen zur Arbeit getrieben und jeder Fluchtversuch würde auf das Grausamste geahndet. Die Schwächeren unter diesen Unglücklichen erlägen den Entbehrungen und der grausamen Behandlung oft schon nach vierzehn Tagen, und selbst die Kräftigen litten furchtbar; der I schwelle auf und die Füße würd brandig; aber weder ärztliche Hülfe oder Rast wurde ihnen gegönnt und ihre Peiniger säßen ruhig dabei und sähen sie sterben. Und noch schrecklicher! wenn die Arbeit in

„Segelnde Dschunken auf dem
Yangtse-Kiang"; Aufnahme ca.
1916

gewinnung kennen zu lernen. Schon auf unseren früheren Reisen, hatten wir einen Blick in diesen Betrieb geworfen, aber unter sachkundiger Leitung sahen wir die Sache mit ganz anderen Augen an. — Um hier in Kweitschu-Fu Salz zu gewinnen, haben die Chinesen im Flussbett mehrere mit Felswänden ausgemauerte grosse Brunnen gegraben und schöpfen mit Holzeimern die am Boden dieser Brunnen hervorquellende schwach salzhaltige Sole heraus, um sie durch primitive aus Holz oder Bambus gefertigte Leitungen zu den Verdunstungspfannen gelangen zu lassen. — Ein grosser Teil der in den Brunnen beschäftigten Chinesen ist mit roter Tuchhose und ebensolchen Jacken bekleidet — wenn sie es nicht vorziehen, wie am Tage unseres Besuches bei warmer Witterung ohne Jacken zu arbeiten. — Die Farbe der Hosen und Jacken soll seinen Grund darin haben, dass rot gefärbter Stoff nicht so sehr durch Salz angegriffen wird, wie anders gefärbter Stoff. Auch grüne Anzüge waren mehrfach vertreten, wahrscheinlich aus einem ähnlichen Grunde. — Das nun in die Verdunstungspfannen gelangte salzhaltige Wasser wird nun durch ständig im Gang gehaltene Feuer, deren Hitze nach Möglichkeit ausgenutzt wird, verdunstet und das hierdurch gewonnene ziemlich reine Salz gewogen und in Mattensäcke verpackt. — Man wird sich nun fragen warum wird denn nun das Salz die lange gefahrvolle Reise von Tzeliu tsin in Szechuan heruntergebracht und nach Shasi verschifft, wenn man doch viel näher bei Shasi in Kweitschu-Fu auch Salz gewinnt. Ja, das ist eine solch' verzwickte Sache, dass man dieses nur schwer erklären kann. Das in Kweitschu-Fu gewonnene Salz

darf nur bis zu einer vorgeschriebenen Entfernung von dieser Stadt verkauft werden, das jährlich gewonnene Quantum ist bekannt und der durchschnittliche Verbrauch in dem erlaubten Verkaufsdistrict ebenfalls; sogar die Preise sind genau vorgeschrieben, obwohl dieselben immer so gehalten sind,

„Wilde Schnelle", am oberen Yangtse-Kiang; Aufnahme ca. 1916

dass die Salzhändler noch ganz gut dabei verdienen. — Es ist der Salzhandel oder das Salzmonopol eine uralte Einrichtung, die viel mit den jetzt in Deutschland existierenden verschiedenen Wirtschaftsvereinigungen der Kreise und Städte ähnelt. Bei unseren Wirtschaftsgemeinschaften sind doch auch Fälle vorgekommen, wo zum Beispiel in einer Ortschaft mit Mühle das Getreide weit weg zu einem anderen Ort geschafft werden muss, um dort gemahlen zu werden, dann wird es wieder zur Kreisstadt gebracht und von dieser dürfen sich die Leute aus der Ortschaft, die ursprünglich das Getreide geliefert hat, das Mehl holen.

Welch' Apparat und welch' Unkosten sind hiermit verbunden ganz abgesehen von dem Zeitverlust. Und so geht es mit

den Gruben im Frühjahr aufhöre, würden die wenigen „Wasserfrösche", die das Elend überlebt hätten, noch zurückgehalten und als Gefangene behandelt, damit sie für die nächste Saison verfügbar blieben. Dies nennten ihre Kerkermeister: „Reis für alte Leute gewähren!" Die Unglücklichen hätten keinen Verkehr mit der Außenwelt; in einigen der Gruben kämen jährlich einige Hundert derselben um, in keiner wohl weniger als zehn oder zwanzig, die dann am Abhange der Hügel verscharrt würden, ohne daß ihre Familie erfahre, was aus ihnen geworden sei. Wiederholte Verordnungen, die erlassen worden, um diesem Unfug zu steuern, hätten keinen Erfolg gehabt, jetzt habe der Präfekt aber die Bergwerksbesitzer rufen lassen und sie veranlaßt, ein Schriftstück zu unterzeichnen, durch welches sie sich verpflichteten, in Zukunft derartige Schändlichkeiten zu unterlassen. Strenge Aufsicht werde von nun an geübt werden, für die Vergangenheit sei es leider unmöglich, Genaues über die Zahl der Todesfälle festzustellen, aber wenn er jetzt auch Milde walten lasse, werde er in Zukunft mit desto größerer Strenge verfahren."

7

„Schluchtenbild vom oberen Yangtse-Kiang"; Aufnahme ca. 1916

den Salzgilden in China auch, nur dass der Stadt und das Publikum die Leidtragenden sind, während die Salzkaufleute ihr Schäfchen in's Trockene bringen. — Die Salzgilden sind zum Teil so gestellt, dass sie eigenes Militär halten und am Fluss entlang auf eigene Kosten unterhaltene Rettungsstationen für ihre Salzboote eingerichtet haben. In normalen Zeiten ist der Verkehr mit Salzbooten auf der Strecke Tzeliu Tsin-Chungking-Ichang so gross, dass täglich mehrere Boote die verschiedenen Stationen passiren und wöchentlich gemeldete Unfälle nur als geringen Procentsatz an Verlusten angesehen werden. —

Die Salzgewinnung in Kweitschu-Fu kann nur in den Monaten November — Ende März geschehen, da während dieser Monate der Yangtse seinen niedrigsten Wasserstand hat. Wie schon anfangs erwähnt sind die Salzsole führenden Quellen im Flussbett und können daher nur bei ganz niedrigem Wasserstande ausgebeutet werden. Bei uns in Deutschland würde man sicherlich schon vom Ufer aus eine Tunnelanlage zu den Quellen geführt haben, wenn nicht eine Bohrung am Ufer bessere Resultate erzielt hätte, aber in China ist man sehr konservativ; was vor 1000-2000 Jahren eingerichtet worden ist, wird heute noch in der gleichen Weise fortgeführt, wie früher, wehe dem, wer Neuerungen einführen wollte. Wir sahen keinerlei maschinelle Einrichtung bei den Salzquellen in Kweitschu-Fu. Wenn der Fluss Ende März steigt, werden die Verdunstungsöfen und die Wohnstätten der Arbeiter abgebrochen und bis zum November in Gewahrsam gebracht, die Brunnen versanden und füllen sich binnen Kurzem mit Sand und Geröll.

— Fällt im Herbst der Fluss, so muss Alles wieder in Stand gesetzt werden und es kostet wochenlange Arbeit, die Brunnen wieder bis zum Grunde frei zu bekommen. —

Bei unserem Besuche der Salzgewinnungsanlagen lag über der ganzen Gegend ein weisser Dampf von dem verdunsteten Wasser und machte sich ein scharfer Schwefelgeruch, welcher von der zum Feuern verwandten minderwertigen Kohle herrührte, bemerkbar. — Am nächsten Morgen setzten wir unsere Reise fort und passirten wir kurz vor der Einfahrt in die Fung Hsiang Chia (Wind Kisten Schlucht) den Schwalbenschwanz Felsen. Dieser Felsen, mitten im Flussbett ist wohl 70-80 Fuss hoch, ist ein bestimmtes Wahrzeichen für die auf dem Fluss verkehrenden Schiffer. Hat der Yangtse bei Hochwasser einen bestimmten Wasserstand erreicht, so setzt die ziemlich reissende Strömung direct auf diesen Felsen zu, es wird dann bei diesem Wasserstande keinem flussabwärts fahrendem Boot erlaubt in die Schlucht einzufahren, da es unfehlbar gegen den Felsen getrieben werden würde, was gleichbedeutend mit Vernichtung sein würde. — Als wir den Felsen passirten war der Fluss ruhig wie ein See und kaum etwas von Strömung zu merken. — Der Eingang der Schlucht wird von einem pyramidenförmigen Berg auf der linken Flussseite begrenzt, während auf der rechten Flusseite steil abfallende Wände einsetzen. — An einer dieser Wände konnte man kleine viereckige in die Wände gehauene Löcher bemerken, die in regelmässigen Abständen in Zick-Zack Linien bis zu etwa zweidrittel der steilen Felswand hinauf führten. — Ueber diese Löcher, die vor etwa 800 Jahren in die Fels-

Der Nationalcharakter.

Man sieht, in der Hand einer starken Regierung ist das chinesische Volk weich wie Wachs. Aber Wachs ist kein Material, aus dem sich Grosses schaffen lässt. Es ist unrichtig, zum Vergleich auf Japan hinzuweisen, welches trotz seiner

DEUTSCHLAND UND CHINA

VON J. KAHLER
KAUFMANN IN HAMBURG

GEORG D. W. CALLWEY, MÜNCHEN 1914

Kleinheit in überraschend kurzer Zeit zu einer militärischen Grossmacht herangewachsen ist. Das japanische Volk ist seit vielen Jahrhunderten mit militärischem Geiste erfüllt; der Japaner ist ein begeisterter, selbständig denkender und doch vorzüglich disziplinierter Soldat, erfüllt von leidenschaftlicher Liebe zu seinem Vaterlande.

Der Chinese ist nüchtern, temperamentlos, energielos, denkfaul, zum selbständigen Handeln unlustig und wenig fähig; er wird nur Soldat, wenn er keine bessere und einträglichere Beschäftigung finden kann. Er hat keine Spur von Liebe für sein grösseres Vaterland. Er hat auch durchaus keine Neigung, sich für dies ungeliebte Vaterland umbringen zu lassen.

8

„Ansicht einer Stadt am unteren
Yangtse-Kiang"; Aufnahme ca.
1916

30 wand gehauen sein sollen, erzählt die alte chinesische Geschichte, dass ein General, welcher in Fehde mit einem anderen Stamm lag und die Kweitschu-Fu-Schlucht versperrt fand, Steinhauer beauftragte diese Löcher in die Felswand zu hauen, damit dann seine Soldaten mittels eiserner Stangen, die in die Löcher gesteckt wurden, auf die sonst unpassirbaren Berge gelangen konnten, um so dem Feind in den Rücken zu kommen. — Entweder ist dieses Vorhaben nicht ganz zu Ende geführt worden, oder aber die Felswand ist im Laufe der Jahrhunderte oben abgebröckelt, denn die Löcher sind nicht bis zur höchsten Höhe in die Wand gemeisselt worden. — Dass es sich um künstlich eingemeisselte Löcher handelt, darüber ist keinerlei Zweifel, ob sie aber wirklich dem beabsichtigten Zweck gedient haben sollen, ist wohl zweifelhaft, da eine Umgehung dieser Stelle sehr wohl möglich war. — In der Mitte der Schlucht, auf dem linken Ufer ist eine grosse Felsspalte, in welcher sich in einigen 100 Fuss Höhe eine Anzahl Felsblöcke geklemmt haben, die das Aussehen von Särgen oder länglichen Kisten haben, selbst mit einem guten Glas gesehen, erwecken diese Blöcke den Eindruck. — Von diesen Felsblöcken und der sehr häufig wechselnden Luftströmung, die den in der Schlucht flussaufsegelnden Booten manchmal sehr gefährlich werden kann, hat die Schlucht den Namen „Wind-Kisten-Schlucht (chinesisch Fung-chang-chia) Auf der linken Seite dieser Schlucht läuft der Treidlerpfad, dieser ist etwa 150 bis 250 Fuss über dem niedrigen Wasserstand und zum grössten Teil direct in die Felswände hineingesprengt. Die Treidler, welche bei der

Thalfahrt sich in Ruderer verwandeln, erscheinen auf diesem Pfad winzig klein, sie müssen absolut schwindelfrei sein, da der Pfad nur drei bis fünf Fuss breit ist und nicht immer mit einer Schutzvorrichtung nach dem Fluss zu versehen ist. — Der Yangtse hat in dieser und auch in den folgenden Schluchten sehr grosse Tiefen, an einzelnen Stellen ist bei 250 Fuss und noch grösseren Tiefen kein Boden erreicht worden. — Nachdem wir die Fung Chang Chia verlassen hatten, näherten wir uns der Stadt Wuchang. Hier verliess uns unser Unterleutnant nebst seinen Soldaten und bekamen wir nur 4 Soldaten mit, die uns bis zu dem letzten Vorposten der Süd-Soldaten in der Wuchang Schlucht begleiten sollten. — Die Wuchang-Schlucht ist die längste Schlucht auf der Strecke Chungking-Ichang, sie ist rund 100 Li — 50 Kilometer lang. Bei dem Dorfe Fei she, wo der letzte Vorposten, ein Kommando Yünan-Soldaten lag, kamen wir erst nach eingebrochener Dunkelheit an. Herr Sch., welcher sich und uns auf der Harmonika die schönsten Echos von den steil ansteigenden Bergen spielte, hatte aber durch diese Musik den Zorn der Yünan-Soldaten auf sich geladen. Wir hatten den Anruf des Postens zum Halten überhört und mussten nun, nachdem uns ein kleines Wachtboot einholte uns eine ganze Flut von Grobheiten sagen lassen. Gottlob verstanden wir nicht allzuviel davon, selbst unserem Herrn Kn. waren die Yünan-Ausdrücke nicht geläufig genug, dass er uns sagen konnte, mit welchen Liebenswürdigkeiten man uns bedacht hatte. Es war auch vielleicht ebenso gut. Als nun der Kommandant des Posten schliesslich erfahren hatte,

Unerschöpfliches Material.

Über die Chinesen als Arbeiter für Samoa schreibt Dr. Reinecke sehr richtig: Chinesen wären verhältnismässig sehr leicht zu bekommen; aber man hat eine gewisse und berechtigte Abneigung gegen ihre Heranziehung: denn bei der bekannten und gefürchteten Anspruchslosigkeit der Zopfträger und ihrem zähen Streben, sich zu isolieren, aber auch überall festzusetzen, droht mit ihrer unbeschränkten Einführung und starken Vermehrung der kleinen Händlern und Handwerkern eine bedenkliche Gefahr. Doch die liesse sich wohl zum mindesten erheblich mindern durch geeignete, streng durchzuführende Massregeln, indem die Kulis lediglich als unselbständige Arbeiter bei deutschen Ansiedlern geduldet und nach entsprechender Zeit wieder abgeschoben würden. Eine Ansiedelung müsste ihnen in jeder Form unterbunden werden. Das wäre auf Samoa, wo es sich immer nur um kontrollierbare Zahlen handeln wird, wohl zu erreichen. Wenn die Kulis auch keine hervorragenden Arbeiter sind, so werden sie doch immerhin in vieler Beziehung ausreichen. Dass die Chinesen selbst aus nördlicheren Gebieten das Samoaklima vertragen, ist über alle Zweifel erhaben, denn der Chinese besitzt auch in klimatischer Beziehung eine grosse Anpassungsfähigkeit; nur dem Fieber gegenüber hat er sich als Plantagenarbeiter, z.B. auf Neu-Guinea, empfindlich erwiesen, und dieses Bedenken kommt ja für Samoa glücklicherweise nicht in Betracht; denn die eigentliche Malaria kommt auf den Samoa-Inseln nicht vor. Die Lösung der Arbeiterfrage mit chinesischem Schlüssel ist um so aussichtsreicher und verlockender, als China ein schier unerschöpfliches Material bietet, das selbst schon an Feldarbeit gewöhnt ist, und weil die chinesischen Kulis sich gern anwerben lassen und voraussichtlich immer die billigsten Arbeiter bleiben werden.
⁹

„Brücke vom Ufer zum Liegeplatz der Dampfer aus Pfählen bei niedrigem Wasserstand des Yangtse-Kiang in Hankow"; Aufnahme ca. 1910

wer wir waren, wurde er sehr höflich und suchte den schlechten Eindruck, der durch seine Untergebenen entstanden war, wieder dadurch zu verwischen, dass er uns zum Essen einlud. Wir lehnten aber ab, einmal weil wir schon vor Einbruch der Dunkel-

„Auf Felsen gemalte Warnung, laut welcher Schiffe gebeten werden, während der Nacht nur in der Nähe grösserer Ortschaften festzumachen, da Räuber die Gegend unsicher machen."; Aufnahme ca. 1916

heit unser Abendessen zu uns genommen hatten, dann aber auch, weil wir die Einladung nur als eine Höflichkeitsform hielten, deren Annahme schliesslich gar nicht von dem Einladenden erwartet wurde. — Hier bei diesem Posten wurden uns resp. unseren Chinesen an Bord die dollsten Räubergeschichten erzählt. Es sollten einige 15-20 Kilometer weiter in der Schlucht flussaufwärtsfahrende Dschunken angehalten worden sein und ausgeplündert, flussabwärtsfahrende Boote sollten vom Ufer aus beschossen worden sein und Leute auf diesen Booten getötet und verwundet und dieses Alles sollte ein Räuberführer mit 3-4 Kumpanen machen. Auf unsere Frage, warum denn die Yünan-Soldaten nicht einige ihrer Leute dorthin schickten, um den Räubern

ihr Handwerk zu legen, wurde uns der Bescheid, diese Leute befänden sich in einer neutralen Zone, die zwischen den Nord- und Südtruppen festgelegt sei und hier hinein wagten sich keine Soldaten. Man würde uns am nächsten Morgen noch eine kurze Strecke ein paar Soldaten mitgeben, dann hätten wir aber 50-60 Li — 25-30 Kilometer, ohne jeden Schutz zu fahren. — Diese Mitteilung wirkte bei unserem Transportführer, den beiden chinesischen Kaufleuten und unserer Dienerschaft wie eine Bombe, wenn jetzt noch ene Möglichkeit bestanden hätte, wieder umzukehren, ich glaube, die ganze Gesellschaft von Chinesen wäre sofort umgekehrt, eine solche Angst war ihnen in die Glieder gefahren. — Bis spät in die Nacht beratschlagten unsere Chinesen, was geschehen könne, um mit heiler Haut aus der Wuchang-Schlucht heraus zu kommen und schliesslich müssen sie auf ein wirksames Mittel verfallen sein, denn am Morgen unserer Weiterfahrt erschien der Laoban mit ein paar Bambusstöcken und unser Transportführer verlangte von uns ein paar *deutsche* Flaggen. Unter dem Schutz der deutschen Flaggen, so führte er aus, würde er beruhigt weiterfahren können, da selbst die Räuber diese Flaggen achten würden. Erst wurde von uns Deutschen verlangt, dass zwei von uns mit einer Flagge die von einem Chinesen vorangetragen und geschwenkt werden sollte, den Treidlerpfad in der Schlucht entlang gehen sollten, damit die im Verborgenen wartenden Räuber in Zeiten auf die Flagge aufmerksam werden und nicht auf die nachfolgenden zwei Boote schiessen würden. — Da wir im Boote auf dem Wasser aber unseres Erachtens nach viel

Ein Brief.

Das Räuberunwesen in der Umgegend Cantons wird immer schlimmer. Es ist die höchste Zeit, dass ein Mann, wie Li Hung Chang, dort endlich Ordnung schafft. Neuerdings fangen die Banditen sogar an, sich auf Erpressungen bei ausländischen Firmen zu legen. Eine deutsche Firma in Canton erhielt dieser Tage ein Schreiben, in dem mit Mord und Totschlag gedroht wird, wenn sie der Triangelgesellschaft, wie sich die Räuberbande nennt, nicht $ 2,000 zu opfern bereit ist. Der Brief, der uns vom Empfänger freundlichst zur Verfügung gestellt ist, bedarf eines weiteren Kommentars nicht. Er lautet:

Wir theilen Ihnen ergebenst mit, dass wir Banditen vom Sikiang (Westfluss) und vom Pikiang (Nordfluss) sind. Da wir eine grosse Zahl von Brüdern haben, fehlt es uns an ausreichenden Mitteln, unsere täglichen Ausgaben zu bestreiten.

Da wir gehört haben, dass Ihre Firma das blühendste Geschäft hat, richten wir die Bitte an Sie, uns mit $ 2000 zu unterstützen. Wollen Sie uns freundlichst helfen, so werden wir kein Unglück über ihr hochverehrtes Haus bringen, wenn wir eine Rebellion machen. Bitte senden Sie einen einzelnen Mann mit den Banknoten nach dem Yung-fa Blumenboot, das bei Kuk Fan im Cantonfluss liegt, und lassen Sie sie den Sam Hop Tong Brüdern dort übergeben; wir versammeln uns dort jetzt.

Wenn Sie uns nicht helfen oder wenn Sie die Behörden anrufen, uns zu verhaften, so müssen wir dadurch Rache nehmen, dass wir Ihr Haus mit Dynamit in die Luft sprengen oder alle Ihre Angestellten ermorden. Wenn Sie eine Anzahl von Leuten senden, so können wir sie empfangen, aber sie werden merken, dass Sie etwas falsches gethan haben.

Ergebenst,
Sam Hop Tong,
(Triangel-Gesellschaft)
10

„Ansicht einer kleinen Stadt bei
Ningpo"; Aufnahme ca. 1903

34 früher und besser gesehen werden konnten, als auf dem vielfach gewundenen Pfad, entschieden wir uns, auf dem Boot zu bleiben und liessen wir die Flaggen gut sichtbar anbringen. Der Erfolg war denn auch der, dass wir keinen Räuber zu Gesicht bekamen und wir unbehelligt die neutrale Zone passirten. Unsere mitfahrenden Chinesen waren aber fest davon überzeugt, dass nur die deutschen Flaggen sie vor Belästigung seitens der Landesplage verschont hatten. — Eine solch' schützende Kraft wurde unserer schwarz-weiss-roten Flagge zugetraut und das in Feindesland von unseren Feinden und später nach Deutschland gekommen mussten wir die traurige Erfahrung machen, dass diese Flagge durch die schwarz-rot-goldene ersetzt werden sollte; die Leute, die diese Umänderung beschlossen haben, haben ihre Nasen wohl kaum über ihre Gartenpforte hinausgesteckt, sonst würden sie sich wichtigeren Fragen zugewandt haben, als nahezu das Erste, die Flagge zu ändern. —

Am Ausgang der Wuchang Schlucht angelangt wurden wir von den Nord-Truppen in Empfang genommen, man hatte von Chungking aus die Nachricht an den Führer der Nord-Truppen gelangen lassen, dass vier deutsche Untertanen auf dem Wege nach Schanghai seien und man möchte sie, solange sie im Bereiche der Nord-Truppen seien, beschützen, d.h. mit anderen Worten, man möge darauf achten, dass die Deutschen nicht ausbüxten. Wenn wir hätten ausbüxen wollen, so hätten wir hierzu in der Wuchang-Schlucht innerhalb der neutralen Zone, wo wir ohne militärische Begleitung waren, Gelegenheit genug gehabt, aber sollten wir schliesslich ohne un-

Gepäck mehrere Monate in den Bergen in irgend einem kleinen Tempel wie die Chinesen hausen? Ja, wenn wir gewusst hätten, der Friede würde innerhalb kurzer Zeit gezeichnet, dann wäre ein kleiner Abstecher in die Berge einer Internirung in Schanghai vozuziehen gewesen, aber so sagten wir uns, ruhig weiterfahren und Alles über uns ergehen lassen. — Vom letzten Liegeplatz fuhr mit uns gleichzeitig, oder vielleicht eine Stunde früher, ein anderes Salzboot; nach wenigen Stunden sollten wir die Mannschaft dieses Bootes oben unterhalb des Niu-ko-tans (d.h. Ochsen-Kopf-Schnelle) am Ufer sitzend wiedersehen, ihre Kleider und wenigen Habseligkeiten trocknend. Das Boot war in der Schnelle an einen unter Wasser befindlichen Felsen gestossen und leck geworden und konnte noch gerade vor dem gänzlichen Versinken an's nahe Ufer dirigirt werden, sodass die Besatzung an's Land gelangen konnte. Die Ladung „Salz" war natürlich verloren gegangen. Kurz vor Anbruch der Dunkelheit legten unsere Boote, die noch stolz die deutschen Flaggen führten oberhalb des „Yeh-tans" (der wilden Stromschnelle) an. Die Chinesen waren gerade dabei die Flaggen 'runter zu nehmen, als drei Hausboote mit englischen Flaggen den Fluss herabkamen und an uns vorbei fuhren. — Die Insassen der Boote, englische Missionare, sahen natürlich unsere Flaggen und sagten wir unserem Transportführer, dass er in Ichang angekommen wohl noch von seiner Behörde zu hören bekommen würde, dass er feindliche Untertanen mit eigener Flagge auf dem Yangtse zu fahren erlaubt habe. Unser Transportführer sagte nur leichthin „bu yau chin" — das macht Nichts, in

Denkmalschändung.
30. März 1900

Ruchlose Hände haben das Iltis-Denkmal geschändet. Das Tauende, das vom Mast in einer Länge von mehr als drei Metern herabhängt, fehlt. Es ist anscheinend abgesägt worden. Dass eine solche That in einer so offenen Platz hat verübt werden können, ist im höchsten Grade bedauerlich. Wie die Dinge liegen, ist es mehr als zweifelhaft, ob eine Untersuchung überhaupt Licht in die mysteriöse Sache bringen wird. So wird es schwerlich zum Austrag kommen, ob nur der Mangel jeglichen Polizei-Nachtdienstes und die allerdings etwas exponirte Lage des herrlichen Denkmals oder noch andere Umstände für die Gewaltthat verantwortlich zu machen sind.

Vielleicht aber wird diese traurige Schändung die Veranlassung, das Denkmal mit einem entsprechenden bronzenen Gitter zu umgeben. Es ist durchaus kein erhebender Anblick zu sehen, wie häufig sich hier oder vier chinesische Amahs auf den unteren Stufen des Denkmals sitzen und hinter ihrem Rücken sich ein paar Knaben balgen oder versuchen, auf die schweren bronzenen Theile des Denkmals zu klettern. Das Denkmal gehört nicht auf einen Kinder-Spielplatz und, wenn jenes die Umgegend dazu gemacht hat, so ist es dringend nöthig, das dem gesteuert wird. Die Kosten eines angemessenen Gitters würden nicht unerschwinglich hoch sein und könnten unschwer durch eine Subskription aufgebracht werden, wenn der Stadtrath, dem das herrliche Kunstwerk anvertraut ist, sich nicht entschliesst, ein solches aus öffentlichen Mitteln herzustellen.

Allerdings dürfte es mit dem Gitter allein nicht gethan sein; es muss ein Wächter bestellt werden, der zur Nachtzeit das herrliche Denkmal, das schönste Kunstwerk, das in einem öffentlichen Park Ostasiens aufgestellt ist, hütet. Geschieht das nicht, so wird es nur eine Frage der Zeit sein, wann weitere Bronzestücke abgebrochen und entwendet sein werden. Sind sie doch ein treffliches Material für jeden Chinesen, um aus ihm Käschmünzen herzustellen.

Wie wir kurz vor Schluss der Redaktion hören, ist das fehlende Stück des Bronzetaus inzwischen in den Besitz der Behörden gekommen. Dagegen fehlt von jeglichen Anhalt, wer die Schuldigen sind. Wie uns der Superintendent der städtischen Polizei mittheilt, ist Befehl an die Polizisten ertheilt worden, das Denkmal in Zukunft scharf zu überwachen.

11

„Anlegeplatz an einem Kanal", bei
Hankow; Aufnahme ca. 1909

Wirklichkeit war ihm aber garnicht so wohl zu Mute. — Am nächsten Vormittag gegen 9 Uhr fuhren wir in die Mitanschlucht ein und kamen in die Nähe des Hsin-tans, einer bei niedrigen Wasser für flussauf- und abwärts-fahrende Boote gefährliche Stromschnelle. — Da wir ziemlich starken, den Strom heraufwehenden Wind hatten, wollte der Laoban nicht fahren, sondern warten, bis der Wind abflaute. Unser Boot legte deshalb etwa 1/2 Kilometer oberhalb der Schnelle an und wir konnten Spaziergänge in die Berge machen. — Es führten Ziegenpfade in die Höhen und bald war ich in Höhe der Stromschnelle an einem steil abfallenden, aber schön mit Gebüsch und Bäumen bestandenen Abhang. Der Hsintan wird durch mehrere Felsriffe gebildet die sich quer durch den Fluss ziehen. Die Hauptschnelle hat ein Gefälle von etwa 4 Fuss und bildet somit einen kleinen Wasserfall. Die Strömung ist so stark, dass es vielen Fischen unmöglich ist, dieselbe zu passiren und werden gerade hier eine Unmenge kleiner und mittlere Fische gefangen, die sich vergeblich bemühen, den Fluss weiterhinauf zu schwimmen um ihrem Laichgeschäft nachzukommen. — Eine grosse Anzahl von Wild- und Tauchenten, sowie wilder Komorane schwammen direct unterhalb der Schnelle und fanden mühelos ihren Tisch gedeckt, denn fortwährend sah man die Vögel mit kleinen Fischen in ihren Schnäbeln. Von oben gesehen erschien die Schnelle wie ein silbernes über den Fluss gespanntes Seil und machte einen ziemlich harmlosen Eindruck, doch sollten wir später in der Nähe eines anderen belehrt werden. — Als ich merkte, dass der Wind ab-

zuflauen begann, machte ich mich wieder auf den Rückweg. — Eine ganze Anzahl von Bergblumen waren schon in Blüte und war es ein Leichtes einen schönen Strauss davon zu pflücken. Besonders schön war eine Blüte, die sehr grosse Aehnlichkeit mit unserer Syringe hat, nur mit dem Unterschiede, dass diese Blume an einem etwa 1 Meter hohen Strauche wächst und der ganze Strauch voller Blüten von violetter Farbe und derselben Form wie die der Syringe ist. — Gleich nachdem ich an Bord anlangte, wurde der Gong geschlagen, ein Zeichen für die Land gegangenen Ruderer u.s.w. an Bord zu kommen. — Nachdem der Schiffskoch alle die hungrigen Mägen befriedigt hatte, legte das Boot wieder ab und es wurde langsam an die Schnelle herangesteuert. — Es war unsere Arbeit, das Passiren unseres Bootes durch die Schnelle vom Ufer aus uns anzusehen, einer der mitreisenden Chinesen hatte einen photographischen Apparat und Herr Kn. wollte mit den noch vorhandenen drei Platten eine Aufnahme machen, die ihm auch, wie sich später in Schanghai herausstellte, gut gelungen ist. — Kaum fünf Meter von der heftigsten Strömung entfernt, gingen wir an Land. Unser Boot fuhr dann als wenn es den Fluss kreuzen wollte auf die Mitte der Schnelle zu und ging dann mit der Breitseite, oder doch nahezu mit der Breitseite in die Schnelle hinein. Gleich nachdem das Boot den Fall hinunter geglitten war, wurde es mittels des Bugruders herausgerissen, damit es wieder mit dem Bug in die Stromrichtung kam, sonst würde es mehrere Male Karussell gefahren sein, bevor es in ruhiges, gefahrloses Wasser geriet. Der in Folge des Aufstroms gleich hinter der

6. April 1900

Die Reparatur des Iltis-Denkmal ist seitens der Stadtverwaltung in den letzten Tagen vollendet. Das abgebrochene Tauende ist wieder an seinen Platz gebracht. Verschiedentlich wird der Versuch gemacht, die Sache so hinzustellen, als sei kein Diebstahl des grossen Bronzestückes, das abgeschnitten war, beabsichtigt, sondern als sei dieses nur abgefallen. Darüber, dass eine Schändung des Denkmals von räuberischen Gesindel vorliegt, besteht wohl kein Zweifel. Wenn aber thatsächlich nur eine ungewollte Beschädigung vorläge, so können wir nur von Neuem auf das Treiben der Kinder und ihrer Wärterinnen hinweisen, welch letztere die Stufen des Denkmals mit Vorliebe zu ihrem Ruheplatz machen, während muthwillige Burschen an den Bronzetheilen in die Höhe zu klettern suchen. Eine Absperrung durch ein angemessenes Gitter scheint hiernach mehr am Platze zu sein, als bei den anderen am Bund errichteten Denkmälern, von denen auch nicht eines den Anspruch auf künstlerischen Werth erheben kann wie das Iltis-Denkmal.

12

27. Juli 1900

Das Iltis-Denkmal am Bund ist nunmehr mit einem Gitter umgeben, sodass dem frühern unwürdigen Zustand, wo seine Stufen der Tummelplatz von Kindern war, ein Ende gemacht worden ist. Das Gitter als solches ist nicht geschmacklos; schlimm aber ist die grüne Farbe, mit der es angestrichen worden ist. Man hätte mit Rücksicht auf die zarten Töne der Patina auf der Bronze etwas mehr künstlerisches Gefühl bei der Auswahl der Farbe obwalten lassen sollen. Vielleicht entschliesst sich die Stadtverwaltung diesen Verstoss gegen das aesthetische Gefühl schleunigst zu beseitigen.

13

„Europäer auf einer Landpartie", in
der Nähe von Chungking; Aufnahme ca. 1916

38 Schnelle vorhandene Wellenschwall ist die grösste Gefahr für die schwerbeladenen Boote, da eine ordentliche Welle genügen kann, ein Boot zum Vollaufen zu bringen. — Wir befanden uns nun ja dieses Mal zusammen mit Herrn Gl. auf festem Boden. Bevor wir nun zum Boote zurückkehren konnten, hatten wir verschiedene Kilometer zu laufen, da die Strömung viel rascher war, als wir am Ufer marschiren konnten. — Bei dem wunderbaren Frühlingswetter war aber der Spaziergang ein Genuss, zumal wir uns unterwegs noch an saftigen Apfelsinen, die uns ein alter Chinese verkaufte, erfrischen konnten. — Wir hatten nun noch eine schöne Schlucht, nämlich die Ichang-Schlucht, zu passiren und in dieser befand sich eine Höhle, die wir aufzusuchen gedachten. Die Ichang-Schlucht hat ganz andersartige Felsforma-

„Verkäufer von Obst, Zigaretten
und Gebäck", Shanghai; Aufnahme
ca. 1905

tionen und rührt dieses wohl daher, dass die Berge hier aus Kalkstein bestehen, während es sich bei den anderen auf der Strecke passirten Bergen, meistens um Sandstein-

gebilde handelte. — In der Ichang-Schlucht giebt es noch eine Menge unzugänglicher Bergkuppen und Abhänge, auf denen sich wilde Ziegen aufhalten, eine erwünschte Beute für leidenschaftliche Jäger. — Etwa in der Mitte der Schlucht, auf dem rechten Ufer befand sich der Eingang zu der erwähnten Höhle. Ich hatte die Höhle schon vor einigen Jahren gesehen und konnte so meinen Mitreisenden Führer sein. — Wir nahmen einen Chinesen und zwei Stallaternen mit und kletterten nun den steilen Abhang hinauf, um zu dem Eingang der Höhle, die durch eigenartige Tropfsteingebilde berühmt geworden war, zu gelangen. — Die Höhle kann trockenen Fusses nur zu regenarmen Zeit betreten werden. Zur Regenzeit sind verschiedene Wassertümpel auf dem Boden, da der poröse Stein sehr wasserdurchlässig ist. — Am Eingang sieht man sofort die von der Decke herunterhängenden Tropfsteingebilde, sowie die in den Gesteinsspalten entlang laufenden Formationen, die Aehnlichkeit mit Eingebilden in einem erstarrten kleinen Wasserfall hatten. — Nachdem wir nun ungefähr 150 Schritte in die Höhle vorgedrungen waren, verängerte sich dieselbe schon ganz bedeutend und sollten wir hier auf die eigentliche Sehenswürdigkeit der Höhle stossen. Es waren dieses auf dem Boden sich abhebende Tropfsteingebilde, die grosse Aehnlichkeit mit den Körpern gepanzerter Eidechsen oder Krokodile hatten, einiger dieser Gebilde hatten 60-90 Fuss Länge und konnte man mit einiger Fantasie wohl die abergläubigen Chinesen verstehen, die in diesen Gebilden versteinerte Drachen erkennen wollten. Leider waren schon eine ganze Anzahl dieser Ge-

Chinesen im Roman.

Aus einem finsteren Winkel, unversehens, näherte sich jemand ihr. Er begann mit einem singenden Ton sie anzusprechen. Sie schrak zurück. Die Worte des Mannes aber waren wie ein Kommando, das die Dunkelheit plötzlich lebendig machte. Von überallher aus dem Hof rührte es sich. Gestalten krochen auf, schwankten im ungewissen Licht heran. Allenthalben erhob sich derselbe Singsang, mit dem der Mann sie erschreckt hatte. Es kamen immer mehr Menschen. Alle waren zerlumpt. Sie stanken. Der Ekel würgte Lilith. Angst peinigte sie. Sie wollte zurückweichen, schrie. Aber sie fand sich plötzlich wie in ein lebendes Netz in Menschen eingefangen.

Eine Hand fasste an ihrem Leib entlang. Sie schlug sie ab. Viele andere Hände folgten. Der Singsang wurde betäubend. Eine Hand riss ihre Halskette ab. Sie schlug in die Menschen hinein. Die wichen etwas zurück. Lilith geriet in das freiwerdende Loch und lief. Doch hinter sich hörte sie mit einemmal hundert nackte Sohlen das Pflaster klopfen. Die Herde folgte ihr. Sie war in ein Quartier von Bettlern geraten. Sie lief, und alle stürzten hinterdrein.

„Wenn wir die fremde Ratte niederschlagen!" sagte einer, der unter den ersten war.

„Tu's doch!" keuchte ein anderer. „Sie hat einen Beutel voll Silberstücke!"

„Silberstücke!" sang einer nach, der das Wort hörte, und das Wort pflanzte sich weiter bis zu den letzten.

Und alle sangen im Laufen jetzt mit einer eintönigen, gierigen Melodie: „Silberstücke! Silberstücke!"
14

„Verkäufer von Obst, Zigaretten
und Gebäck", Shanghai; Aufnahme
ca. 1905

Auf dem Tisch liegen neben Zi-
garetten der Marke „Pinhead" auch
Erdnüsse und Früchte. In der Mitte
des Tisches sieht man verschiedene
Glückspiele und einen Behälter mit
Würfeln. Vermutlich können die
Waren beim Würfelspiel auch ge-
wonnen werden.

bilde durch Abschlagen der scharfkantigen Rücken u.s.w. beschädgt worden, doch sollen weiter hinein in der Höhle noch eine Menge dieser merkwürdigen Gebilde gut erhalten sein. Obwohl diese Höhle den Chinesen schon seit urdenklichen Zeiten bekannt war, und davon geredet wurde, dass dieselbe sich nahezu 200 Li — 100 Kilometer, in die Berge hineinzöge, so war doch Niemand darauf verfallen, aus den merkwürdigen Tropfsteingebilden versteinerte Drachen zu erkennen. — Dieses sollte erst der Neuzeit vorbehalten sein. Seit etwa vier Jahren sind ganze Völkerwanderungen von Ichang aus nach dieser Höhle unternommen worden und sind sogar von Peking dorthin geschickt worden, um Bericht über den Befund in der Höhle zu geben. — Den Vogel aber hat der derzeitige englische Konsul in Ichang abgeschossen, indem er in einer wissenschaftlichen Zeitschrift allen Ernstes von versteinerten Drachen geschrieben hat unter Beifügung von photographischen Aufnahmen. In seinem Aufsatz schreibt dieser Herr von „echten Versteinerungen". — Wie alles Neue, so hat auch der Besuch dieser Höhle bedeutend nachgelassen. Es hat die Absicht bestanden, einen kleinen Tempel am Eingang der Höhle zu errichten, denn ein ständiger Verkehr nach derselben würde eine gute Einnahmequelle für die Mönche sein, doch scheint der Plan nicht zur Ausführung zu gelangen, wahrscheinlich würden zu grosse Gesteinssprengungen erforderlich sein, um den erforderlichen Platz zu schaffen und Kapital in irgend ein Unternehmen hineinzustecken, dass sich vielleicht erst nach Jahren verzinst, tut der Chinese nicht gerne. — Von dem Besuch

der Höhle befriedigt, gingen wir jetzt den Treidlerpfad entlang nach Ping Chian Pa, der vor Ichang gelegenen Zoll-Kontrollstation, wo wir unser Boot wieder treffen wollten. — Ping Chian Pa : chinesisch „friedlicher Abhang" ist bei den Ichang Chinesen bekannt durch seine wunderschöne Apfelsinen. Kommt man im November hier vorbei, so sieht man die Orangenbäume schwer beladen mit dieser schönen Frucht. — Von dem hier stationirten Zollbeamten erfuhren wir, dass in San Yu Dung, einer am Ausgang der Ichang-Schlucht gelegenen kleinen Seitenschlucht noch ein Herr R. wohnen sollte, den wir schon lange aus San Yu Dung fort wähnten. Da ich Herrn R. seit meinem Aufenthalt in Hankow kannte, entschloss ich mich, ihn aufzusuchen, um von ihm die letzten Nachrichten über die Ausweisung der Deutschen aus China zu erfahren, da wir ja seit zwei Wochen Nichts mehr von den Vorgängen in der Welt gehört hatten. — Mit einem kleinen Boot fuhr ich den Fluss hinab und legte nach etwa einer Viertelstunde auf dem gegenüber liegenden Ufer bei einem kleinen Bergpfade an, um über den Bergrücken zu der von R. bewohnten Schlucht zu gelangen. Der Name San Yu Dung heisst übersetzt, die Höhle der drei Müssiggänger. Die Höhle, ein in heissen Sommertagen angenehmer, kühler Aufenthalt befindet sich in einer steil abfallenden, aber schön bewachsenen Felswand und ist so geräumig, dass sie auch einem kleinen Tempel Raum bietet. — Als ich nun den Weg zur Schlucht hinab sehen konnte, traute ich meinen Augen kaum, als ich das Haus ohne Dach vor mir auftauchen sah. Ein anscheinend in Arbeit be-

Das Frühstück.

Eine weitere Eigentümlichkeit des Landes und ein großer Nachteil ist der sog. chinesische Squeeze, der sich von den untersten bis in die höchsten Kreise erstreckt. Die Boys eines jeden Privathaushaltes werden durch den Nr. One engagiert, dieser behält von ihrem ohnehin nicht sehr hohen Lohne einen Teil für sich und muß selbst wieder einen Teil an die organisierte Diebesbande abtreten, damit nicht im Hause seines Herrn eingebrochen wird, wofür dieser ihn verantwortlich halten würde.

Bei dem Frühstück, das mir der Prinz-Regent im Winterpalast geben ließ, beglaubigte der oberste Mandarin gleich als wir uns zu Tisch setzten, die ihm vorgelegte Rechnung für das Frühstück; mir wurde gesagt, wenn diese Rechnung zur definitiven Zahlung bei der betr. Behörde präsentiert würde, sie mehrere Tausend Dollar pro Kopf der Teilnehmer betragen würde. Dabei bestand das ganze Frühstück aus Früchten, Tee, Kuchen und einer Flasche Sekt!

15

Die List.

Unser Kapitän erzählte, daß er einst eine durch einen hohen Militär-Mandarin unternommene Inspizierung beobachtet habe. Der General besichtigte die Mannschaft eines Forts und begab sich dann zum nächsten, unterdessen eilten die eben inspizierten Soldaten auf anderen Wegen in jenes Fort und stellten sich dort wieder als Bemannung desselben auf. Die Garnisonen stehen oft nur auf dem Papier, die Hälfte ist auch in Wirklichkeit knapp vorhanden.

16

„Kanalszene bei Shanghai"; Aufnahme ca. 1905

findlicher neuer Dachstuhl schien neben dem Haus zusammengesetzt zu werden. Bei Näherkommen konnte ich dann sehen, dass das Haus unbewohnt war. Demnach hatte uns der Zollbeamte falsch unterrichtet. —

Schliesslich bekam ich einen älteren Chinesen zu Gesicht, welcher sich als Herrn R's Kuli entpuppte. Dieser erklärte mir nun, dass sein Herr in Hankow sei und seit rund ¾ Jahr nicht nach San Yu Dung gekommen sei. Also war es hier Nichts mit neuesten Nachrichten für uns. Ich ging nun zum Ausgang der Schlucht zum Yangtse hinab und kam gerade in Zeiten, um von unserem vorbeifahrenden Boot aufgenommen zu werden. — Nach Verlauf einer weiteren Stunde erreichten wir Ichang, den Platz, an welchem wir unser Boot, das uns zwei Wochen lang als Wohnung gedient hatte, verlassen sollten. Bevor wir jedoch unser Gepäck, auf die „Kwei Lee", einem zwischen Ichang und Hankow verkehrenden chinesischen Dampfer, schaffen lassen konnten, sollten wir die chinesischen Behörden noch von einer anderen Seite kennen lernen, als wie wir es bisher gewohnt gewesen waren. — Nachdem unser Transportführer seinen zuständigen Behörden unsere Ankunft gemeldet hatte, erschienen bald darauf etwa 20 chinesische Polizisten, um uns zu bewachen. Gegen Mittag kam dann der Polizei-Chef mit seinem Dolmetscher an Bord und begann uns in wenig höflicher Weise auszufragen und zu behandeln. Da das schroffe Benehmen des Polizei-Chefs und seines Kumpanen von Dolmetscher sich eigentlich nur gegen Herrn Kn. und mich richtete, vermuten wir, und auch wohl mit Recht, dass diesen

Herrn von der Chungking Polizei aus ein Bericht zugegangen sein muss, dass wir den Chungkinger Behörden vielerlei Schwierigkeiten dadurch verursacht, dass wir uns mit dem Ausweisungsbefehl nicht so ohne Weiteres zufrieden gegeben hatten, besonders schienen wir die Chungkinger Polizei dadurch vor den Kopf gestossen haben, dass wir unser Gepäck nicht, wie die anderen beiden Herren Sch. und Gl. durch unsere Chinesen an Bord gesandt hatten, sondern der Polizei beim Verlassen unserer Wohnung sagten „hier stehen unsere Sachen, sorgt dafür, dass sie an Bord kommen, ohne unser Gepäck fahren wir aber nicht". —

Dieses Vorgehen hat natürlich stark verschnupft und muss dieses wohl nach Ichang gemeldet worden sein. — Ganz besonders ruppig zeigte sich der Dolmetscher und sein Vorgesetzter beim Revidiren unseres Gepäcks. Obwohl unser Gepäck in Chungking seitens der Polizei nachgesehen worden war — wenn auch nur oberflächlich — und während der Reise wir doch unter Aufsicht des Transportführers und einer Anzahl Soldaten waren, verlangte die Polizei in Ichang die genaue Durchsicht meines und Herrn Kn.'s Gepäck. Es wurde von mir verlangt, die Koffer aus dem Schiffsraum nach oben zu schaffen und zu öffnen. Ich sagte den Herren, wozu haben Sie denn die 20 Polizisten an Bord ich rühre keine Hand, schliesse höchstens die Koffer auf, damit Sie hinein sehen können. — In dem Koffer, eines in Japan in Kriegsgefangenschaft sitzenden Herrn, den ich für diesen Herrn mit nach Deutschland nehmen sollte, befand sich eine kleine, mit Vorhängeschloss versehene Kasette. Zu dieser

Rickshaw 1.

Die Beförderungs-Gelegenheit in Hongkong besteht fast ausschliesslich in Rickshaws und in Tragstühlen, die von zwei resp. vier Kulis an langen Bambusstöcken über die Schultern getragen werden. Im Anfang sträubt sich das Gefühl dagegen, von Menschen getragen zu werden, aber bald gewöhnt man sich daran, die Kulis als reine Lasttiere zu betrachten. Dabei ist diese Art der Beförderung sehr billig, ein Rickshaw kostet pro Viertelstunde 5 Cents = 8½ Pf.; im Sommer geht denn auch kein Europäer auch nur einen Weg von nur fünf Minuten handelt, lässt man sich tragen.
17

Der Ostasiatische Lloyd
Organ für die deutschen Interessen im fernen Osten.
德文新報
Herausgeber: C. Fink.

Rickshaw 2.

Es ist eine bekannte Tatsache, dass, wenn ein Chinese für seine Dienstleistung von Europäern nicht den Preis erhält, den er haben will, auch wenn er weit über das erlaubte Mass hinaus geht, es vorzieht, beschäftigungslos zu bleiben, ehe er sich für eine angemessene Entschädigung anstrengt. Das war kürzlich auch mit einem Rickshaw-Coolie der Fall, der sich weigerte, einen Herrn für 5 Cents zu fahren, welcher Betrag im Tarif festgesetzt war. Als dieser ihn auf die Polizeistation bringen liess, nahm er den Passagier, legte aber den Weg im Schritt, statt im Laufschritt zurück. Vor dem Gemischten Gerichtshof gebracht, musste er indessen erfahren, dass es keineswegs in seinem Belieben liege, einen Passagier abzuweisen, wenn dieser nicht den doppelten Tarif zu zahlen willens ist, oder beliebig langsam zu fahren. Es wurde ihm vom Kadi, an dessen Seite der deutsche Beisitzer Herr v. Varchmin fungirte, bedeutet, dass Rechten stets auch Pflichten gegenüber stehen, und ihm über die Bedeutung dieses Grundsatzes nachzudenken für einen Tag im Gefängnis Gelegenheit gegeben.
18

„Kanalszene bei Shanghai"; Aufnahme ca. 1905

Kasette fehlte mir der Schlüssel. Ich sagte dem Dolmetscher, dass diese Kasette nur Privatbriefe enthielte und einem Herrn, welcher sich in Japan befände, gehöre, ich diese Kasette daher nicht öffnen könne. Da wurde mir die Antwort, es könne Opium in der Kasette versteckt sein und er beauftragte einen Polizisten, das Vorhängeschloss mit einem Beile abzuschlagen.— Beim Oeffnen der Kasette stellte sich dann heraus, dass tatsächlich nur Briefe in derselben enthalten waren.— Kn. und ich mussten an uns halten um nicht diesen unverschämten Dolmetscher windelweich zu hauen. Den übrigen vier Deutschen — die beiden Herren aus Wanhsien waren auch inzwischen mit einem kleineren und dadurch bedeutend schnelleren Boot eingetroffen — wurde keins ihrer Gepäckstücke nachgesehen, da genügte den Herren die Besichtigung des Gepäcks in Chungking resp. Wanhsien.— Eine kleine Genugtuung sollte Kn. und mir jedoch noch werden; der Polizei-Chef erfuhr von seinen Leuten über das eigenmächtige Vorgehen des Dolmetschers und haben die Beiden sich dann noch ganz gehörig die Meinung gesagt, mit dem Resultat, dass wir von nun an mit dem höheren Polizei-Organ nichts mehr zu tun bekamen.— Den unteren Polizei-Organen spielten Kn. und ich aber noch einen kleinen Streich.— Die Abfahrt der „Kwei Lee" war um einen Tag verzögert worden, weshalb wir, um uns etwas auszulaufen, beschlossen, ein paar Stunden an dem Ichang gegenüber liegenden Flussufer spazieren zu gehen.— Wir riefen ein kleines Boot heran und stiegen ein, uns dabei unterhaltend, was nun wohl die uns „beschützenden" Polizisten machen würden. Richtig, kaum waren wir im Boot, als uns ein Polizist nachkam und sagte, er wolle lieber mitfahren, damit uns an Land Niemand belästige.— Am anderen Ufer angelangt, verabredeten wir uns, dass wir, nachdem wir eine Weile zusammen gegangen wären, uns trennen wollten, um einmal zu sehen, was dann der Polizist tun würde. Gesagt, getan. Sobald ich an einem Kreuzpunkt des Weges mich zur Linken wandte und Kn. dem der Polizist folgte, zur Rechten weiter marschirte, wusste der Polizist nicht was er machen sollte. Wie mir dann Kn. später erzählte, ist der Mann ihm noch eine ganze Zeit gefolgt, bis er mich schliesslich hinter einer Anhöhe verschwinden sah', da muss er wohl gedacht haben, ich wolle ausbüxen, denn nun liess der Mann Kn. im Stich und rannte mir nach. Ich hatte mich aber so verborgen, dass ich den Polizisten beobachten konnte, wie er in mehreren Gehöften sich nach mir erkundigt haben muss, denn er wusste anscheinend garnicht, wohin er sich zu wenden hatte. Ausserdem musste der Polizist auch noch ein Auge auf Herrn Kn. haben.— Nachdem ich den Mann eine Weile hatte umherirren lassen, erschien ich wieder auf der Bildfläche und Niemand war wohl froher, als unser Polizist. Bevor wir nun zum Boot zurückgingen, benutzten wir noch einen kleinen Richtweg und gingen einen steil abfallenden Hang hinunter. Mit unseren derben Lederschuhen war es uns ein Leichtes, den Abhang hinab zu kommen, der Polizist dagegen in seinen Tuchschuhen wäre fast den Abhang kopfüber hinunter gepurzelt und kam der arme Mann ganz schweissgebadet unten an.— An Bord zurückgekommen muss der Mann

Shanghai.

So leben die Europäer hier ohne Polizei. Noch schlimmer: sie leben in offener und unverhohlener Republik. Die Stadt blüht und gedeiht, und das Rätselhafte dabei ist, daß sie das fertig bringt, ohne auch nur den mindesten Admiral oder General zum Gouverneur zu haben. Nicht einmal ein Husaren-Oberst ist da zur Leitung des Postwesens. Die Bürger regieren sich selbst, und diese Selbstregierung funktioniert so vorzüglich, daß Shanghai überall im Osten das „Modell settlement", die „Musterniederlassung", heißt. Die Kaufleute haben ihre Stadt organisiert wie eine große Bank.

Ein

Sommer in China.

Reisebilder
von

Paul Goldmann.

„Wod home : Gl! wir und Sonne eine,
Gefl nach dem Büget angejubjirten!"
Gedricht aus Peter, Jauflige zu breitendiger,
Berdilligen Deutsch- und Leed im Yollaghes.
(Goethe: Aliendald Deutsche Jahrud- und Zugridgeben.)

Erster Band.

Frankfurt a. M.
Literarische Anstalt
Rütten & Loening.
1899.

Die Kaufleute von Shanghai halten sich kein Militär. Wenn es nothtut, so gehen sie selbst aus ihren Comptoirs heraus, greifen zur Flinte und vertheidigen sich eigenhändig. Sie bilden ein Freiwilligenkorps, in dem die Engländer eine Schützenbrigade von fünf Kompagnien, eine Schwadron leichter Kavallerie, eine Batterie Feldartillerie und eine Genieabtheilung stellen. In den letzten Jahren hat sich auch eine deutsche Kompagnie gebildet, die der Chef einer deutschen Shanghai-Firma als Hauptmann kommandiert. Im ersten Glied stehen Diejenigen, die in Deutschland als Einjährig-Freiwillige gedient haben, im zweiten die jungen Herren ohne militärische Vorbildung. Die deutsche Kompagnie ist die Kerntruppe der kleinen Armee von Shanghai; alle militärischen Autoritäten von Shanghai gestehen ihr den Vorrang zu vor den englischen Volunteers, die es etwas weniger genau mit dem Drill und der Disziplin nehmen. Prinz Heinrich, der die deutsche Kompagnie besichtigt hat, soll ganz erstaunt gewesen sein über ihre Leistungen auf dem Exer-

„Polizeistation", bei Chungking;
Aufnahme ca. 1913

Auf dem Bild sieht man ein zur
Polizeistation umfunktioniertes
Tempelgebäude. Die Wand-
inschriften stellen offizielle Be-
kanntmachungen dar. Im Zelt vor
der Polizeistation sitzt ein Wahrsager.

sein Abenteuer zum Besten gegeben haben, denn wir hörten nachher unsere Diener sich über unseren harmlosen Scherz unterhalten.—

Ich hatte in Ichang noch mehrere bekannte Chinesen, die ich aufsuchte. Diese Leute bedauerten sehr die Umstände, unter welchen wir durch Ichang kamen und waren in jeder Beziehung die alten geblieben. Wir vier Chungking-Deutsche — die Herren aus Wanhsien waren um diese Zeit noch nicht in Ichang eingetroffen — wurden von einem der bekannten Chinesen zu einem Abendessen eingeladen, was aber nur Herr Kn. und ich annahmen. Herr Gl. hatte noch die diplomatischen Beziehungen, wie wir es scherzhaft nannten — zu uns abgebrochen und Herr Sch. sollte in Ichang Bekannte vom chinesischen Roten Kreuz aufsuchen. — Beim Essen waren wir u.A. mit mehreren Vertretern der Bank of China, Bank of Communication und dem Fremdenamt zu Tisch hörten wir fortwährend wenig schöne Bemerkungen dieser Herren über das Vorgehen der Engländer in China. Darüber, dass die chinesische Regierung in Peking absolut machtlos sei und nach der Pfeife der Engländer, Franzosen u.s.w. zu tanzen habe, war man sich einig, aber was half uns dieses.— Nach ein paar in angenehmer Gesellschaft verbrachten Stunden gingen wir wieder an Bord.—

Aus Zeitungen und von einem zurückgebliebenen 60jährigen Deutschen erfuhren wir, dass bereits drei Dampfer mit ausgewiesenen Deutschen von Schanghai abgefahren waren und dass nunmehr voraussichtlich keine weiteren Transporte abgehen würden, da die Engländer ja ihren Hauptzweck, die Zerstörung des deutschen Handels in China auf längere Zeit gründlich erreicht hätten. — Es sollte aber anders kommen.—

Der Dampfer „Kwei Lee", auf welchem wir verhältnismäßig gut untergebracht waren — wir sechs Deutsche waren die einzigsten europäischen Passagiere — brachte uns nach normaler Fahrt bei recht stürmischem Wetter nach Hankow.— Den Deutschen in Hankow war das Betreten der fremden Niederlassungen untersagt worden, weshalb Kn. und ich es vorzogen, an Bord zu bleiben, während die anderen Herren sich die Mühe machten und durch die Chinesenstadt und hinter den verschiedenen Niederlassungen vorbei nach der Deutschen Niederlassung zu gelangen um dort die wenigen noch zurück gebliebenen Deutschen im Club aufzusuchen. —

Bald nach unserer Ankunft in Hankow kam der Fremden-Kommissar an Bord, um mit uns und unserem Transportführer die Weiterreise nach Schanghai zu besprechen. Dieser Herr, welcher in Berlin Deutsch gelernt hatte, war sehr höflich und entgegenkommend, sagte uns aber gleich, wir würden bestimmt noch fortgeschickt werden, wenn auch heute noch nicht der Name des uns transportirenden Dampfers bekannt sei. — Am nächsten Tage wurde unser Gepäck auf die „Kiang Kwan" verladen und wir begaben uns auf diesen Dampfer, welcher seinen Liegeplatz ganz in der Nähe der „Kwei Lee" hatte.— Mit der „Kiang Kwan" sollten nun noch eine ganze Anzahl von Deutschen aus Hankow kommen, sodass mehr Passagiere, als Plätze in den Kabinen vorhanden waren, in Frage kamen.— Bevor wir Chungking — Deutschen uns ei-

zierplatz. Er hat ihre Achselklappen mit seinem Namenszug verliehen und ihr das Recht gegeben, sich fortan „Prinz Heinrichs-Kompagnie" zu nennen.

19

Am Ufer.

Am Ufer lagen große Haufen von Tongefäßen, kleine Krüge und große Badewannen. Manchmal kamen an einem Dorf drei, vier runde Bütten rasch auf uns zugerudert. Es saßen derbe schmutzige Mädchen mit festen Fäusten, brauner Haut, frechen runden Augen drin. Sie schlugen die Bütten mit armlangen Rudern hüpfend durchs Wasser. Es waren Bettlerinnen. Mit diesen Bütten reisten sie von ihren entfernten Wohnungen durch die Kricks an den Fluß, sie paddelnd, wenn es eine Wasserlache kam, sie vor sich herrollend, wenn sich die Landzunge zu überqueren galt. Es war das übliche Fahrzeug dieses Flachlandes. Die Frau Boy hatte die Aufgabe, sie zufriedenzustellen. Sie griff in ihr gepolstertes Wams, in dem Brüste und Hüften wie in einer Kugel verschwanden, und gab ein paar Kupferstücke. Die Weiber in den Bütten hielten sich am Schiff an und sagten ihren Spruch. Einmal kam die letzte bei der Verteilung zu kurz. Der Frau Boy waren die Käschstücke ausgegangen. Das ließ sich das Frauenzimmer nicht gefallen. Mit trotzigem Geschimpf verlangte sie die gleiche Behandlung wie alle. Ihr dicker Mund sprang gemein auf. Sie ließ uns nicht los, bis wir ihr Almosen ergänzt hatten. Dann ruderte sie bös und maulend in ihrer Bütte wieder ans Ufer. . . .

20

„Bettlerboote – eigentlich sind es
runde Waschtröge – bei Wuhu. Mit
an langen Bambusstangen befestigten
Beuteln versuchen die Bettler, Gaben
von den Dampfern zu erlangen.";
Aufnahme ca. 1908

nen bestimmten Platz sicherten, warteten wir bis die Hankower an Bord kamen, da hierunter Frauen und Kinder waren und wir Junggesellen uns über zu benutzende Sofabetten im Salon einigen mussten.— Nur der gute Herr Gl. musste wieder sein eigenes Süppchen kochen. Er hatte sich hinter den ersten Aufwärter gesteckt und sich eine kleine Kabine, die sonst ein chinesischer Lotse inne hatte, reserviren lassen, gegen eine kleine Entschädigung.— Ihn kümmerte es nun später nicht, ob Kinder oder Damen gut oder schlecht an Bord untergebracht waren, er vertrat den Wahlspruch, „Jeder ist sich selbst der Nächste".— In sehr gehobener Stimmung, die wenig zu der Veranlassung passte, kamen die Hankower Deutschen gegen 9 Uhr abend an Bord und bevor die Kabinenfrage gelöst war, ging es schon auf Mitternacht zu.— Von den Junggesellen schliefen jede Nacht 6 auf dem Sofa im Salon, sodass wir während der vier Nächte an Bord je 2mal in Kabinen und je 2mal auf dem Sofa zu schlafen hatten. An und für sich war dieses auch eine ganz gute Vorübung, denn später an Bord unseres Transportes sollten wir auch nicht allzu weich gebettet werden.— Unsere Reise nach Schanghai verlief ohne irgendwelche besonderen Ereignisse. Es wurden alte Bekanntschaften mit den Hankower-Deutschen wieder aufgefrischt und neue angeknüpft und kann ich wohl sagen, dass die auf der Strecke Chungking-Schanghai erneuerten und gemachten Bekanntschaften sich auch an Bord des „Antillochus" bewährt haben, mit Ausnahme des Herrn Gl., welcher uns später ganz untreu wurde, was wir ihm aber nicht weiter übel genommen haben.— In Schanghai angekommen, wurden wir per Wagen nach dem Internirungslager in Nanto gebracht, um dort bis zur Abfahrt unseres Transportes zu bleiben.— Die Internirung war nun aber in keiner Weise streng durchgeführt. Gleich am ersten Tage erhielten wir Pässe und die Erlaubnis nach Schanghai zu fahren, um uns unsere Ausrüstung zu ergänzen oder Bekannte aufzusuchen u.s.w. Wir mussten aber am Abend spät im Lager in Nanto zurück sein.— Hier im Lager waren wir mit einigen 100 Deutschen, darunter viele Kinder und täglich wurden neue Transporte von Changsha, Kuling, Tientsin etc. etc. erwartet.— Ideal war es ja nicht im Lager und sollen besonders zu Anfang seitens der Chinesen viele Versehen gemacht worden sein, die die Internirung zu einer Qual gemacht haben. Bei unserer Ankunft hatte sich schon viel in dieser Beziehung gebessert, doch liessen, namentlich in sanitärer Hinsicht, die getroffenen Vorrichtungen noch viel zu wünschen übrig.— Na, wir waren nur vier Tage in dem Lager und sind auch über diese Zeit hinweg gekommen. Das Essen war einfach und ausreichend, ebenfalls war unsere Unterbringung in den geheizten Schlaf- und Wohnsälen annehmbar.— Im Lager zu Nanto wurden nun eine ganze Reihe alter Bekanntschaften aufgefrischt, Leute, die man seit 10-15 Jahren nicht gesehen hatte, traf man wieder. Über die brutale Behandlung der Schanghaier Deutschen seitens der englischen Polizei und den Behörden in der internationalen Niederlassung war nur eine Stimme. Bei den, mit den schon unterwegs befindlichen drei Transportdampfern verschifften Deutschen, waren Familien, die innerhalb weniger Stunden

Ein Renntag in Tsingtau.

Für unsre Landsleute in den Kolonien ist das Vergnügen sehr dünn gesät, Konzerte und Theater gibt es nicht oder nur gelegentlich, und Stammtischgespräche und Skatspiel werden auf die Dauer stumpfsinnig, wenn man allzu ausschliesslich darauf angewiesen ist. Einen gewissen Ersatz für die fehlenden geistigen Zerstreuungen bildet der Sport, dem „draussen" eifrig gehuldigt wird. In Ostasien steht namentlich der Reitsport im Vordergrund.

Nettel Camera

Ist die Camera des routinierten Amateur und Fach Photographen für Sport, Genre, Portrait, Natur und Landschafts Aufnahmen. Reich illustrierte, interessante Haupt Preisliste kostenlos. Bezug durch die Handlungen.

Nettel Camerawerk G. m. b. H. Sontheim No. 19 am Neckar.

Die Tsingtauer Rennbahn lässt freilich noch manches zu wünschen übrig, wie aus einer interessanten Plauderei eines Sportfreundes in der „Kiautschou-Post" hervorgeht. Sie ist hart, denn der Tsingtauer Rennverein, der noch verhältnismässig jung ist, hat noch nicht die Mittel zur Schaffung einer Rasenbahn oder Sandbahn gehabt, wie sie z.B. Tientsin aufweist. Dies ist wohl auch der Grund, warum in Tsingtau der Hindernissport noch im Hintergrund geblieben ist. Der besagte Sportfreund erwähnt aber noch einen weiteren Grund für die beschränkte finanzielle Leistungsfähigkeit des Tsingtauer Rennvereins, nämlich sein gespanntes Verhältnis zum Tsingtau-Polo-Club. Worin die Differenzen der beiden feindlichen Brüder bestehen, ist also nicht gesagt. Wir kennen sie also nicht, aber wir missbilligen sie. Es ist bedauerlich, zu hören, dass auch hier wieder die berühmte Uneinigkeit der Deutschen im Auslande hemmend auf die Entwicklung eines Sports wirkt, der in unsern Augen draussen nicht Selbstzweck sein, sondern letzten Endes auch der Pflege landsmannschaftlichen Geistes dienen soll. 21

„Bootspartie mit Freunden, Wilhelm Wilshusen vorne links"; Aufnahme ca. 1903

ihr Hab' und Gut verschleudern mussten, um an Bord gebracht zu werden. Es waren nämlich von den für den Transport vorgesehenen Deutschen eine Anzahl in die nähere Umgebung Schanghai's verschwunden und konnten nicht sofort wieder gefunden werden. Um nicht die Plätze auf den Dampfern, die für diese Leute reservirt waren, leer zu behalten, hiess es einfach bei der Polizei, suchen wir willkürlich heraus, wer dafür von den noch zurück gebliebenen Deutschen mit muss.— Es muss in Schanghai eine heilose Wirtschaft gewesen sein, wie mit den Deutschen und ihrem Eigentum umgegangen worden ist und müssen Millionenwerte innerhalb weniger Tage verloren gegangen sein. Und nur dem Konkurrenzneid der Engländer haben wir dieses Alles zu verdanken.— Dem holländischen General Konsul, welcher mehrere Male mit seinem Auto in's Lager kam, um sich mit dem Kommittee im Lager und den chinesischen Behörden wegen berechtigter Klagen zu besprechen, wird der Vorwurf gemacht, dass er sich der Interessen der Deutschen in wenig energischer Weise angenommen habe, da hat sich doch der holländische Gesandte in Peking — von Baelerts — von einer anderen Seite gezeigt, sonst hätten die Aliirten nicht darauf bestanden, dass dieser abgesägt wurde, d.h. mit anderen Worten von der chinesischen Regierung um seine Ablösung ersucht wurde, da sie nicht mehr mit ihm verhandeln wolle, weil er seinen Pflichten voll und ganz nachkam.—

Im Lager schwirrten die Gerüchte nur so in der Luft 'rum. Einmal hiess es, der D. „Antillochus" welcher für die augenblicklich im Lager internirten Deutschen

bestimmt sei, würde nicht fahren, da keine Abtransporte mehr stattfinden sollten, dann hiess es wieder seine Abfahrt sei dadurch verzögert, dass die Einbauten geändert werden müssen, denn es habe sich bei

„Numerierte Bronzen für das Bremer Museum", Hankow; Aufnahme ca. 1909

den vorhergehenden Transporten schwere gesundheitliche Mängel herausgestellt, dann hiess es wieder, die chinesischen Arbeiter, welche die Tischler- und Metall-Arbeiten an Bord ausführten, streikten und die zu unserer Bedienung an Bord angenommenen Kantonesen wollten ihren Dienst nicht antreten.— Woher alle diese Gerüchte, die zum Teil auch in den Schanghaier Tages-Zeitungen enthalten waren, stammten und ob sie mit bestimmter Absicht in die Zeitungen lancirt waren, weiss ich nicht, jedenfalls trugen sie dazu bei, die Sache möglichst verwirrt zu machen. — Endlich am 31. März erhielten wir die Nachricht, dass wir am 1. April also am folgenden Tage an Bord zu gehen hätten, unser grosses Gepäck sollte früh am Morgen durch den Zoll revidirt werden und dann sollten wir gegen Mittag mit der

Die Stadt.

„Kanton ist eine gespenstige Stadt. Alles ist seltsam. Die dunklen Straßen sind krumm und unheimlich und vom Himmel abgeschlossen. Der Gestank in der Luft ist nicht zu atmen. Die Gassen sind voll von einer schmutzigen Menge, teils in schmierigen Kleidern, teils in der nackten gelben Haut. Sie haben rasierte Köpfe und grinsende Zähne. Wenn man, wie von einem bösen Traum besessen, von Gasse zu Gasse eilt, starren sie einem nach mit neugierigen Gesichtern. Da kommt einem die Erinnerung an die teuflische Art des Volkes, an seine mörderischen Aufstände, an seine satanische Grausamkeit." 22

AUS EINEM

SCHIFFSTAGEBUCH
* * *
ZWEI JAHRE
IN JAPAN UND CHINA
* * *
VON

HANS BACHGARTEN

POLA 1911
DRUCK UND VERLAG VON JOS. KRMPOTIĆ, PIAZZA CARLI 1

Die Dienstboten der Europäer

Die Dienstbotenfrage ist in Tsingtau leicht gelöst. Chinesische Dienstmädchen gibt es nicht. Alle Hausarbeiten werden von männlichen Dienstboten verrichtet.

Es gibt nichts angenehmeres, als von einem gut erzogenen chinesischen „Boy" bedient zu werden. Lautlos geht er auf seinen Filzsohlen im Hause umher. Willig nimmt er auch auf kleine Gewohnheiten seiner Herrschaft Rücksicht. Freilich darf man von den allermeisten kein selbständiges Denken erwarten. Hat man ihm gesagt, er solle jeden Tag früh um 7 Uhr Feuer machen, so macht er jeden Tag Feuer, auch wenn es unterdes Sommer geworden ist. Es liegt etwas Automatisches, Unpersönliches in der Art seines Dienens.

Der Koch kocht natürlicher nach europäischer Art. Es ist bezeichnend für die Anstelligkeit der Chinesen, daß es keine Schwierigkeit macht, Leute zu bekommen, die europäisch kochen können. Der

„Straßenecke an der Rue Kou Chan
im französischen Settlement",
Shanghai ca. 1905

Das Geschäft, an dem das Stra-
ßenschild zu sehen ist, verkauft
Speiseöl und Soyasoße, sowie Obst,
Wein und Schnaps. Im Vordergrund ist eine Apotheke zu erkennen, in der auch der Arzt Wang
Xiaofeng seine Praxis hat.

electrischen Strassenbahn bis zum Anlegeplatz des Dampfers gebracht werden.— Nun waren wir aller Zweifel enthoben, es ging nach der Heimat, wenn auch unter anderen Bedingungen, als wir es uns jemals hatten träumen lassen. Am morgen der Abreise, kamen noch viele der zurückbleibenden Deutschen, um von ihren Bekannten Abschied zu nehmen, ebenfalls suchten eine ganze Reihe von Chinesen ihre alten Bekannten noch auf, um sich von ihnen zu verabschieden.— Trotzdem die Gegend beim Lager herum sicher von in englischen Diensten stehenden Spürnasen gewimmelt haben muss, haben sich viele Chinesen nicht davon abschrecken lassen, sondern offen Farbe bekannt, dass sie noch zu den Deutschen hielten.— Auch ich hatte während des kurzen Aufenthaltes im Lager Besuch von mehreren Chinesen, die ich seit meiner Ankunft in China, also seit Anfang 1901 kannte. — Die Engländer haben bei ihrem Vorgehen in China gegen die Deutschen so recht gezeigt, dass es ihnen mit ihrem alten Sprichwort „schlage Niemanden, wenn er am Boden liegt" nicht ernst ist, denn konnten wir schlimmer am Boden liegen, als nach unserer Wehrlosmachung bei Eingehen der Waffenstillstandsbedingungen? Und dann kommen die Engländer und hetzen China auf, uns Deutsche auszuweisen und die englischen Behörden in China und ganz besonders in Schanghai sind die treibende Kraft aller Verhetzungen und lassen es an Versprechungen, Geldmittel, und als diese noch nicht genug nützen, an Drohungen nicht fehlen, um sich die chinesische Beamtenschaft gefügig zu machen.— Ausspucken sollte man vor jedem Engländer, den nur der ganz ge-

meine Brodneid zu dem gemacht hat, wie er uns sich jetzt gezeigt hat.

Am Abend vor unserem Fortgange aus dem Lager erhielten wir unseren Fahrschein, der uns berechtigte eine „freie Passage" auf dem D. „Antillochus" bis nach Rotterdam und für die Oesterreicher bis nach Port Said zu nehmen. An Hand der auf den Fahrkarten angegebenen Bett-Nummern wurden nun herum geraten, mit wem man zusammen ein Abteil während der Reise zu bewohnen hatte. Es sollten an Bord Kabinen — die sich später jedoch als Verschläge, wie in einem besseren Pferdestall herausstellten — vorhanden sein, die zwischen 8 und 18 Personen beherbergen sollten.— Ich traf es insofern ganz gut, als ich während der ganzen Reise eine Kabine mit noch 6 anderen Herren zu teilen hatte, sodass nicht allzuviel Köpfe vorhanden waren und dadurch während der ganzen Überfahrt in unserer Kabine nie Differenzen vorgekommen sind. — Gegen Mittag ging nun der Abtransport aus dem Lager vor sich, wir fuhren mit zwei Wagen der electrischen Strassenbahn, die zuerst durch chinesisches Gebiet, dann durch die französischen Niederlassungen und später durch die internationale Niederlassung führte. Aus diesem Grunde rührte wohl eine kurz vor dem Einfahren der Wagen in die französische Niederlassung eingetretene Stockung. — Ein mitfahrender Soldat von der früheren Deutschen Gesellschaft in Peking benutzte den unfreiwilligen Aufenthalt, um ein paar schöne Heimatslieder auf seiner mitgenommenen Trompete zu blasen und hatten wir binnen Kurzem das Schauspiel an der Strassenkreuzung eine nach vielen hunderten zählenden Chine-

Chinese ist allerdings der geborene Kochkünstler und in allem, was die Küche und das Essen angeht, ein großer Sachverständiger. Die Behauptung, der man oft begegnet, daß der Chinese wenig wählerisch sei in seinem Essen und die unglaublichsten Dinge, wie z.B. Regenwürmer, äße, beruht einfach auf Unkenntnis der Verhältnisse.

Die Welt hat so viel des Schönen. Nehmt davon Besitz durch den KODAK.

KODAK-Photographie
ist Photographie ohne Mühe und ohne Dunkelkammer.

Vorzügliche Bilder von Anfang an.

KODAK-Apparate und KODAK-Zubehör sind bei jedem photogr. Händler erhältlich. — Man achte auf die Marke „KODAK". — Neuester KODAK-Katalog Nr. 92 und KODAK-Broschüren gratis und franko.

KODAK G. m. b. H., Wien, Kärntnerstraße 4. KODAK Ltd., St. Petersburg, 19, Bolschaya Konnjushennaya. Kö Kodak Limited, London, Brüssel, 18, Rue de l'Europe. BERLIN Markgrafenstraße 92/93.

Die chinesische Dienerschaft eines Hauses wohnt allermeist nicht mit im Hause ihrer Herrschaft selbst, sondern in einem der Nebengebäude. Dort haben sie sich nach ihrer Art selbst eingerichtet, schlafen in Decken gewickelt auf ihren Holzpritschen und schmücken sich ihre Kammer nach eigenem Geschmack. Nur über die Sauberkeit einiger Räume hat der Herr des Hauses andauernd und energisch zu wachen. Für ihr Essen sorgen die Leute selbst. Entweder beschaffen sie es sich aus einer nahe gelegenen Garküche, oder sie haben die Erlaubnis, sich ihr „Chinesen tschau tschau" in der Küche ihrer Herrschaft zuzubereiten. Bedingung ist, daß sie keine Sachen kochen, die besonders auffällig riechen, und daß sie keinen Knoblauch verwenden. Knoblauch zu essen wird den Leuten, von denen die Europäer dauernd umgeben sind, schlichtweg untersagt. Nämlich überall, wo Chinesen wohnen, hat die Luft, sozusagen der Atem der Gegend, einen bestimmten, allen Ostasienreisenden genügend bekannten Geruch. Dieser rührt mit daher, daß alle Chinesen, wenn sie es irgend haben können, zu ihren Mahlzeiten Knoblauch essen. Wie an alles in der Welt, kann man sich natürlich auch an diesen Geruch gewöhnen, der eine leichter, der andere schwerer; der gute Wille und die Einsicht in den Zusammenhang der Dinge spielen auch bei dieser Gewöhnung eine Rolle. Trotzdem ist es ganz gut, daß z.B. auch den Ricksha-

„Wohnungen armer Leute. Die Fensterscheiben bestehen aus kleinen
Muschelstücken", Shanghai; Aufnahme ca. 1906

54 senmenge um uns herum sich anstauen zu sehen, nicht lange dauerte es, so sangen die Insassen der Wagen auch ein paar Lieder und möchte ich wohl wissen, was in den Köpfen der zuschauenden Chinesen vor sich gegangen ist, die doch wussten, dass manch' einer der Ausgewiesenen sein ganzes Hab' und Gut verloren hatte oder vielleicht auf Nimmerwiedersehen zurücklassen musste und doch nicht verzagte. Nach einer Fahrt die etwa 1 ½ Stunden währte, da unsere Wagen verschiedene Weichen, die auf andere Linien führten nicht glatt passieren konnten, gelangten wir zum Eingang der Werftanlage, an welcher der D. „Antillochus" festgemacht hatte. Nun sollten wir noch drei bis vier Stunden warten, bis unser grosses Gepäck und auch das Handgepäck angekommen war, damit wir auch die Gewissheit hatten, alles mit zu bekommen. — Ich fand nun schliesslich meine Sachen aus dem Berg von Gepäck heraus und verabredete mich mit Sch., dass wir uns gegenseitig bei der noch vorzunehmenden Zoll-Revision helfen würden, damit wir unser Handgepäck immer unter Aufsicht behielten, denn einmal verloren, wäre es jedenfalls nicht leicht gewesen, Nachforschungen anzustellen, da wir die Werftanlage nicht verlassen durften. — Die Zollrevision und Leibesvisitation gingen auch vorüber und wir konnten mit unseren Siebensachen an Bord gehen und uns umsehen, wo wir untergebracht werden würden. — Bald hatte ich meine „Kabine" gefunden und waren auch schon einige der Mitbewohner in derselben. Wir sahen sofort, dass wir mit unseren Handgepäck — für eine etwa 40 Tage dauernde Reise, mussten wir uns doch genügend ver-

sehen, zumal an Bord keine Wäscher vorhanden sein sollten — arg in die Klemme kommen würden, wir haben uns später aber noch ganz gut einrichten können, sodass dieser Punkt zu unserer Zufriedenheit gelöst wurde. An Bord des Dampfers war nun ein buntes Gewimmel durcheinander. Alles suchte nach seinem Gepäck und nach seinem ihm angewiesenen Platz. Trepp' auf Trepp' ab lief Klein und Gross und schleppte Handgepäckstücke hinauf und hinunter, sodass häufig garnicht durchzukommen war. Aber allmählig kam doch Ordnung und Ruhe hinein, als die Menschen sahen, dass die chinesischen Bedienten das Abendessen im „Salon" auftrugen. Nun muss man sich unter „Salon" keinen Raum vorstellen, wie vielleicht auf dem ältesten unserer früheren Lloyddampfer, nein es handelte sich um einen Raum im Zwischendeck eines etwa 9000 Tons grossen Frachtdampfers und befand sich dieser Raum über grossen Ladeluken. — Es waren 18 Tische mit je zwei Bänken vorhanden die bei voller Ausnutzung rund 360 Personen Platz gewährten, da wir aber mit, wenn ich nicht irre — 436 Personen, darunter ungefähr ein Drittel Kinder, an Bord waren, so genügten diese Anzahl von Tischen und Bänken nicht, um in einer Abteilung alle speisen zu können, es wurde deshalb die Einrichtung getroffen, dass die Kinder, die ja auch eine etwas weniger derbe Kost bekamen, wie die Erwachsenen, mit ihren Eltern zuerst essen sollten, dann sollten die übrigen Erwachsenen abgefüttert werden. Das lange Stehen draussen auf der Werftanlage hatte uns hungrig gemacht und waren wir alle in Erwartung der schönen Dinge, die vor uns aufgetischt

kulis in Tsingtau das Knoblauch-Essen, jedenfalls das nach Knoblauch Riechen polizeilich verboten ist, und daß jeder Fahrgast ohne weiteres seiner Rickscha den Laufpaß geben kann, wenn er merkt, daß der Rickschamann seine alte Nationalliebhaberei nicht hat lassen können.

23

Die preussische Expedition

nach

China, Japan und Siam

in den Jahren 1860, 1861 und 1862.

Reisebriefe

von

Reinhold Werner,
Lieutenant zur See I. Klasse.

Mit vielen Abbildungen in Holzschnitt und einer lithographierten Karte.

Erster Theil.

Leipzig:
F. A. Brockhaus.
1863.

Die Masse.

Den Europäer in der Chinesenstadt fassen auch andere, nicht minder panische Stimmungen. Der Anblick des massenhaften, schwitzenden Volkes, wie man es an Landungsplätzen in Kanton, Hankou oder Schanghai beobachtet, halbnackt, mit gerösteten Körpern, unter der Hitze leidend, mit den Schwielen der unförmigen Bürden, die es seinen Knochen zumutet, unwissend, verschlossen, mißtrauisch, zur Zusammenrottung und Frechheit neigend, mit zerknitterten, zersägten Gesichtern, mit müden wilden Augen, aus denen es hündisch-seelenvoll hervordringt, hat etwas Ergreifendes. Da tasten diese braunen, schmächtigen Athleten mit nackten kaum erhobenen Füßen über den Weg, in rhythmisch-schweren Gang unter den eigenwilligen, an den Enden der Bambusstange um die Schultern schwebenden Lasten, mit strengen verzerrten Mienen und dem Gesang, der ein einziger geschrieener Seufzer ist, schrill wie das Kreischen schlecht geschmierter Achsen. Nicht minder hat die stumme korrekte Bereitschaft der sauber und absolut schmucklos gekleideten chinesischen Diener, die den Herrn erwarten, etwas Rätselhaftes vor dem Hingergrunde der Ewigkeit. Es ist zuweilen, als verspüre es der, der die hundertfachen, im einzelnen so geringwertigen und auch entsprechend gering entlohnten Dienste in

„Chinesische Einkaufsstraße im
französischen Settlement", Shanghai; Aufnahme ca. 1901
   In dieser Ladenstraße befinden
sich Läden für Stoffe und Beklei-
dung, Juweliere und eine Wechsel-
stube, sowie ein Geschäft für aus-
ländische Waren.

werden sollten. Na, den Beschreibungen verschiedener Deutscher nach, die mit den vorausgefahrenen Transporten Schanghai verlassen hatten und durch Chinesen uncensirte Briefe an Land geschmuggelt hatten, musste die Unterbringung an Bord ihrer Dampfer ja höchst mangelhaft sein und die Verpflegung aller Beschreibung spotten. — Wir machten uns demnach auch nicht allzuviel Hoffnung, doch muss ich sagen, dass ich während der ganzen Reise die uns zugewiesene Kost gegessen habe und mir nur ein oder zwei Mal durch Sardinen und Käse meine Mahlzeiten etwas verbessert habe. — Die Kost war ja recht eintönig, aber es gab genügend Fett (Butter) und Fleisch, sowie jeden Tag frisches Weizenbrot. Eigentlicher Mangel hat während der ganzen Reise an Gemüse — ausser Kartoffeln natürlich — geherrscht. — Ein grosser Teil der Mitfahrenden hatte sich nun noch in Schanghai mit Vorräten von Schinken, Wurst, Speck und Brot und Gebäck für eine gewisse Zeit versorgt und getraute sich noch nicht an den jetzt gerade aufgetischten Gulasch heran, aber später, als ihre Vorräte aufgezehrt waren, haben sie den Gulasch, Labskaus und andere schöne Gerichte, die desto schöner schmecken, je seltener man sie bekommt, auch gegessen, erstmal, weil sie doch keine Hungerkur durchführen konnten, dann aber auch, weil sie einsahen, die Gerichte waren essbar. — Auch ich hatte aus meiner Räucherkammer in Chungking allerlei Leckerbissen, wie Schinken, Speck, Zungen & Würste mitgenommen und habe dadurch, dass ich davon ein gut Teil mit nach Deutschland gebracht habe, bewiesen, dass die Kost an Bord des „Antillochus" wenn auch eintö-

nig, so doch geniessbar und nahrhaft war. — Als Getränk gab es gesüssten Tee. —

Es erübrigt sich nun wohl unsere Wohnung, die wir während der nächsten 42 Tage gratis bewohnen sollten etwas näher zu beschreiben. — Wie schon erwähnt waren wir auf einem etwa 9000 Tons grossen, sehr modern eingerichteten Frachtdampfer untergebracht. Leider war, — wahrscheinlich wohl durch die ständige Benutzung des Dampfers hervorgerufen — Alles verloddert und verrostet und machte keinen schönen Eindruck. — Uns ausgewiesenen Deutschen war das Hinterschiff eingeräumt worden und nur ein ganz geringer Teil der Junggesellen waren auch im Vorderschiff untergebracht worden. Das Vorderschiff sollte in Honkong noch 250 englische Soldaten aufnehmen, die ihre Dienstzeit beendet hatten und in die Heimat befördert werden sollten. Ausserdem befand sich im Vorderschiff die für uns bestimmte Wache von rund 30 Soldaten. Alles in Allem befanden sich an Bord wohl 770 bis 800 Menschen, davon gut die Hälfte Deutsche. — Die auf dem Hinterschiff untergebrachten Deutschen verteilten sich auf drei getrennte Abteilungen zu denen Treppen führten, jede dieser Abteilungen hatte wieder zwei Decks. In den Zwischendecks waren die Familien untergebracht, während die Junggesellen durchweg in den nächsttieferen Decks — also den Laderäumen — ihre „Kabinen" hatten. — Bei den zu den Unterkunftsräumen führenden Treppen war mit weisser Farbe angebracht z.B. 1-130 — 130 Germans, die einzelnen Kabinen wiesen dann wieder die folgenden Bezeichnungen: No 15 berths 260-278 u.s.w. Obwohl ich nun 6 Wochen an Bord

Seiner Königlichen Hoheit

dem

Prinzen Adalbert von Preußen,

Oberbefehlshaber der Königlich Preußischen Marine,

widmet dieses Buch

als Zeichen seiner tiefsten Ehrfurcht

der Verfasser.

Anspruch nimmt: diese Menschen sind in einer lebenslangen, fremdartigen, furchtbaren Gefangenschaft. In der Gefangenschaft ihrer Armut, ihrer absoluten, durch viel Aberglauben und ein paar elementare Lebenserfahrungen gefärbten Unbildung. Sie nehmen eine Stufe des Verdammnis und des Leidens ein, die noch vertieft scheint durch den unendlichen Abstand, der sie von der Höhe des Kaffee und Likör trinkenden, befehlenden Europäers in China trennt.

24

Aufsichtsfucher

Durchsichtsfucher

Wie zuhause.

Es ist Sonntag Mittag 12 Uhr. Wir betreten den Bar-Raum, einen grossen Saal, in dem der grösste Teil der männlichen deutschen Kolonie in Gruppen zusammensteht oder an kleinen Tischen sitzt, plaudernd, lachend, ernste Geschäfte besprechend und — zechend. Der brausende Ton einer grossen Menge lustig plaudernder Männer erfüllt den ganzen Raum. Der Sonntagsfrühschoppen ist die grosse Réunion, bei der sich alles sieht.

25

„Chinesischer Schiffsoffizier auf dem Dampfer „Mei Lee"; Aufnahme ca. 1903
Der Dampfer „Mei Lee" gehörte dem Norddeutschen Lloyd, Bremen und befuhr die Strecke zwischen Shanghai und Chingkiang.

58 des „Antillochus" gewesen bin, weiss ich heute nicht mehr, welche Kabinennummer ich gehabt habe, wohl weiss ich, dass ich den Platz 351 hatte. — Der Salon war in der mittelsten Abteilung gerade über unseren Kabinen. — Die Verlängerung des Salons war abgeteilt worden, um das während der Reise benutzte Gepäck unter zu bringen und um eine Möglichkeit zu haben, an dasselbe heran zu kommen. — Die Handhabung des Gepäcks war uns Deutschen seitens des Schiffskommandos überlassen worden und ich muss wohl sagen, hätten die Engländer sich auf die vielen, zum Teil ganz unberechtigten Wünsche in Bezug auf Gepäck einlassen wollen, so hätte der Kapitän noch mindestens ein halbes Dutzend weitere Officiere und ein paar Dutzend Matrosen mehr haben müssen. — Am nächsten Morgen wurde nun erstmal eine Versammlung abgehalten, um ein Kommittee zu wählen, welches dafür sorgen sollte, dass nach Möglichkeit allen berechtigten Wünschen der Mitreisenden Sorge getragen werden würde, soweit selbstverständlich solches in der Macht des Kommittees lag. — Dann sollte beantragt werden, dass die Schiffsleitung einer Aenderung der Mahlzeiten zustimme, denn anscheinend sollte uns dreimal am Tage das gleiche Essen vorgesetzt werden, wahrscheinlich, weil es so am Bequemsten war. — Das Kommitee hatte dann auch insofern gleich einen Erfolg, als seinem Wunsch in Bezug auf Aenderung der Verpflegung des morgens nachgegeben wurde. — Im Grossen und Ganzen war die Verpflegung an Bord die Folgende:
Morgens:
zwischen 7-8 Uhr:

Tee, frisches Weissbrot, Butter, zweimal in der Woche Marmelade und 1 Ei, sowie Milchreis oder Hafergrütze abwechselnd.
Mittags:
zwischen 12-1 Uhr:
Wasser (kein Tee) keine Butter oder Marmelade abwechselnd: Gulasch, Labskaus, Irish Stew und dazu Pellkartoffeln & ab und zu saure Pickels, & Brot, Salzfleisch mit Kohl, Bohnen und Speck u.s.w.
Abends:
zwischen 5½-6½ Uhr:
Tee, Brot, Butter, und dann ähnliches Essen wie am Mittag. —

Dadurch, dass es am Mittag keine Butter gab, hatten sich viele der Mitreisenden angewöhnt, sich morgens eine ganze Anzahl Schnitte Brot mit Butter zu bestreichen und dieselben nicht nur zum Mittagessen, sondern auch zum Kaffee am Nachmittag (den sich jeder kochen konnte, natürlich auf eigene Kosten), sodass sich bald herausstellte, namentlich für die in der zweiten Abteilung Essenden, dass morgens immer die Butter nicht reichte. — Nachdem dann verschiedentlich verschimmelte Butterbröde in den Abfalleimern gefunden worden waren und die Art des Butterbrot-Hamstern gerügt worden war, liess diese üble Angewohnheit doch etwas nach und kamen wir, die wir in der zweiten Abteilung assen, auch wieder zu unserem Recht. —
    Für die Kinder gab es eine etwas leichtere Kost, sie erhielten häufig Sago- oder Reis-Pudding, gekochte Pflaumen und jeden Morgen, wenigstens bis wir nach Pord Said kamen, ein gekochtes Ei. — Häufig erhielten die Kinder auch gekochtes Hackfleisch mit Musskartoffeln.

Verachtung.
    Die an Bord des Dampfers „Nore" zurückbeförderten Deutschen haben einen Protest verfasst, der zunächst feststellt, dass die chinesische Regierung an den ganzen Ereignissen gegen die Deutschen weniger Schuld sei, als die englische, und die Einzelheiten für die Tätigkeit der Engländer in China und ihres Generalkonsuls anführt, freilich auch dem holländischen Generalkonsul in Schanghai den Vorwurf macht, dass er die Transportschiffe vor ihrem Abgang nicht geprüft habe und so keine Kenntnis von der unmenschlichen Art der Unterbringung und der absoluten Unzulänglichkeit der sanitären Einrichtungen, wie von der elenden Kost gehabt habe. Es heisst in dem Proteste:
    „Die einförmige kraftlose Massenbeköstigung durch einen chinesischen Unternehmer, die unverschämte und unsaubere chinesische Bedienung, sowie das unappetitliche emaillierte Essgeschirr, in dessen Benutzung wir uns mit den Chinesen teilen mussten, zeigten die Gemeinheit und den Grad der Verachtung, mit der man uns zu behandeln sich vorbereitet hatte.
    Die unsanitären Schlaf- und Essräume des Zwischendecks ohne Tageslicht und ohne genügende Ventilation, sowie die dazugehörigen Wasch-, Bade- und Abortanlagen, für deren allernotwendigste Reinigung wir noch obendrein selbst bezahlen mussten, bestätigen die obige Auffassung vollauf. Die sogenannte Hospitalanlage reihte sich dem Ganzen würdig an.
    Die Rattenplage bei Tag und Nacht war derartig, dass viele Männer, Frauen und Kinder im Schlafe gebissen wurden. Wenn man nun noch die Reisedauer selbst, rund 8 Wochen, und die unnötig erscheinenden langen Aufenthalt in den einzelnen Häfen, z.B. im äußerst heissen Singapore volle 5 Tage, unter den erwähnten Umständen berücksichtigt, so kann man unsere Entrüstung voll verstehen."
²⁶

„Vom Hochwasser überschwemm-
te Straße", Shanghai; Aufnahme ca.
1905

Und doch habe ich Kinder beobachtet, denen der Milchreis und die Hafergrütze nicht gut genug war und dieselbe während der ganzen Reise nicht gegessen haben, sondern nur von Konserven lebten, die ihnen die Eltern aus der an Bord befindlichen Kantine kauften. — Es sind viele 1000 Dollars von den Deutschen in die Kantine gebracht worden, wenn auch ein Teil der dort gekauften Sachen mit nach Deutschland genommen worden ist und dort natürlich sehr willkommen war, so ist doch eine Unmenge der so teuer gekauften Sachen an Bord verzehrt worden und zwar einfach aus dem Grunde, weil die Leute sich nicht daran gewöhnen wollten oder mochten, mit der Schiffskost zufrieden zu sein. — Wohl Mancher wird nachher in Deutschland angekommen sich wohl gesagt haben, hättest Du doch Dein Geld behalten, denn die an Bord so leichtfertig ausgegebenen ein oder mehrere 100 Dollars, wären jetzt das 7-8fache wert, als zu normalen Zeiten. — Dadurch, dass wir auch ein Küchenkommittee an Bord hatten welches sich, soweit es die Schiffsdisciplin zuliess, um unser leibliches Wohlergehen angelegen sein liess, haben wir jedenfalls eine bessere und abwechselndere Verpflegung gehabt, als wenn wir nur von den Kochkünsten der damit beauftragten Chinesen abhängig gewesen wären. — Gab es doch ab und zu des abends Bratkartoffeln, wozu wir Deutschen selbst die Kartoffeln zu pellen hatten, sogar Hamburger Beefsteaks hat es mehrere Male gegeben. —

Damit wäre wohl die wichtigste Frage an Bord, nämlich das Essen so ziemlich besprochen, es bleibt noch zu erwähnen, dass der chinesische Bäcker an Bord, nachdem wir einige Tage unterwegs waren, alle möglichen Sorten von Kuchen und Torten buck, sodass die Herrschaften, die es gewohnt waren, zu ihrem Nachmittags-

„Chinesen sieben Reis", Shanghai;
Aufnahme ca. 1904

Kaffee Kuchen haben konnten, natürlich Beides auf ihre Kosten. — Der Bäcker hat jedenfalls ein gutes Geschäft hierbei gemacht. — Ein weiteres Kommittee sorgte für die Unterhaltung der Kinder, na, dieses war schon ein schwierigeres Problem, als es dem Küchenkommittee auferlegt war. — Das Kommittee hat auch nicht viel geleistet, denn was sollte es mit den armen Kindern anfangen? Waren die Kinder unten bei den Junggesellen, dann hiess es gleich, was macht ihr Hier, schert Euch nach oben, dort wieder wurden sie von zartbesaiteten Frauen und jungen Damen verjagt, die gerade ihren Mittagsschlaf hielten oder sonst wie Ruhe haben wollten. Und oben an Deck wollte auch Niemand das 'Rumrennen der Kinder leiden, die Einen hatten Angst, dass die Kinder zu Schaden kom-

Lokalnachrichten.

Shanghai erfreut sich jetzt auch einer Hundesteuer. Ein Dollar ist die Abgabe, die im April auf ein Jahr im Voraus für die Hundemarke zu entrichten ist.

Das Bettlerwesen in der Stadt nimmt neuerdings in erheblichem Masse zu. Gestalten mit verstümmelten Gliedern und mit ekelerregenden Krankheiten Behaftete sind ungleich öfter in den Strassen, namentlich in Hongkew zu sehen, als früher. Soweit dort Sikhs den Polizeidienst thun, wird ein energisches Eingreifen gegen dieses Unwesen vermisst. Es dürfte sich empfehlen auf sämmtlichen über den Soochowfluss führenden Brücken und den angrenzenden Strassen chinesische Schutzmänner zu postiren und es diesen zur besonderen Pflicht zu machen, rücksichtslos gegen die Strassenbettelei Stellung zu nehmen.

Nach 20jähriger Thätigkeit ist in diesen Tagen der Postmeister des englischen Postamtes in Shanghai, Machado, in den Ruhestand getreten. Sein Nachfolger ist M. A. Pereira.

In der Nacht zum letzten Montag beging ein Chinese im Chinesen-Garten und der Soochow Road Selbstmord, indem er sich an den Ast eines Baumes aufhängte. Die Leiche wurde erst am nächsten Morgen gefunden.
27

„Shanghai im Schnee"; Aufnahme
ca. 1901/1902

men könnten, während wieder Andere an Deck ihr Schläfchen hielten und dabei nicht gestört sein wollten. So hatten die Kinder, die jeden Alters waren, kaum Gelegenheit, sich auszutoben. — Anfänglich wurde von verschiedenen der mitreisenden Lehrer Schule gehalten und gingen die Kinder auch gerne zu dem einen oder anderen der Lehrer, es musste aber schon Einer sein, der ein lautes Organ hatte, denn bei dem Geräusch an Bord, musste, wenn ein Vortrag für die Kinder gut verständlich sein sollte, laut gesprochen werden. Beim Passiren der heissen Zone, ist dann der Unterricht mehr und mehr eingeschlafen. — Ein weiteres Kommittee sorgte dafür, dass die von den verschiedenen an Bord mitgeführten Büchern eine Anzahl der Gesammtheit zur Verfügung gestellt wurden und wurde damit eine kleine Bibliothek zusammengestellt, die noch durch einen grossen Korb mit Büchern aus dem deutschen Klub aus Schanghai ergänzt wurde. — Diese Bibliothek hat uns über manche langweilige Stunde hinweg geholfen. — Ein weiteres Kommittee sorgte für die Bade- und sonstigen Einrichtungen, die einer täglichen Reinigung bedurften. — Es waren noch einige weitere Kommittees vorhanden, doch weiss ich im Augenblick ihre Functionen nicht mehr. —

Als Arzt war ein Dr. Bi. mitgekommen, der wieder vier chinesische Aerzte zu seiner Unterstützung beigeordnet bekommen hatte, ausserdem war eine Rote Kreuz Schwester — eine ältere Holländerin — an Bord, sowie unter den Passagieren ein Oesterreicher, welcher Arzt war und einige Soldaten, die dem Sanitätskorps angehörten. —

Am Morgen des 3. April legte der „Antillochus" von der Werft ab und fuhr langsam den Wangpoo hinab, um nach einer Stunde Wusung zu passiren. Die Engländer liessen es sich nehmen, noch einmal der Welt vor Augen zu führen, dass sie ein Wörtchen bei der Ausweisung der Deutschen mitzusprechen gehabt hätten, denn der „Antillochus" wurde bis Wusung von einem englischen Kriegsschiff begleitet. — Sie konnten es sich ja auch leisten, die bei dieser Spazierfahrt auf ihrem Kriegsschiff verbrannten Kohlen wird man uns schon angerechnet haben, oder noch anrechnen. — Am vierten Tag nach unserer Abfahrt kamen wir in Hongkong an, hier sollten noch weitere Deutsche aus Süd-China an Bord kommen und sprach man von 30-40 Personen. — Die Leute kamen gegen neun Uhr an Bord und hiess es für dieselben Platz zu schaffen. Eine Anzahl Junggesellen musste umquartieren und in's Vorderschiff ziehen. Anstatt, dass seitens des Kommittees aufgefordert wurde, sich freiwillig zu melden, wer von den Junggesellen in's Vorderschiff ziehen wolle, wurden einfach Leute dazu bestimmt und zwar solche, die sich schon als Rüpel zum Teil gezeigt hatten. Der Erfolg war dann der, dass eine allgemeine Aufregung bei diesen Leuten entstand und kamen dabei so rechte Bolschwistische Ideen zu Tage. — Einer dieser Herren rief es laut durch den ganzen Essaal „erst müssen sie *mir* in Eisen legen, bevor ich in's Vorderschiff ziehe". — Der Mann hat aber doch mit sich reden lassen und ist umgezogen. — In Hongkong hatten wir vier Tage Aufenthalt und konnten wir uns durch unseren Diener am Tisch noch allerlei Kleinigkeiten, die wir in Schanghai ver-

Der Schubkarren.

Ein uraltes chinesisches Verkehrsmittel, und zwar für Personen- und Güterbeförderung, ist der einrädrige Schubkarren. Acht Chinesinnen werden auf einem solchen Karren durch die Strassen von Shanghai gefahren; vier von ihnen sitzen auf der einen Seite des Karrens, während die andern vier mit noch einem Kinde die andere Seite einnehmen; das etwaige Übergewicht an der einen Seite hat der Kuli, der den Karren schiebt, durch seine Haltung auszugleichen. Im allgemeinen aber sorgt der Karrenschieber dafür, dass sich das Gewicht rechts und links der Achse von selbst ausgleicht, weil ihm dann natürlich die Arbeit erleichtert wird. Ein solcher chinesischer Karren ist im übrigen ein ganz verständiges Beförderungsmittel, weil das volle Gewicht der Last ausschliesslich auf seiner Achse ruht. Der Kuli hat also, sobald das Gefährt erst einmal in Bewegung ist, nur dafür zu sorgen, dass es im Gleichgewicht bleibe, dann hat er mit seiner Arbeitsleistung lediglich die Reibung des Gefährts am Boden zu überwinden. Diese Karren sind durch das ganze „Reich der Mitte" verbreitet und haben überall genau dieselben Abmessungen; sie sind aus bestem Holze, aber auch lediglich aus Holz, verfertigt. Die hölzernen Achsen hört man meilenweit quietschen. Ein starker Mann ist imstande, bis zu sechs Zentner damit zu befördern; sein Tagelohn beträgt 30 bis 40 Pfennig.

28

„Coolies", Shanghai; Aufnahme ca.
1907

säumt hatten zu besorgen, die sich aber bei der langen Reise als notwendig erwiesen, kaufen lassen, so u.A. einen Wasserkessel, um nachmittags einmal Kaffee kochen zu können, eine japanische Matte, um in den heissen Nächten etwas kühler zu liegen u.s.w.— Unser Diener besorgte Alles zu unserer (Kn's, Sch's und meiner) Zufriedenheit und erhielt dafür ein angemessenes Trinkgeld.— Dieses Trinkgeld hat uns nicht gereut, denn wir sollten den aufmerksamsten Diener während der ganzen Reise haben und habe ich ihm besonders zu verdanken, dass ich beim Verlassen des Dampfers in Rotterdam mit einer ganzen Menge Lebens- und Genuss-Mittel an Land ging, die wohl die Wenigsten mitbringen konnten, wie Olivenöl, Pfeffer, Zimmt, Rosinen u.s.w.—

Es war natürlich selbstverständlich, dass Niemand in Hongkong an Land durfte, auch war jede Verbindung mit Obsthändlern, und Verkäufern von Rohrstühlen, die das Schiff umschwärmten, untersagt, wenn auch verschiedene Deckstühle und Körbchen mit Obst an Bord gelangten, da die einzelne Wache auf dem Hinterschiff und das in der Nähe des Dampfers patrollirende Polizeischiff nicht überall gleichzeitig sein konnten.— Wie die Verbrecher sind wir Deutschen tatsächlich behandelt worden.— Am darauf folgenden Tage kamen dann auch die 250 Tommies an Bord und kann man ruhig sagen, dass die Leute sich, obwohl sie durch einen Lattenverschlag nur von dem im Vorderschiff untergebrachten rund 50 Deutschen getrennt waren, ganz gut benommen haben. Die einzigen bekannt gewordenen gehässigen Ausdrücke gegen Deutsche sind von

englischen Offizieren gemacht worden.— Den Tommies war streng untersagt worden, sich mit uns in Gespräche einzulassen, doch haben in einsamen Nachstunden, verschiedene Unterhaltungen stattgefunden und der Grundton derselben war eigentlich von seitens dieser Tommies „wir sind froh, dass dieser schreckliche Krieg ein Ende hat und wir wieder nach Hause kommen, weshalb man Euch Deutsche noch zwangsweise aus China fortschickt, ist uns unverständlich, Ihr habt doch keinerlei Greueltaten begangen" und so ähnlich.—

Der Hafen von Hongkong ist immer ein prächtiges Panorama, seit meinem letzten Aufenthalt hier im Jahre 1908 hatte sich vieles verändert, eine grosse Menge schöner Gebäude und auch Neu-Anlagen von grossen Fabriken und Werften, waren hinzugekommen. Aber wo waren alle die deutschen Schiffe, waren doch im Jahre 1908 26 oder 28 deutsche Schiffe im Hafen am Tage meiner Durchreise und ein ähnliches Verhältnis ist bis zum Ausbruch des Krieges gewesen. Es werden jetzt wohl viele Jahre darüber hingehen, bis auch nur ein annähernd gleicher Zustand im Hongkong Hafen beobachtet werden kann.— Ein grosser Teil der in Hongkong verschwundenen deutschen Flagge ist inzwischen durch die japanische und in geringerem Masse durch die amerikanische und holländische Flagge ersetzt worden, ich glaube nicht, dass die englische Flagge sich in dem Masse vermehrt hat, als die Deutsche abgenommen hat. —

Bei schönstem Wetter verliess unser Dampfer Hongkong, als nächstes Ziel Singapore.— Bevor wir diesen Hafen erreichten, sollten wir merken, dass wir uns dem

Ausgesperrt.

Die Foochow-Road ist in Shanghai die Straße, wo die chinesischen Vergnügungslokale vereinigt sind. Dort ist Alles zu finden, was das chinesische Herz begehrt, — Opium, Musik, Theater, Frauen.

Die Foochow-Road ist in ganz China berühmt, etwa wie in Deutschland die Hamburger Vergnügungs-Vorstadt St. Pauli oder der Wiener Wurstlprater. Von weit her kommen die Chinesen, um die Courtisanen kennen zu lernen, die in der Foochow-Road wohnen. Diese vornehmen chinesischen Demimondaines bekommt ein Europäer niemals zu Gesicht. Jede der Damen würde ihren Ruf unheilbar schädigen und die ganze reiche chinesische Kundschaft verlieren, wenn sie mit so einem Hergelaufenen aus Europa kompromittierte. Es soll ihrer nicht weniger als fünfzig in der Foochow-Road geben, ein ganzes Quartier Marboeuf. Sie haben da prächtige Wohnungen inne, und auf der Schwelle wacht mit Argus-Augen eine strenge Alte. Nichts deutet in der Straße auf die Anwesenheit dieser geheimnisvollen Schönen hin. Und doch ist kein Zweifel, daß sie da sind. Manchmal rollt durch das wimmelnde Volk eine Equipage mit Gummirädern. Der chinesische Kutscher sitzt auf dem Bock, und der chinesische Leibjäger steht hinter dem Schlage. Der Laternenschein fällt in den Wagen und zeigt eine Chinesen mit gewaltiger Hornbrille, der im Innern auf der blauseidenen Bank hockt. Das Gespann hält, und der Mann mit der Hornbrille verschwindet in einem Haustore, das klein und armselig aussieht. Es läßt sich annehmen, daß hinter diesem Thore mehr zu finden ist, als das Thor verspricht, und daß die Straße also doch abseits von dem Wirtshaus-Lärm, in ihren Häusern höhere Wonnen birgt, von denen Derjenige nichts ahnt, der unten vorübergeht.

29

„Lebensmittelgeschäfte in der Sin-
za Road", Shanghai; Aufnahme ca.
1905
   In dem rechts zu sehenden Geschäft werden Datteln, Obst und
glasierte Früchte verkauft, während der Laden in der Bildmitte
hochwertige Soyasoße anbietet.

66 Aequator näherten, denn es wurde schon mehr wie angenehm warm. Die frische Seebrise liess uns die Hitze nicht so sehr fühlen, wenn wir uns auf Deck aufhielten, im Speisesaal aber und in unserem unter der Wasserlinie liegenden Deck war's fürchterlich. Wenn wir auch eine ganze Anzahl electrischer Fächer in dem unteren Deck angebracht hatten, so wurde die heisse und verdorbene Luft nicht richtig erneuert, sondern nur durch die Fächer durcheinander geworfen. Die Luftschächte arbeiteten jedenfalls nicht so, wie sie es hätten müssen. — Schon vor der Ankunft in Singapore sah man deshalb auch schon eine Anzahl unserer Mitreisenden nachts auf Deck schlafen. — Bei unserem Aufenthalt in Singapore wurde es mir dann auch zu heiss unter Deck und beschloss ich auch nachts mein Quartier auf Deck zu verlegen. Mir kam hierzu die japanische Matte, sowie die aus Chungking mitgenommene Seidenwatte-Matratze und ebensolche Decke sehr zu statten. — Anfänglich war mir doch das eiserne Deck unter der dünnen Matratze etwas hart, doch nach einigen Tagen war ich hieran gewöhnt und habe ich auf Deck sehr gut geschlafen. Einen Nachteil hatte dieses auf Deckschlafen allerdings, ich musste morgens schon gegen vier Uhr aufstehen, da ich sonst von den Matrosen, die um diese Zeit anfingen das Deck zu waschen, nass gespritzt worden wäre. Das Anschlagen der Schiffsglocke um vier Uhr hat mich aber mit Ausnahme eines Males immer geweckt und bei diesem einen Mal, wo ich schlief, weckte mich der Kantonesische Quartermaster, sodass ich keinen Guss bekam. — Erst nach unserer Einfahrt in's Mittelmeer schlief ich wieder unter Deck,

da es ab Port Said mir denn doch wieder zu kalt wurde. —

Als unser Kommittee während unseres Aufenthaltes in Hongkong die Erfahrung machen musste, dass die Schiffsleitung keine Waschleute in Hongkong besorgt hatte, blieb uns Reisenden nichts weiter übrig, als selbst die Sache in die Hand zu nehmen. Es wurden eine Anzahl Waschzuber und Waschbretter, sowie Zeugleinen und Klammern gekauft und konnte nun die Wäscherei losgehen. — Da es bei durch Kohlenruss und Schmieröl ständig schmutzigen Deck keinen Zweck hatte, gute Wäsche zu tragen — obwohl die meisten Damen anders dachten und sich tagsüber mehrere Male umkleideten — trugen die Männer ihre Kleidung auf, die sie sonst auf ihren Hausbootouren oder Spaziergängen im Freien meistens benutzten, jedenfalls machte es ein grosser Teil so. Man versuchte es sich so einzurichten, dass man möglichst wenig an das Gepäck, welches sich in dem wöchentlich einmal geöffneten Gepäckraum befand, brauchte. — Nun hiess es, wohin mit der schmutzigen Wäsche. Einige Frauen übernahmen das Waschen gegen Bezahlung, waren aber bei Weitem nicht im Stande, auch nur einen geringen Teil der Wäsche zu übernehmen. Viele Mütter und geplagte Väter wuschen selbst und nur wir Junggesellen konnten sehen, wo wir blieben. Wir drei Chungkinger Herren Kn., Sch. und ich entschlossen uns daher, selbst zu waschen. Seife hatten wir genügend mitgebracht, grosse Emaille-Waschschalen ebenfalls und konnte die Arbeit beginnen. Früh morgens um vier konnten man uns drei oft schon bei der Arbeit sehen. Nachdem wir unsere Wäsche

Eine Operation.

Ich sah einem Straßenarzt zu, der mitten im Verkehr tätig war, etwa an der Ecke der Linden mit der Friedrichstraße. Er hatte einen alten Kuli auf einer Bank vor sich sitzen. Er mischte in einer Schale zwei Flüssigkeiten, besprach sie, trank davon und gab darauf dem Patienten zu trinken, indem er murmelte und beschwörende Bewegungen machte.

Dann stellte er die Schale fort, löste dem Kuli das Hosenband, die Hose fiel zurück auf die Knie, die ganze Partie hinten und vorn entblößte sich dem Patienten und es erschien ein trächtiger Bubo. Der Arzt nahm eine leichtgebogene Klinge, die nicht sehr scharf schien und mit Rost bedeckt war und stieß sie unversehens in den Bubo hinein. Das Leben des Nachmittags umstrudelte die Operation. Der Arzt nahm Reispapier, trocknete damit das Blut auf; Der Kuli zog sich die Hose wieder über, bezahlte mehrere Kupferstücke und ging davon.

Hinter einem Ladentisch, die mit geringen Ausnahmen sich alle in die Straßen öffneten, zeigte einer der Verkäufer, während ich etwas kaufte, einem andern die Fortschritte einer Geschlechtskrankheit am Objekt selber.

Die Prostitution der niedern Klassen vollzog sich ohne Türen noch Vorhang. Für die körperlichen Ausscheidungen suchte man nie nach einem verschwiegenen Ort, sondern hockte sich an die erste, etwas freie Ecke oder an den Wegrand.

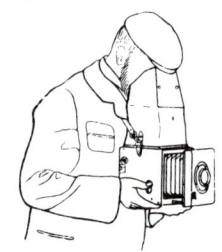

Bubonen.

(griech.), Anschwellungen der Leistendrüsen; im weitern Sinn auch der Lymphdrüsenanschwellungen entstehen höchst selten durch Erkältungen oder örtlichen Druck (*idiopathische B.*), in der Regel dann, wenn in der Gegend, aus welcher ihnen die Lymphe zufließt, ein krankhafter Prozeß stattfindet und daher die kranke Lymphe als Reiß auf die Drüse schädigend einwirkt.
31

„Geschäft eines Stoffhändlers im Festschmuck", Shanghai; Aufnahme ca. 1901

abends zuvor eingeweicht hatten, ging das eigentliche Waschen am nächsten Morgen rasch von Statten. Bevor die Damen auf Deck erschienen und sich ihre Waschbretter suchten, waren wir schon fertig und hing unsere Wäsche im Trockenhaus. — Nach und nach fanden sich auch verschiedene der Hankower Bekannten an den Waschzubern an, doch hat es Herr Gl. nicht mit seiner Ehre vereinbaren können, es uns nachzumachen. Er hat lieber einen grossen Koffer schmutziger Wäsche rund 1½ Monat lang in seiner Kabine gehabt. — Anfänglich haben mir auch die Finger weh getan vom Waschen und habe ich meinen Rücken vom gebückten Stehen gefühlt, doch ging dieses schon beim zweiten oder dritten Male vorüber. — Nach den an Bord für's Waschen von den verschiedenen Frauen berechneten Preisen, haben wir drei Herren aus Chungking wohl an die 300 Mark gespart. — Na, Alles in Allem haben wir wohl 6-8 Male gewaschen. —

Die meiste Zeit verbrachte ich an Deck, da mir die Luft in Essaal und dem darunter liegenden Deck zu schlecht war. — Hier an Deck konnte man nur durch Beobachten der Mitreisenden die Zeit verbringen. Es war eine derart zusammengewürfelte Gesellschaft an Bord, wie man sie wohl selten trifft. Kaufleute, Gelehrte, Beamte, Handwerker, Soldaten, verkommene Leute, Szechen, Balten, Russinen, u.s.w. u.s.w. Bevor diese gemischte Gesellschaft sich erst aneinander gewöhnt hatte und etwas an einem Strang zog, das heisst, sich damit abgefunden hatte, dass wir alle unter den gleichen Bedingungen zu reisen hatte, hat es allerlei scharfe Worte und böses Blut gegeben. Wenn es

dennoch im Grossen und Ganzen einigermassen zuging, so ist dieses den besonneneren Elementen zu verdanken gewesen, die versuchten, dass nach Möglichkeit Streit vermieden wurde. — Es wurde schliesslich jede heftige Auseinandersetzung auf die Hitze zurückgeführt und hat dieses auch wohl eine gewisse Berechtigung andererseits haben sich Leute derartig benommen, wie man es unter normalen Verhältnissen nie für möglich gehalten hätte. — Mich hat der ganze Krach wenig gerührt, ich habe mich in keinerlei Streitigkeiten an Bord hinein gemischt und bin am Besten dabei gefahren. — Zu den an Bord erforderlichen freiwilligen Arbeiten, wie Transportiren von Gepäckstücken bei dem wöchentlichen Oeffnen der Gepäckräume für das auf der Reise benötigten Gepäcks u.A. habe ich mich beteiligt und manchmal feste dabei 'rangemusst, aber für die Damen und kinderreichen Familien, die häufig an ihr Gepäck mussten hat man's ja gerne getan, wenn nicht immer wieder Drückeberger dagewesen wären, die es verstanden haben auch nicht eine Hand während der ganzen Reise für die Allgemeinheit zu rühren. —

An einem Sonntage erreichten wir Colombo, hier sollten wir frisches Wasser und Proviant nehmen. — Durch unseren chinesischen Diener besorgten Kn. und ich uns schönen Ceylon-Tee, sowie Citronen, um uns ab und zu einen erfrischenden Trank zu bereiten. In Colombo erfuhren wir über die Verhältnisse zu Hause garnichts Neues, wie die Schiffsleitung es überhaupt meisterhaft verstanden hat, jede Neuigkeit von uns fern zu halten, obwohl der Dampfer mit drahtloser Telegraphie ausgerüstet

Rausch des Abenteuers.

Und jeder Europäer lernt die Gefahr des Ostens kennen: die Gefahr der hohen, der sinnlos hohen Überhebung. Sie macht selbst dem albernsten Weißen zum unverantwortlichen Träger eines Vorrechts, das nur den erlesensten und geistigsten Menschen-Exemplaren zukommt: einen Rausch zu spüren, der immer in bleiher menschlicher Selbstbestimmung endet, den Rausch der Herrschaft und der Einzigartigkeit. Für den Europäer, den Neuling namentlich, ist jede Fahrt in einer Rickscha, da ihn ein in schrecklichen Gerüchen dampfender Kuli durch die holprigen Straßen zieht, mitten durch ein Gedränge zu Fuß gehender oder aus dem Dunkel der Läden wie aus den Höhlen photographischer Kammern mit weitoffenen Augen und unbewegt lächelnden Mienen hervorglotzender, ihre feisten Leiber mit dem Fächer kühlender Menschen, mit einem Anflug dieses Rauschs verknüpft. Es ist der stolz geschwellte, angstvolle Rausch der Juden, die das Rote Meer durchschreiten; der Rausch des Abenteurers, der sich auf die Angst derer verläßt, die ihm ausweichen. Er fühlt sie: diese Menschen sind furchtbar, wenn die Erregung auch nur eines einzigen von ihnen die Masse der anderen ansteckt und plötzlich von allen Seiten grelle, verächtliche Beschimpfungen sich ergeben.

32

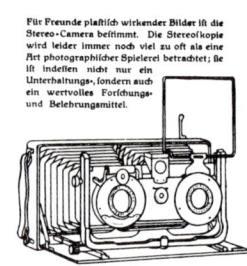

Für Freunde plastisch wirkender Bilder ist die Stereo-Camera bestimmt. Die Stereoskopie wird leider immer noch viel zu oft als eine Art photographischer Spielerei betrachtet; sie ist indessen nicht nur ein Unterhaltungs-, sondern auch ein wertvolles Forschungs- und Belehrungsmittel.

Stereo-Camera

„Das Teehaus „Hu Sing Ding",
Shanghai; Aufnahme ca. 1902

war. — Am Montag morgen setzten wir unsere Reise fort und sollten wir jetzt die längste Strecke auf unserer Reise passiren ohne Anlaufen eines Hafens. Wir fuhren jetzt direct bis Suez durch. — Wir waren immer noch vom schönsten Wetter begünstigt, wenn man von einigen Tagen, die uns eine starke Dünung brachten, und hierdurch eine Anzahl Seekranker an Bord bescherte, absah. — Wir passirten nicht sehr viele nach Indien oder dem fernen Osten fahrende Schiffe und die wenigen, die wir passirten und überholten, machten durch ihr verwahrlostes Aussehen, Mangel an Farbanstrich, keinen schönen Eindruck. — Ein Ereignis sollte uns an einem Sonntag noch in Aufregung setzen. Es hiess plötzlich „Mann über Bord" und merkte man, dass sofort die Maschine stoppte, dann wieder langsam ansetzte und das Schiff sich drehte. Alsbald wurde, nachdem schon verschiedene Rettungsringe und Flösse über Bord geworfen waren, ein Rettungsboot zu Wasser gelassen. — Der über Bord gesprungene, ein in Hongkong angenommener chinesischer Heizer war in der Dünung schwer zu erkennen, dagegen sah man das Boot mit dem 2. Officier und den chinesischen Matrosen, kurz nachdem es zu Wasser gelassen war, umschlagen, sodass sofort ein zweites Boot 'runtergelassen wurde. — Der 2. Officier trieb weit ab, bevor ihn das zuletzt in's Wasser gesetzte Boot auffischte. Inzwischen war das erste Boot von den sich daran klammernden vier Chinesen wieder aufgerichtet worden und wurde sogut es ging, flott gemacht. — Nach ungefähr einer ½ Stunde Aufenthalt, nachdem sich heraus gestellt hatte, das der chinesische Heizer ertrunken sein musste,

wurden die Boote wieder hochgeholt und das Schiff nahm seinen alten Kurs wieder auf. — Der Heizer war von einigen an Deck in der Nähe des Maschinenraums der Mittagsruhe pflegenden Mitreisenden beobachtet worden, wie er aus dem Maschinenraum kam, sich über die Reeling beugte und dann mit einem Satz über Bord sprang. Er war in Folge der Höllenhitze unten im Heizraum nicht mehr zurechnungsfähig gewesen und machte so selbst seiner Qual ein Ende. — Und wie benahmen sich die Menschen an Bord? Ich glaube nach zwei oder drei Stunden hat kaum Einer mehr an dieses tragische Schicksal des chinesischen Heizers gedacht, obwohl, wie der Ruf „Mann über Bord" ertönte das ganze Schiff in höchster Aufregung war. — Die allgemeine Stimmung an Bord war überhaupt sehr merkwürdig. Es fuhren doch eine ganze Anzahl Menschen mit uns, die wohl ihr Alles verloren hatten, oder die damit rechnen mussten dass sie das zurückgelassene verlieren würden, doch hat man kaum über diese Schicksalsschläge sprechen hören, wie eigentlich kaum ein Gedankenaustausch über die in Zukunft in China zu ergreifenden Massnahmen zum Wiederaufbau unseres Handels, der Schulen und sonstigen Einrichtungen stattgefunden hat, wohl aus dem Grunde, dass irgendwelche Vorschläge zu früh seien und erste einmal abgewartet werden müsse, welche Bedingungen uns beim Friedensschlusse auferlegt werden würden. — Und die Zeit hat ja auch Allen Recht gegeben, irgendwelche noch so vorsichtig angestellte Berechnungen und beabsichtigte Massnahmen werden ja durch die uns auferzwungenen Bedingungen glatt über den Haufen geworfen. —

Das Blut.

Die Mischehen, in die ich wenigstens eine tieferen Einblick gewinnen konnte, verliefen, was zunächst das Verhältnis der Gatten zu einander anging, durchaus glücklich.

Aber es kommt, wenn das Problem der rassischen Mischehe grundsätzlich erörtert werden soll, gar nicht darauf an, ob ein Mann und eine Frau ihr höchsteigenes und höchstpersönliches Glück finden oder nicht. —

OSTASIATISCHE ERINNERUNGEN
EINES KOLONIAL- UND AUSLAND-DEUTSCHEN

VON

ERNST GROSSE
GEHEIMER REGIERUNGSRAT
EHEMALS BEZIRKSAMTMANN IM SCHUTZGEBIET
KIAUTSCHOU

MCMXXXVIII
NEUER FILSER-VERLAG MÜNCHEN
INHABER: DR. BENNO FILSER

Sinnlosen Romanen einer vergangenen Zeit, in denen oft so instinktlose Liebessehnsüchte zweier Einzelwesen süß geschildert wurden, steht man heute verständnislos gegenüber.

Es geht bei der Neigung der Geschlechter um mehr, es geht um den mächtigen Willen der Natur, ererbtes Blut durch eine möglichst günstige Mischung mit anderem Blut artmäßig zu verbessern, hinauf zu züchten. Und Artgesunde gehen, falls die Wahl ihres Blutes nicht durch Absichten ihres Verstandes beirrt wird, selten fehl.

Irgendwo fand ich den Spruch: Unedel Blut begiert, edel Blut verliert; d.h. wenn edles Blut unedles Blut begehrt, verliert es dabei.

Die Natur läßt ihrer nicht spotten. Sünden wider das Blut sind wirkliche „Erbsünden". — Und darüber kamen auch die glücklichsten Partner von Mischehen im Fernen Osten nicht fort. Mochten der chinesische Vater und die chinesische Mutter dem ihnen so ähnlichen Nachwuchs weniger fern stehen, dem weißen Vater blieben seine halbblütigen Kinder doch „fremdartig" und die weiße Mutter ist mir trotz aller Zärtlichkeit zur Frucht ihres Leibes immer wieder vorgekommen wie eine Henne, die ein Entlein ausgebrütet hat. Hilflos beobachtete sie in ihren Kindern „Vorgänge", die sie nicht verstand.

„Photo- und Vergrößerungsgeschäft Mei Wah und Yi Ji", Shanghai; Aufnahme ca. 1901

Vermutlich sind die vielen Menschen auf den Balkonen und auf der Straße, um dem Umzug des heimkehrenden Prinzen Chun beizuwohnen.

Nach der blutigen Niederschlagung des Boxeraufstandes durch eine vereinte europäische Armee in den Jahren 1900/1901 mußte Prinz Chun nach Berlin reisen, um sich persönlich beim deutschen Kaiser für die Ermordung des deutschen Gesandten v. Ketteler zu entschuldigen und um die umfangreichen

Reparationsforderung der Alliierten entgegenzunehmen. Dies trug ihm im deutschen Volksmund den Namen „Sühneprinz" ein.

Unser Dampfer brachte uns immer näher dem so, wegen seiner Hitze gefürchteten Roten Meere, als wir aber die südliche Hälfte dieses Meeres durchlaufen hatten, erhielten wir Nordwind und die Luft kühlte sich so stark ab, dass wir daran denken mussten, wärmere Kleidung hervor zu suchen. — Kurz vor dem Einlaufen in den Suez-Kanal begegnete uns eine Flottille von Unterseebooten und es wurde uns von den Mannschaften unseres Dampfers gesagt, dass es sich um ehemalige deutsche Unterseeboote handele, die nach Australien unter eigenem Dampf fahren sollten. — Bei dem ziemlich heftigen Seegange waren die Boote — abgesehen von ihrem Turm — fast schon von Wasser bedeckt und nur ab und zu sah man den schlanken Schiffskörper. — An Bord wurden jetzt die Scheinwerfer bereit gemacht, damit der Dampfer ohne Aufenthalt den Kanal passiren konnte. Kurz vor Anbruch der Dunkelheit kamen wir in Suez an, um nach einiger Zeit unsere Fahrt durch den Kanal anzutreten. — Am nächsten Morgen begegneten wir einem grossen Truppentransport-Dampfer mit in die Heimat beförderten Australiern. — Auf dem rechten Ufer — der ägyptischen Seite — des Kanals war jetzt eine Fahrstrasse gebaut worden, die bei meiner letzten Durchfahrt im Jahre 1908 noch nicht existirte. — Bald sollten wir Zeichen vom Kriege sehen; auf dem linken Ufer kam ein grosses Zeltlager in Sicht, welches wohl nach der Anzahl der Zeltreihen zu rechnen 15.000 — 20.000 Truppen als Unterkunft gedient haben muss, denn zahllos waren die Zelte. Nahe am Ufer waren ungeheure Vorräte aufgestapelt und anscheinend auch den Türkisch-

Deutschen Truppen abgenommene Beute, standen doch deutsche Eisenbahnwagen auf den Geleisen, darunter ein Wagen mit der Heimatbezeichnung „Elberfeld". Bald sollten wir auch einen Flieger sehen, welcher genau in der Richtung des Kanals entlang flog. — Der Schiffsverkehr auf dem Kanal war nicht sehr gross, die meistens uns entgegen kommenden Schiffe hatten nicht voll geladen, sondern lagen ziemlich hoch aus dem Wasser heraus. — Auf den Tümpeln und kleinen Salzseen in der Nähe des Kanals waren unzählige Vögel der verschiedensten Arten, man sah Flamingos, Wildenten, Reiher, Taucher und viele Arten anderer Wasservögel. In den Büschen und Gestrüpp am Kanalufer flogen ab und zu Turteltauben auf. — Schon mehrere Tage bevor wir zum Eingang des Suez-Kanal gelangten, kündigten sibirische Schafsstelzen, Nachtschwalben und Turteltauben die Nähe des Landes an und kamen erschöpft an Bord geflogen. — Die Schafsstelzen, manchmal hatten wir deren zwei an Bord, waren wenig scheu und haben ihnen auf das Sonnensegel gestreutes Hackfleisch anscheinend mit Behagen gefressen. Die Turteltauben liessen sich nur ab und zu auf dem Sonnensegel nieder und flogen dann wieder auf um das Schiff weiter zu begleiten. Mit der Einfahrt in den Kanal verschwanden auch die beschwingten Besucher wieder.

Die ersten Eindrücke, die ich nun bei meiner Ankunft in Deutschland, namentlich in Wesel und später zu Haus und in Bremen gewan, waren einfach niederschmetternd. Nie, hätte ich gedacht, dass der Character und die Moral einer solch' grossen Anzahl von Deutschen sich so

Das Problem der Mischehe ist für manche Nationen ein sehr ernstes geworden. Längst Bekanntes muß kurz wiederholt werden; Warnungen können nicht oft genug ausgestoßen werden.

Der Portugiese ertrinkt nachgerade im fremden Blut. Er wird auch vom Chinesen als Rasse nicht mehr ernst genommen. Er hat mit Recht den Anspruch auf „Extraterritorialität" verloren. Der größte Bruchteil der Mischlinge, die man im Fernen Osten „Eurasier" — schon das Wort selbst ist eine Korrumpierung von Europa und Asien — nennt, kommt auf das Konto der Portugiesen.

33

Deutsches Kolonial-Museum.
Am Lehrter Bahnhof.

Reichhaltige ethnologische Sammlungen aus den Schutzgebieten.
Grösstes Freiland Panorama Deutschlands
und
Fünf Dioramen:
Kamerun, Naukluft, Dar-es-Salaam, Stephansort, Kiautschou.
Hütten der Eingeborenen
in Original-Grösse.
Ausstellung der Missionen.
Kriegsschiffe - Modelle des ostasiatischen Geschwaders.
Grossartiger Felsenbau.
Spezial-Abteilung:
CHINA
Geschütze, Handwaffen, Uniformen, Mandarinen-Anzüge, Strassenbilder, Reise- und Transport-Wagen, Sänften, Reiswein-Schänke, Tempel etc.
Arabisches Café.
Täglich — auch Sonntags — geöffnet von Morgens 9 Uhr ab — Abends — elektrisch erleuchtet.
Hervorragende Sehenswürdigkeit.

Voraussicht.

Sir Robert Hart, der im Osten rühmlichst bekannte Generaldirektor der chinesischen Seezoll-Verwaltung, welcher fast sein ganzes arbeitsames Leben in China, zu dessen Wohle, verbracht, äußert sich in seinen hochinteressanten Aufsätzen, welche in dem Buche „These of the land of Sinim" zusammengefaßt sind, in seinem Schlusse folgender Weise: „China wird in 50 Jahren nicht Tausende, sondern gegen 20 Millionen Boxer haben, die, besser organisiert und bewaffnet als heute, dem fremden Kaufmann ihren Willen diktieren werden." Ich möchte es wagen, diesem Urteil entgegen zu halten, daß wir wohl in der Lage sind, solchen Eventualitäten vorzubeugen.
34

„Befreundete Europäer und Chine-
sinnen auf dem Tennisplatz", Han-
kow; Aufnahme ca. 1909
  Notiz des Photographen auf der
Rückseite des Kontaktabzuges:
„*Chinesin; Schwede; Deutscher;
Halbblut (v.R.), Vater: Englisch –
Mutter: Chinesin, Kinder: Halb-
blut.*"
  Zu den Kindern, Gustav und
Ingeborg, heißt es noch an anderer
Stelle: „*Blond und im Aussehen
ganz europäisch.*"

74 gründlich verändern konnte, als wie man es beobachten musste. — Treu und Glauben scheint ja fast aus unserem Wortschatz verschwunden zu sein, dagegen Putz- und Genuss-Sucht überhand zu nehmen. —

schiedenen Betriebe, durch die fortwährenden Streiks ansieht. — Eine Ordnung umwerfen ist leicht getan, aber sie wieder aufrichten wird viel Mühe und Zeit kosten. Deshalb glaube ich aber doch, dass es mit Deutschland nicht zum Schlimmsten kommt, sondern, dass sich das Volk auf sich selbst besinnen wird, denn die Zustände, wie sie jetzt herrschen müssen auch schärfsten Gegner aller Ordnung zeigen, dass sie uns zum Abgrund führen und es einfach der Selbsterhaltungstrieb verlangt, wieder zur Ordnung und Arbeit zurück zu kehren. —

„Bronzetrommel", Hankow; Aufnahme ca. 1909

Man macht unwillkürlich Vergleiche mit China, dem Lande, wo man die letzten Jahre zugebracht hat und ich muss sagen, bei uns geht es heute fast noch schlimmer zu als in China, wenn man von den Schiebergeschichten hört, dem gegenseitigen Mißtrauen, und das Verloddern der ver-

„Befreundete Europäer", Shanghai;
Autnahme ca. 1904

Allerlei Kunterbunt aus dem Leben und Treiben der Chinesen

Während meines langjährigen Aufenthaltes in China konnte ich Vieles beobachten, was nach unseren Begriffen die Chinesen einmal als noch im Mittelalter sein lässt, dann aber wieder zeigt, dass die Chinesen in anderen Sachen uns wieder voraus sind. —

Nehmen wir zuerst die Landwirtschaft. — Wohl selten wird der Grund und Boden so sehr ausgenutzt, wie in China. Zum grossen Teil liegt dieses an der dichten Bevölkerung und dem grossen Fortfall von urbarem Land durch die vielen Gräber, die namentlich in der Nähe grösserer Städte viel fruchtbares Land, welches für die Ernährung der Bevölkerung wertvoll ist, in Fortfall gelangen lassen. — Die Bearbeitung der Felder geschieht, soweit ich es beobachtet habe, nur durch Menschen- und Tierkraft. Irgendwelche landwirtschaftliche Maschinen, die durch Dampf- oder Electricität oder durch Motore betrieben wurden habe ich nicht gesehen, doch sollen in den grossen Ebenen in der Manschurei solche Maschinen in der Landwirtschaft benutzt werden. — Die nun vom chinesischen Bauer gebrauchten Ackergerätschaften sind die denkbar einfachsten. — Eine Hacke, wie wir sie in Deutschland auch benutzen — namentlich um den Dünger vom Wagen zu raken oder um anstatt des Pflügens das Land um zureissen, benutzt der Chinese ebenfalls. Die Hacke ist häufig aus zwei alten belgischen Hufeisen gefertigt. Alte Hufeisen sind ein grosser Importartikel für China und wer-

den dieselben zu vielerlei Handwerkszeug verwandt. — Ausser der Hacke hat der Bauer mehrere Harken, die aus einer Bambusstange hergestellt werden und zwar in der Weise, dass das obere Ende der Stange in eine Anzahl schmaler Streifen gespalten worden ist und diese Streifen fächerartig auseinandergebreitet. Durch eingeflochtenen Bambus sind die Streifen so mit einander verbunden, dass sie einen gewissen Halt haben; die oberen Spitzen sind dann über Feuer gebogen und gibt das Ganze somit eine ziemlich dauerhafte Harke, die gegenüber unseren Harken den Vorzug hat, dass sie elastisch ist und falls ihr einmal ein Stein oder ein anderes Hindernis in den Weg kommt, leicht darüber hinweghüpft. — Ein sehr wichtiges Ackergerät für den chinesischen Landmann ist der Pflug, dieser ist wohl das einfachste Gerät, was man sich denken kann. Die Pflugschar ist mit Schmiedeeisen umkleidet, sonst ist alles aus Holz. — Die Pflugschar ist ungefähr am letzten Drittel einer längeren Stange befestigt, am vorderen Ende dieser Stange ist ein Querholz befestigt, an welchem das Zugtier — gewöhnlich ein Wasserbüffel oder ein Rind mit den Zugleinen angespannt wird. Die Zugleinen führen zu dem Holzjoch, das dem Zugtier auf dem Nacken liegt. — Der Pflug wird mittels einer am hinteren Ende aufrecht befestigten Stange geführt. — Gewöhnlich genügt ein Zuruf, um das Zugtier anzutreiben oder halten zu lassen, doch sieht man auch ab und zu kleine Jungens ihren Vater die Arbeit dadurch unterstützen, dass sie mit einer leichten Gerte den Büffel oder das Rind aufmuntern, falls es ihnen einfallen sollte stehen zu bleiben. — Das Pflügen trocke-

Vom Standpunkt des Chinesen

Goerz **TENAX**

mit Goerz Doppel-Anastigmat

Preise von M. 115,— an

Handliche Cameras von größter Stabilität und Präzision

Bezug durch alle Photohandlungen

Katalog kostenfrei

Opt. Anst. C. P. Goerz A.-G. Berlin-Friedenau 57

WIEN   PARIS   LONDON   NEW YORK

wird der Gegensatz der Europäer und Chinesen in einem Artikel des „Daily Express" beleuchtet. Das Blatt hat sich von einem in London lebenden Chinesen, angeblich einem Mitglieder der Bruderschaft der Boxer, die Art und Weise, wie man in China die Europäer und deren Kultur beurteilt, folgendermaassen schildern lassen:

„Die westliche Zivilisation ist in unsern Augen wie ein Pilz, wie ein Ding von gestern. Die chinesische Zivilisation dagegen ist ungezählte Jahrtausende alt; wir glauben daher, dass wir euch um mindestens 2000 Jahre voraus sind. Auch bei uns gab es eine Zeit, da wir unsern „Kampf ums Dasein", unsere Jagd nach Reichthum, unsern Machthunger, unser Hasten und Hetzen und unsere Qual hatten. Auch wir hatten unsere klugen Erfindungen, wir hatten das Schiesspulver, den Buchdruck und alles übrige, aber wir haben lange genug gelebt, um zu erkennen, wie wenig nothwendig und wie nutzlos alles das ist. Wir haben auch unsere Zeiten des Zweifels, des Fanatismus und des Streites in Religionssachen gehabt; wir hatten unsere Märtyrer, unsere Reformationen, unsere Intoleranz und schliesslich unsere Toleranz — und das alles vor Tausenden von Jahren.

„Aber, wie gesagt wir sind diesen Dingen entwachsen. Aus den Erfahrungen vergangener Jahrhunderte haben wir Weisheit, aus den Fehlern und den Unfällen unserer Ahnen haben wir gelernt, das keines der Dinge, nach denen wir strebten, des Strebens werth war. So haben sich unsere Leidenschaften und unser Ehrgeiz allmälig abgesetzt in dem ruhigen Wunsche nach Glückseligkeit in dieser Welt, unsere Religion ist zu einer Lebens-

„Bauern beim Dreschen von Getreide", in der Nähe von Shanghai;
Aufnahme ca. 1907

78 nen Landes scheint bei dem leicht gebauten Pflug keine allzuschwere Arbeit zu sein, dagegen ist das Umbrechen des Erdreichs in den unter Wasser stehenden Reisfeldern schon eine schwierigere Arbeit, die auch dem kräftigsten Wasserbüffel zu viel werden kann, da die Tiere gewöhnlich bis am Bauch im Schlamm stehen müssen und es sicher sehr anstrengend ist, sich in diesem Gemenge vorwärts zu bewegen. — Um die geernteten Feldfrüchte an's Haus zu bringen werden in den ebenen Gegenden entweder Schiebkarren, oder zweirädrige Wagen gebraucht. Die Schiebkarren sind von den bei uns gebräuchlichen insofern verschieden, dass sie das verhältnismässig grosse, sehr schmale Rad in der Mitte der Karre haben und ist zu beiden Seiten, des mit einem Schutz versehenen Rades, der zum Aufladen der Feldfrüchte, oder anderer Ladung benötigte Platz. Diese Karren werden natürlich auch zur Beförderung von Menschen benutzt und kann man in der Nähe der Baumwollspinnereien in Schanghai manchmal eine ganze Anzahl dieser Karren mit der lebendigen Fracht beobachten. Sechs bis acht Passagiere ist nichts Seltenes, es kommt auch vor, dass ein kräftiger Karrenschieber zehn der kleinen Fabrikmädchen von der Fabrik zu ihrer Wohnstätte fährt. — Die in den Ebnen zwischen Schanghai und Hankow häufig benutzten zweirädrigen Wagen werden von Wasserbüffeln gezogen. Diese Wagen haben sehr grosse, auch wieder schmale Räder, die grossen Scheiben gleich sind. Diese Wagen werden benutzt um die ungeheuren Mengen von Reihdt, die alljährlich von den der Ueberschwemmung ausgesetzten Flächen gewonnen werden, an's Gehöft zu bringen,

oder zum Verkaufsplatz am Flussufer. — An weiteren Gerätschaften hat der chinesische Landmann den Dreschflegel, welcher ganz ähnlich dem unsrigen ist, nur wird mit diesem Gerät selten Getreide gedroschen, sondern gewöhnlich nur Bohnen und Hirse und Erbsen, vielleicht einmal Weizen. Reis und gewöhnlich auch der Weizen werden fast immer auf dem Felde direct nach dem Schneiden gedroschen und zwar in der Weise, dass ein grosser Korb mit einer Matte derart umgeben wird, dass ein Teil des Korbrandes frei bleibt. Auf dem freigebliebenen Korbrand wird der Reis und der Weizen & Hirse abgeschlagen. Da der chinesische Bauer das ausgedroschene Stroh im Freien lagern muss, denn grosse Scheunen, wie wir sie haben, sind ganz unbekannt in China, liegt ihm natürlich daran, das Getreide schnellstens unter Dach und Fach zu bekommen und erreicht er dieses dadurch am bequemsten, wenn er es an Ort und Stelle drischt. — Bei Erbsen und Bohnen handelt es sich gewöhnlich um geringeren Anbau und verschiedenen Zeitpunkt der Reife, weshalb er diese Früchte vom Felde zu seinem Hofe herein holt und sie auf einer Tenne in der Nähe des Hofes drischt. — An weiteren Gerätschaften in einem chinesischen Bauernhofe finden wir häufig Wasserschöpfwerke, die dazu dienen, im Frühjahr und Sommer die Reisfelder zu bewässern. Diese Schöpfwerke sind für Menschen- und oder Tier-Kraft eingerichtet. — Diese Wasserschöpfwerke, sogenannte „Paternoster-Werke" sieht man solche in ebenen Gegenden, in denen Reis angebaut wird auf einem kleinen Spaziergang zu Hunderten. — Die mit Menschenkraft betriebenen Schöpfwerke werden

philosophie geworden, die sich in der Probe der letzten 2000 Jahre als gesund erwiesen hat. Wir glauben, dass das Beste, was man in diesem Leben erreichen kann, die Glückseligkeit ist, und wir lehren unsere Kinder, dass sie dieses Glück durch Pflichterfüllung erzielen, dadurch, dass sie die Vorschriften der

Allgemeines Zeichen
für Prima-Häute
und andere Exportartikel
von China.

Moral und der Lebensgemeinschaft erfüllen und sich mit einem Kreise glücklicher Freunde und Verwandten umgeben. Wenn ein Chinese mehr von geschäftlichem Glück begünstigt ist als seinen Verwandten zu Theil geworden, so findet er seine grösste Befriedigung darin, sein Vermögen mit jenen zu theilen. Und wir in China hören nie auf zu arbeiten, etwas, wie das Zurückziehen vom Geschäft giebt es nicht, die Arbeit ist ein Theil unsers Vergnügens, weil sie ein Theil unserer Pflicht ist. Wir glauben das Beste in diesem Leben zu thun, weil es das einzige ist, von dem wir etwas Sicheres wissen. Das ist das letzte Sein und Ende der chinesischen Philosophie.

„So werden Sie überall in China dasselbe Maass und denselben gleichartigen Geist der Befriedigung finden. Sie mögen glauben, wir leben in Unwissenheit, Schmutz und Trägheit, aber ich versichere Ihnen, es ist nicht der Fall. Wir fühlen uns so wohl, wie wir wünschen, und kein Mensch kann uns darin eine Besserung bringen. Nun kommt ihr aus eurer westlichen Welt zu uns mit dem, was ihr eure Ideen nennt. Ihr bringt uns eure Religion — ein Kind von neunzehnhundert Jahren; ihr fordert uns auf, Eisenbahnen zu bauen, damit wir von einem Ort zum andern fliegen können mit einer Eile, die uns weder Bedürfniss ist noch Reiz für uns hat. Ihr wollt Fabriken bauen und dadurch unsere schönen Künste und Gewerbe verdrängen, ihr wollt blendenden Flitter verfertigen statt der schönen Gebilde und Farben, die wir durch Jahrhunderte erprobt haben.

„Gegen das alles erheben wir Einspruch. Wir wollen allein gelassen werden, wir wollen die Freiheit haben, unser schönes Land und die Früchte unserer alten Erfahrung zu geniessen. Wenn wir euch bitten,

„Abtransport von Baumwolle", in
der Nähe von Shanghai; Aufnahme
ca. 1905

80 ähnlich einer Tretmühle betrieben, während die durch Tierkraft angetriebenen, wie bei uns die Göpelwerke in Bewegung gesetzt werden. — Den Rindern oder Wasserbüffeln, welche diese Schöpfwerke zu treiben haben, sind die Augen verbunden, damit sie nicht sehen, dass sie immer im Kreise herumlaufen müssen — es soll dieses die Tiere verrückt machen — doch sorgt der Chinese meistens durch ein Schutzdach, dass die Tiere unter der heissen Sonne nicht allzusehr zu leiden haben. — In

„Bauern an einem Schöpfwerk zum Bewässern der Reisfelder", in der Nähe von Shanghai; Aufnahme ca. 1904

den Berggegenden ist die Berieselung der Reisfelder bedeutend einfacher, hier wird das von oben kommende Wasser von den stufenförmig angelegten Feldern von dem höchst gelegenen zu den niedrigeren Feldern geleitet. Damit die Stellen, an denen das Wasser von einem Felde zum anderen überläuft nicht ausspülen, sind sie mit Steinen ausgefüllt und bleibt hierdurch ein gleichmässiger Wasserstand in den Feldern erhalten. Nur bei sehr starken Regengüssen muss der Landmann nachsehen, ob die

leichten Deiche, dem vermehrten Druck des Wasser stand gehalten haben und eventuell für Ausbesserung beschädigter Stellen Sorge tragen. — Für das Einbringen der Ernte, Trocknen und Aufbewahren derselben benötigt der chinesische Bauer eine ganze Anzahl verschiedenartig geförmter Körbe. Zum Trocknen bedient er sich flacher, runder Körbe mit sehr niedrigem Rande. — Zum Aufbewahren von Reis oder Weizen gebraucht der Bauer grosse, aus fein gespaltenem Bambus geflochtene Matten, die spiralförmig gerollt, sich nach oben erweiternd, grosse Behälter abgeben.

An Haustieren hat der Chinese die folgenden: Pony, Maultier, Esel, Rind, Wasserbüffel, Kamel (nur im Norden China's) Ziege, Schaf, Schwein, (schwarze und weisse Schweine, letztere sind von Europa eingeführt worden Kaninchen, Huhn, Ente, Gans, vereinzelt auch Truthühner, ferner Hund und Katze, sowie Singvögel verschiedener Art. — Die drei zuerst genannten Tiere: Pony, Maultier und Esel, sowie das Kamel werden in der Landwirtschaft weniger benutzt, dagegen sind sie dem Chinesen als Trag- und Reittiere sehr wertvoll, auch werden sie im Norden für die zweirädrigen Reisekarren als Zugtiere verwandt. — Es mag hierbei erwähnt werden, dass in Gegenden, in denen viel Karavanenverkehr ist, die Kamele am Tage ruhen und fast nur während der Dunkelheit mit ihren Lasten die Strassen entlang ziehen, als Grund wurde mir gesagt, Pony und Kamele sind keine grossen Freunde und um auf den manchmal ziemlich engen Pfaden Unanehmlichkeiten zu vermeiden, ist es eine alte Gewohnheit geworden, die Kamele während der Nacht mit ihren Lasten gehen zu lassen. — Das

wegzugehen, so weigert ihr euch und ihr bedroht uns gar, wenn wir euch nicht unsere Häfen, unser Land, unsere Städte geben. Daher sind wir Mitglieder der Gesellschaft der sogenannten Boxer nach reiflicher Ueberlegung zu der Erkenntniss gekommen, dass die einzige Möglichkeit, euch los zu werden, darin liegt, dass wir euch töten. Wir sind von Natur nicht blutdürstig, aber wenn Zureden und Ueberzeugung und die Berufung an euren Verstand und euer Gerechtigkeitsgefühl versagen, so stehen wir uns der Thatsache gegenüber, dass unsere einzige Rettung ist, euer Dasein auszulöschen.

Allgemeines Zeichen für Sekunda-Häute.

„Nehmt eure Missionare. Sie kommen zu uns mit einer neuen Religion, über deren hauptsächlichste Grundsätze sie selbst unter einander bitterlich uneins sind; sie sagen uns, wenn wir ihre Lehre nicht annehmen würden, wir ewige Strafe erdulden. Sie schrecken unsere Kinder und alten Leute und veranlassen alle möglichen Zwistigkeiten zwischen Familien und einzelnen Personen. Da ist es doch kein Wunder, dass wir sie nicht dulden wollen.

Belichtungsmesser »Infallible«

„Wenn wir eure Eisenbahnen und Maschinen haben wollten, so könnten wir sie ja kaufen; aber wir wollen sie nicht, sie sind uns nichts nutz, wir haben gelernt, ohne sie fertig zu werden. Trotzdem sagt ihr, ihr würdet uns zwingen, sie zu kaufen, ob wir wollen oder nicht. Ist das gerecht? Ich sage, es ist eine Anmassung, eine Beschimpfung.

„Viel Wesens wird auch daraus gemacht, dass wir keine Soldaten sind. Wir aber haben aufgehört, Soldaten zu sein, weil wir zivilisirt geworden sind. Der Krieg ist barba-

„Frauen bei der Feldarbeit", in der
Nähe von Shanghai; Aufnahme ca.
1907

82 Schaf kommt auch nur in Gegenden China's vor, in denen ein weiches Gras wächst. Das in den Berggegenden wachsende Gras wird von Schafen seiner Schärfe wegen nicht vertragen. — Die Ziege ist in dieser Beziehung viel widerstandsfähiger und kostet ihr Unterhalt dem Chinesen fast nichts, da sie an den unbebauten Anhängen und zwischen den Grabhügeln wohl während des grössten Teiles des Jahres ihre genügende Nahrung findet. — Während das Rind und der Wasserbüffel in erster Linie der Arbeitsleistung wegen gehalten werden und erst in zweiter Linie ihr Nutzen durch ihr Fleisch und ihre Haut in Frage kommt, ist bei der Ziege nur ihr Fleisch und ihr Fell für ihre Zucht ausschlaggebend. Beim Rind sowohl als auch bei der Ziege kommt ein Nutzen durch Milchgewinnung so gut wie garnicht in Frage. — Nur an Plätzen, an denen Europäer wohnen gibt es Chinesen, die sich damit befassen, Kühe zur Milchgewinnung zu halten, doch darf man nicht denken, dass eine chinesische Kuh — die an Grösse unserem Rind häufig nichts nachsteht — auch nur annähernd ein gleiches Quantum Milch pro Tag gibt, wie unser Rind. Eine gute chinesische Kuh gibt etwa 3 Liter Milch an einem Tage bei dreimaligem Melken. — Um nun die drei Liter Milch zu erhalten sind Vorkehrungen erforderlich, die jedem Melker bei uns den Beruf verleiden würden. — Eine chinesische Kuh lässt sich nur dann erst melken, wenn sie ihr Kalb lecken kann und dieses ansaugt. Ist nun aber der Fall eingetreten, dass das Kalb eingegangen ist, so muss dasselbe schnellstens abgezogen und die Haut über Feuer getrocknet werden, dann wird diese Haut einem anderen Kalb übergebunden und so der zu melkenden Kuh zum Lecken vorgeführt, dann muss dieses Kalb auch ansaugen und der Melker kann seine Arbeit beginnen. — Es kann nun vorkommen, dass an irgendeiner Krankheit auf einer Milchfarm eine Anzahl der Kälber eingegangen sind, nun werden die ganzen Felle der eingegangenen Kälber einem Kalb übergebunden und geht dieses dann von einer Kuh zur anderen. Der betreffende Melker muss natürlich wissen, welche Farbe das Fell des zu der einen oder anderen Kuh gehörenden Kalb hatte, denn erhält eine Kuh das falsche Fell vor's Maul gehalten, so schnaubt die Kuh und wird ganz aufgeregt. — Bei Missionaren, die sich auf dem Lande auch häufig eine Kuh zur Milchgewinnung halten, wird das Kalb — wenn es eingeht — meistens ausgestopft und wird so die Mutter-Kuh hinter's Licht geführt, in diesem Falle hat der Melker anfangs grössere Schwierigkeiten beim Melken, da dann kein Kalb zum Ansaugen vorhanden ist. —

Die Milch der chinesischen Kühe ist bedeutend fettreicher, als die Milch unserer Kühe in Deutschland. Gewöhnlich erhält man von 8-9 Liter Milch ein halbes Kilo Butter. — Der chinesische Name für Butter ist „huang yu" (gelbes Fett), der Name für das Rind ist „huang niu" (Gelbes Rind) ausser rotbraunem Rind sieht eigentlich nur dunkelbraun bis schwarz gefärbte Rinder, schwarzweisse oder weisse Rinder sieht man kaum. — Ganz merkwürdig ist das Grössen-Verhältnis der Stiere, Ochsen und Kühe zu einander. Der Stier ist das kleinste Tier von den dreien, er wird kaum grösser als ein anderthalb bis zweijähriges Kalb; die Ochsen werden zum Teil enorm gross, gut doppelt so gross wie die

risch. Die Wirkung davon, dass wir auf unseren jetzigen Höhen der Zivilisation angelangt sind, ist, dass wir nun mehr als irgend eine andere Rasse auf der Erde vermehrt und vervielfacht haben. Trotz unserer grossen Sterblichkeit an der Ihr weder Anstoss nehmt obwohl wir glauben, dass sie eine weise Vorsehung der Natur ist — vermehrt sich die chinesische Rasse schneller, als irgend ein anderes Volk der Welt. Wenn wir es darauf ablegen, könnten wir die übrige Menschheit überwältigen; dass wir das nicht thun, ist nur der Vollendung unserer Zivilisation, unserer Philosophie, unserm Sitten zuzuschreiben. Wir zählen 400 Millionen menschliche Wesen, und wer könnte uns Widerstand leisten, wenn wir unsere Macht zur Geltung bringen wollten? Glaubt Ihr, wir seien uns dessen nicht bewusst? Im Gegentheil, wir wissen es zu gut, und nun ist es Sache der weissen Rassen auf der Erde zu erkennen, dass wir, nicht sie die Herren sind.

„China ist von 20 sogenannten glücklichen Invasionen heimgesucht worden. Aber was hat sich ereignet? Haben die Eindringlinge die Chinesen beherrscht? Nein, die Besiegten haben die Besieger aufgesogen und alle sind Chinesen geworden. Selbst die Juden, die zu uns gekommen, sind von unserer Rasse absorbirt worden, ein Vorgang, der nirgends seinesgleichen hat.

„Lassen Sie mich wiederholen, dass alle die Dinge, die im Westen die Menschen trennen, in China thatsächlich keinen Daseinsgrund haben. Politik, Religion, persönlichen Ausdehnungsdrang, Landhunger, Goldhunger — alles das giebt es in China nicht. Ihr meint, der Chinese sei ein Kind, weil er träge, sorglos und einfach ist. Das ist ein grosser Irrthum. Er hat das Geheimniss gelernt, glücklich zu sein, sein Leben ist ruhig und nichts stört ihn, solange sein Gewissen rein ist. In ein Sprichwort zusammengefasst ist das Bild unseres Charakters: Lasst uns in Ruhe und wir lassen euch in Ruhe."

Ob die Quelle echt ist, ist ziemlich gleichgültig, bemerken dazu die „Hamburger Nachrichten," da die Schilderung selbst genau der Auffassung entspricht, der man bei dem Chinesen häufig genug begegnen kann.

35

„Hühner und Truthähne in einem
kleinen Dorf", bei Shanghai; Aufnahme ca. 1903

84 Stiere. Die Kühe sind im Durchschnitt kleiner als bei uns, doch hat man auch schöne Tiere, die gut einen Vergleich mit den unserigen aushalten können in Bezug auf Form und Grösse. —

Die Ziegen werden garnicht gemolken. Wenn auch nicht direct von verschiedenen Arten von Ziegen in China gesprochen werden kann, so haben sich doch die den Ziegen in den verschiedenen Gegenden gebotenen Ernährungs- und Klima-Verhältnisse anders geartete Tiere herausge-

„Häute-Trockenplatz der Firma Melchers & Co.", Shanghai; Aufnahme ca. 1905

bildet, deren Unterschied sich in der Hauptsache durch die Güte der Felle bemerkbar macht. Die in den kälteren Gegenden gezüchteten Ziegen haben meistens dickere, fettigere Felle, während die in milderem Klima — wie zum Beispiel in Szechuan — gezüchteten Ziegen für die Ledergewinnung feinere Felle besitzen. — Auch zeigt sich in den verschiedenen Gegenden ein auffallender Unterschied in der Farbe der Felle. Während am unteren Yangtse der grössere Procentsatz der Zie-

gen weiss ist, haben in Szechuan nur etwa 20% der Ziegen weisse Felle. Während der Rest zum grösseren Teil schwarz und zum geringeren Teil bunt (braun, rehfarbig oder schwarz-weiss) gefärbt ist. —

Kaninchen werden vom Chinesen des Fleisches und der Felle wegen gezüchtet. In der Hauptsache — besonders in Szechuan — werden weisse Kaninchen gezüchtet (sogenannte Albino mit roten Augen) doch hat man auch schwarze und hasenfarbige. —

Das wichtigste Haustier der Chinesen ist wohl das Schwein, obgleich Schweinefleisch im Handel eine Kleinigkeit teurer ist, als Ziegen- oder Rindfleisch, so ist der Preis doch noch um ein Bedeutendes billiger, als wie bei uns in Deutschland (natürlich sind die Preise vor dem Kriege gemeint). Je nach den Ernährungsbedingungen giebt es in den Provinzen, die ein milderes Klima haben, bessere Erträgnisse mit der Schweinezucht, als im Norden China's. Die besten Schweine werden in der Provinz Yünan gezüchtet. Die Schweine diese Provinz haben einen sehr feinen Knochenbau und werden die Schinken in ganz China als eine Delikatesse gehandelt und zwar unter dem schönen Namen Feuerbein. — Ein eigentliches Räuchern von Fleischwaaren kennt der Chinese nicht, nur zum chinesischen Neujahre werden Stücke von Schweinefleisch mit Lebensbaumzweigen schnell geräuchert, sodass sie von Aussen schwarz und unappetitlich aussehen. — Die Schinken werden mit Salz und Zucker und manchmal auch mit einer Art Soya haltbar gemacht. Der Chinese salzt das Fleisch, welches er zur Aufbewahrung bestimmt hat, etwa doppelt so lange wie wir.

Warum die Chinesen gegen die Fremden sind.

An den Redakteur der „North-China Daily News"!

Geehrter Herr! Bitte, schenken Sie mir in Ihrem geschätzten Blatte etwas Raum, um zu erklären, warum wir Chinesen fremdenfeindlich gesinnt sind.

Heute morgens um 9 Uhr sah ich auf meinem Wege ins Amt am Broadway, nahe dem alten Dock am Trottoir zwei fremde Gentlemen, und zwei Fuss weit von ihnen auf der Strasse einen Chinesen neben ihnen hergehen. Plötzlich gab der Fremde, so ihm nächster war, dem armen, unschuldigen Chinesen einen heftigen Stoss, dass er forttaumelte. Ich warf dem Fremden einen ernsten Blick der Entrüstung zu, empört über solch unwürdiges Benehmen eines Gentleman. Darauf richtete er seine Augen so zornig auf mich, dass ich befürchtete, er würde mich aus meinem Rickscha werfen. Und da kein Polizeimann zu sehen war, wendete ich meinen Kopf hinweg und fuhr weiter. Sie können sich meine Gefühle vorstellen beim Mitansehen dieser barbarischen Tat des Repräsentanten einer zivilisierten Nation.

Es wird so viel geschrieben über die fremdenfeindliche Stimmung unter den Chinesen. Wenn die Fremden im Settlement die Chinesen täglich so schlecht behandeln, wie können sie dann von uns ein besseres Entgegenkommen erwarten?

Ich bin etc.

Ein Chinese.

Und neben dem „push" jenes sonderbaren Gentleman fühlt man wohl noch etwas anderes zwischen den Zeilen dieser Notiz heraus. Etwas, das von Feigheit erzählt und uns kriegerische Abendländer anwidert, weil wir diesen Charakterzug beim Menschen am meisten verachten. Darum: solange sich Chinesen den Blick abwenden, aus Angst, man könnte sie aus dem Rickscha werfen, werden sie sich wohl noch weiter ruhig plündern lassen müssen.

36

Allgemeines Zeichen für Prima-Büffelhäute.

„Chinesische Schweine", bei Shanghai; Aufnahme ca. 1903

86

— Von gesalzenem Speck ist der Chinese anscheinend kein grosser Freund, der Speck wird fast nur frisch gegessen, das heisst in frischem Zustande gekocht oder gebraten. —

Die Borsten sind ein bedeutender Ausfuhrartikel und sind besonders die aus Yünan und Szechuan — unter dem Namen Chungking-Borsten — stammenden sehr begehrt, da sie am kräftigsten sind. Dieses hat wohl seinen Grund darin, dass die Schweine fast das ganze Jahr im Freien leben und dadurch halbverwildert aufwachsen. —

Auch die Ausfuhr von Schweinedärmen, hat sich in China in den letzten Jahren sehr entwickelt, der Hauptabnehmer hierfür war Deutschland. —

Nun wäre noch die Geflügelzucht zu erwähnen. — Von grösserem Geflügel, wie Truthühnern und Gänsen ist wenig zu sagen, die Ersteren werden in der Hauptsache auf der Insel Chusan in der Nähe Ningpo's gezüchtet und gelangen in der Weihnachtszeit auf den Tisch der Engländer, doch sieht man in Gärten reicher Chinesen diese Tiere auch häufig. — Die Gänse, und zwar zwei Arten, die eine mit einem Höcker auf dem Schnabel, sieht man wohl in ganz China. Eine 10-12pfündige Gans konnte man für einen halben Dollar, d.i. nach unserem Gelde (vor dem Kriege) etwa eine Mark, kaufen. Die Gänsefedern bilden einen Ausfuhrartikel. —

Enten werden in China in ganz bedeutenden Mengen gezüchtet; eine gebratene junge Ente kann sich auch schliesslich der ärmste Chinese leisten, kostet eine solche doch, fix und fertig — ausgenommen, gerupft und gebraten — nur etwa 20 Pfennig.

— Die Entenfedern bilden ebenfalls einen wichtigen Ausfuhrartikel und war Deutschland der beste Abnehmer hierfür. —

Die Hühnerzucht ist auch sehr ausgebreitet und kann man auch bei der kleinsten Hütte Hühner, entweder angebunden oder in weitgeflochtenen Körben sehen, ebenfalls auf Booten sieht man Hühner, die man, um ein Fortlaufen oder -Fliegen zu verhindern, angebunden hat. —

Hühner- und Enten-Eier und daraus gewonnene Producte, wie flüssiges und trockenes Eigelb und Eiweiss haben einen hervorragenden Anteil an der chinesischen Ausfuhr und lag auch dieser Handel zum grössten Teil in den Händen deutscher Firmen. Der Hauptmarkt für Enten- und Hühnereier ist Hankow und befanden sich hier eine ganze Anzahl von Fabriken, die sich mit der Konservierung von Eiweiss und Eigelb befassten. —

Im Norden China's ist eine besondere Industrie, die sich mit der künstlichen Ausbrütung von Enten- und Hühner-Eiern befasst. — Da werden mehrere Tausend Eier auf den Kangs — ein durch Röhrenleitung von unten erwärmter aus Lehm und Steinen aufgeführter, niedriger Aufbau — in einer fensterlosen Lehmhütte durch gleichmässige Wärme und ständiges Umlegen der Eier zum Ausbrüten gebracht. — Der betreffende Chinese, welcher während der Dauer dieses Geschäftes in der Hütte wohnt und somit drei bis vier Wochen fast nur im Dunkeln sich aufhalten muss, soll nach Beendigung der Brutperiode einem

Die Einfuhren 1911.

Allein über 10 Prozent der Einfuhr Chinas entfallen auf das Opium, wovon China im Jahre 1911 für 48,3 Millionen Taels = 130 Millionen Mark aus Britisch-Indien bezogen hat.

Petroleum bekommt China in erster Linie natürlich aus Amerika. Mittels einer den Amerikanern eigenen grosszügigen Propaganda und Organisation ist China zu einem recht bedeutenden Abnehmer von Petroleum geworden, und zwar kaufte es 1911 für nahezu 100 Millionen Mark. Zum Vergleich sei angeführt, dass Deutschland im Jahre 1912 nur für 63 Millionen Mark Petroleum vom Auslande gekauft hat.

Es wird überraschen, dass China sogar genötigt ist, eines seiner hauptsächlichsten Nahrungsmittel, den Reis, in erheblichen Mengen einzuführen. 1911 hat es aus Siam und Hinterindien für etwa 40 Millionen Mark Reis bezogen. Dass China noch Reis vom Auslande kaufen muss, liegt in erster Linie daran, dass die Chinesen immer noch in ihren uralten rückständigen Methoden der Boden-Bewirtschaftung stecken geblieben sind und bei weitem nicht einen genügenden Ertrag aus dem Boden herausholen.

DIETRICH REIMER'S MITTEILUNGEN FÜR ANSIEDLER, FARMER, TROPENPFLANZER, BEAMTE, FORSCHUNGSREISENDE UND KAUFLEUTE.

Jährlich 4 illustrierte Hefte à 30 Pfg. Ein Jahrgang mit Porto M. 1.80.

DIETRICH REIMER (ERNST VOHSEN) BERLIN SW 48, WILHELMSTRASSE 29.

Ebenso wird es überraschen, dass China von einem anderen Nahrungsmittel, Mehl, für über 24 Mill. Mark vom Auslande (Amerika) kaufen muss. Ein Volk, von dem 70% Bauern sind, sollte nicht nur keine Nahrungs- und Genussmittel vom Auslande kaufen müssen, sondern sogar noch an das Ausland verkaufen. Das gleiche gilt von Fischen. Man sollte glauben, dass China mit seiner langgestreckten Küste seinen Bedarf an Fischen selbst decken kann. Der Chinese ist aber kein Seefahrer und hat es auch im Bau von seefähigen Fahrzeugen nie zu etwas gebracht, im Gegensatz zum Japaner, der ein vorzüglicher Seemann ist und dessen Schiffbauindustrie heute selbst

„Herstellung von Bambusseilen",
Hankow; Aufnahme ca. 1909

Leichnam ähnlicher sein, als einem Lebenden. —

Junge Enten — die erst ein paar Tage alt waren — konnte man in Chungking im Frühjahr für etwa einen Pfennig das Stück kaufen. Einem Bekannten Herrn gelang es von einer Anzahl gekaufter junger Enten fast dreiviertel gross zu bekommen, Chinesen, die sich auf Enten- und Hühnerzucht verstehen sollen noch bessere Resultate haben. — Die jungen Enten sind im August schon ziemlich ausgewachsen und kommen dann derartig viel auf den Markt, dass die Nachfrage geringer ist, als das Angebot, weshalb die Preise dann verhältnismässig niedrige sind. —

Nun wäre noch von einem anderen Industriezweig in der Landwirtschaft etwas zu sagen, das ist die Bienenzucht. Bei meinen Spaziergängen auf dem Lande, sind mir häufig weissangestrichene, tonnenähnliche Gefässe aufgefallen, die bei Bauernhäusern oberhalb der Eingangstüren oder auch an der Giebelwand angebracht waren. Bei näherem Hinsehen, sah ich dann, dass es sich um Bienenkörbe handelte. Der in China gewonnene Honig ist, wenn er von guter Qualität ist, fast wasserklar und sehr süss; wenn der ausgeschleuderte Honig aber länger steht, wird er auch körnig und nimmt eine dunklere Färbung an. — Honigkuchen aus chinesischem Honig bereitet, ist aber mindestens ebenso gut, als aus deutschem Honig hergestellter. — Die Chinesen benutzen den Honig zur Herstellung von Süssigkeiten für die Kinder. —

Hunde, Katzen und Singvögel dürfen als Haustiere auch nicht unerwähnt bleiben, ist doch kaum ein grösserer Bauernhof ohne diese Tiere. Ein richtiger Chinesenhund hat aufrechtstehende Ohren, wie unser Schäfer- und Wolfshund. Bekannt sind die Cantonesischen Hunde, die sogenannten „Wongs" oder „Chow-dogs", diese Tiere sind sehr gelehrig, anhänglich und auch mutig. Die Wongs sieht man gewöhnlich schwarz oder braungelb behaart. — Der gewöhnliche, chinesische Dorfköter ist kleiner als unser Schäferhund und sieht man alle möglichen Schattierungen und Farbenzusammenstellungen seines Felles. —

Von Katzen ist die gewöhnlichste, die der Wildkatze in ihrem Fell ähnlichste, doch giebt es auch schwarze, weisse, gelbe, taubengraue und u.s.w. Katzen werden auch sehr häufig angebunden, damit sie nicht fortlaufen. — Der chinesische Name für Katze ist „mao", also dem Miauen fast nachgebildet. —

Singvögel werden von den Chinesen auch gerne gehalten, meistens handelt es sich um verschiedene Drosselarten, die in schön geflochtenen Käfigen gehalten werden. Kinder und auch Erwachsene kann man oft mit ihrem Singvogel auf einem Grabhügel sitzen sehen, während des Tragens ist der Käfig gewöhnlich verhängt. — Da sich Singvögel bei den Chinesen oft eine ganze Reihe von Jahren in Gefangenschaft gehalten haben, darf man ruhig behaupten, dass der Chinese für diese Tiere allerlei übrig hat, da doch eine sorgsame Pflege dazu gehört, die Tiere so lange Zeit munter zu erhalten. —

Mit der Landbearbeitung und der Viehaltung ist nun gewöhnlich die Arbeit des chinesischen Bauern nicht erschöpft, in vielen Fällen werden noch die eine oder andere Hausindustrie betrieben, mit der ein

nicht mehr vor dem Bau moderner Schlachtschiffe zurückschreckt. Japan ist es denn auch, welches China seinen Bedarf an Fischen mit 26 Millionen Mark liefert. Erstaunlich erscheint es ferner, dass China sogar noch Kohlen vom Ausland kaufen muss. Wenn auch die Einfuhr (aus Japan) von 22 Millionen Mark nicht eben bedeutend ist, so sollte doch China, dessen Kohlenschatz den Bedarf der ganzen Erde auf unabsehbare Zeit hinaus decken könnte, nicht noch Kohlen einführen müssen. Auch Holz muss China noch vom Auslande kaufen. Schuld daran ist die fast völlige Waldlosigkeit Chinas. Eine Forstwirtschaft gibt es in China überhaupt nicht. Es wird zweifellos noch lange dauern, ehe China diesem Zweig der Volkswirtschaft von Staatswegen Interesse entgegenbringen wird.

37

Ica
Aktiengesellschaft
Dresden-A. 21
Grösstes
Camerawerk
Europas.

Cameras
in technischer Vollkommenheit. Sämtliche Bedarfsartikel für die Photographie. Projektions- und Stereoskope. Bezug durch alle Photohandlungen. Illustrierte Hauptpreisliste No. 675 gratis.

„Verkäuferin von blühenden Pflau-
menzweigen", bei Shanghai; Aufnahme ca. 1907

90 Teil der Familie beschäftigt wird. — In sehr vielen Bauernhöfen wird noch Seidenzucht betrieben. Falls der Bauer nicht auf seinem eigenen Grundstück Maulbeerbäume angepflanzt hat um mit den Maulbeerblättern die Seidenraupen zu füttern, so kann er die Blätter sicher jederzeit kaufen, da diese im Frühjahr und Sommer einen Handelsartikel in den Districten, in denen Seidenraupenzucht betrieben wird, bilden. — Das Füttern und Beobachten der Seidenraupen wird kleinen Kindern schon beizeiten gelehrt, sodass sie auch bald erkennen lernen, wenn die Raupen unlustig werden und der Zeitpunkt beginnt, wenn sie sich einspinnen wollen. Gewöhnlich werden den Raupen zum Einspinnen kleine Strohbündel hingestellt, da sich Kokons von dem Stroh leicht ablösen lassen. — Hat sich nun die Raupe richtig verpuppt, so werden die Kokons von den Strohbündeln abgelöst und dann eine gewisse Anzahl in eine Pfanne mit heissem Wasser getan und mittelst eines Stäbchens die Fädchen der Kokons miteinander vereinigt und durch eine einfache Vorrichtung dieser vereinigte Faden abgehaspelt. Werden die Kokons in fabrikmässiger Weise abgehaspelt, so werden die Puppen in den Kokons in Dörräumen abgetötet. Die Abtötung der Puppen ist nötig, damit dieselben sich nicht durch die Kokons fressen und somit den umsponnenen Seidenfaden an vielen Stellen zerfressen, wodurch derselbe zum Aphaspeln unbrauchbar wird. — Eine gewisse Anzahl Kokons wird aber doch zurück behalten, damit die Puppen darin sich zu Schmetterlingen entwickeln und diese sich durch das Gewirr des Seidenfädchens hindurch fressen. Die Entwickelung der

Schmetterlinge ist nötig, um die Nachzucht sicher zu stellen. — Die durchfressenen Kokons werden auch wieder verwandt und zwar wird eine Art Seidenwatte daraus gewonnen, die bei den Chinesen viel zur Fütterung ihrer Winterkleidung benutzt wird, auch werden wunderschöne, leichte Steppdecken daraus gefertigt. Die Seidenwatte hat den Vorzug vor gewöhnlicher Baumwollwatte, dass sie sich garnicht verschieben kann, sondern überall gleichmässig bleibt, da sie aus unendlich vielen längeren Fädchen besteht, die eine Art Gewebe darstellen. —

Die abgetöteten Puppen werden getrocknet und den Hühnern und Enten als Futter hingeworfen, oder aber sie werden gemahlen und den Schweinen mit in's Futter getan. —

Das Weben der Seide ist auch zum Teil noch Hausindustrie. Auf sehr einfach erscheinenden Webstühlen, werden manchmal wunderhübsche Muster in die Seidenstoffe gewoben, doch machen grosse Webereien mit maschinellen Anlagen — besonders in Soochow — in der Nähe Schanghai's der Hausweberei fühlbare Konkurrenz. —

Eine merkwürdige Erscheinung auf dem Geldmarkt in Schanghai gibt es zur Zeit der Auskäufe von Seidenkokons. Die Bauern, welche die Kokons zum Markte bringen lassen sich nur in barem Gelde bezahlen, das sonst in Schanghai gern genommene Papiergeld der chinesischen und fremden Banken wird verschmäht, auch werden die Sycees — Silberklumpen — ungern genommen. Eine Folge davon ist, das ziemliche Knappwerden der Silber-Dollars, die in wenigen Tagen manchmal fünf Procent

Die Spinnerei.

Dienstag, den 18. Oktober, fuhr ich morgens mit Herrn Bandow im Automobil nach der Laou Kung Mow-Baumwollspinnerei, die wir unter Führung der Direktoren besichtigten; es ist eine Aktiengesellschaft mit 600 000 Taels Aktienkapital, das grösstenteils in Shanghai untergebracht ist. Die Spinnerei verspinnt zum grössten Teil chinesische, sowie etwas indische Baumwolle, hat 36 000 Spindeln und ca. 800 Arbeiter, Männer, Frauen und Kinder. Die Erwachsenen bekommen einen Tagelohn von ungefähr 27 Cts., die Kinder 13½ Cts.; Arbeitszeit ist von morgens 6 Uhr bis abends 7½ Uhr mit einviertelstündiger Mittagspause. Was würden unsere Sozialpolitiker, sowie unsere Sozialdemokraten, denen der achtstündige Arbeitstag schon zu viel ist, zu diesen Verhältnissen sagen?
38

„Frauen beim Wattieren von Jak-
ken", in der Nähe von Shanghai;
Aufnahme ca. 1905

92 und darüber steigen, um dann nach einiger Zeit wieder auf ihren normalen Kurs zurück zu gehen. Hieran ist zu ersehen, welch' ungeheures Quantum von Kokons in Schanghai von den dort befindlichen Seidenspinnereien aufgekauft wird. —

Die Maulbeerbäume, von denen das Futter für die Seidenraupen gewonnen wird, werden alljährlich nach dem Blätterfall kurz geschnitten, um die Bäume zu veranlassen, im Frühling neue Zweige zu treiben. Diese neuen Triebe entwickeln sich bei feuchtwarmem Wetter sehr schnell und sind die an denselben sich bildenden Blätter um ein mehrfaches grösser, als die Blätter an nicht so gestutzten Maulbeerbäumen. — Da die so zugestutzten Bäume keine zweijährigen Triebe haben, gelangen sie nicht zur Blüte und tragen daher auch keine Früchte. —

Baumwollweberei wird auch sehr viel auf dem Lande betrieben. Das hierzu benötigte Baumwollgarn wird entweder von Indien oder Japan eingeführt, oder aber in Baumwollspinnereien in Schanghai hergestellt. — Die in der Hausweberei angefertigten Tuche liegen nur sehr schmal, gewöhnlich 60 bis 75 Centimeter. — Es werden einfache, gestreifte oder karierte Muster in diese Tuche gewebt, besonders viel sieht man kleine Handtücher von etwa ³/₄ Fuss Breite und zwei bis zwei und einen halben Fuss Länge. — Diese Handtücher werden von den Chinesen in der Weise benutzt, dass sie in eine Schale mit warmem Wasser getaucht werden, dann leicht ausgedrückt und an einem Stückchen Seife gerieben. Mit diesem feuchten Tuch wird bei der Morgenwäsche das Gesicht, der Hals und die Hände und Arme abgewaschen.

Das Tuch wird dann noch einmal in der Schale gespült und mit einem zweiten Abreiben die vorher aufgetragene Seifenlauge wieder abgewischt. — Ein wirklich trockenes Handtuch zum Trockenreiben der feuchten Haut wird nicht benutzt. —

Zu den hausgewebten Artikeln gehört auch das Grasleinen. Das feinste Grasleinen wird — wie mir erzählt worden ist — in der Gegend bei Swatow, in Süd-China gewoben, doch kann sich das in der Provinz Szechuan gewobene Grasleinen auch sehen lassen. — Leider wird dieser Stoff auch nur sehr schmal gewoben, 60 bis 75 Centimeter liegen die breitesten Stücke. —

Andere Hausarbeit, die viel auf dem Lande neben der Landwirtschaft verrichtet wird ist die Seidenstickerei. — Die Festtagskleidung der Chinesinnen und der Chinesen-Kinder weist sehr viel Stickereien auf und auch Bettvorhänge — die allerdings auch nur bei feierlichen Gelegenheiten hervorgeholt werden, sowie Stuhlkissen und Stuhlbezüge sind vielfach bestickt. — Diese Stickereien werden vielfach nicht nur für den eigenen Bedarf gearbeitet, sondern auch des Verdienstes wegen. Auch werden von geschickten Stickerinnen durch Vermittler Arbeiten für Freunde angenommen. Es ist ganz erstaunlich, welche Gewandheit im Sticken schon ganz kleine Mädchen von 8 bis 10 Jahren manchmal erlangt haben. Auch sogenannte Auszieharbeiten werden nach Vorzeichnung oder Vorlagen nach Wunsch ausgeführt. — So tragen schon die jüngsten Familienmitglieder dazu bei, den kargen Verdienst des Familienoberhauptes zu vergrössern. —

An Plätzen, an denen sich Streichholzfabriken befinden, ist das zusammen-

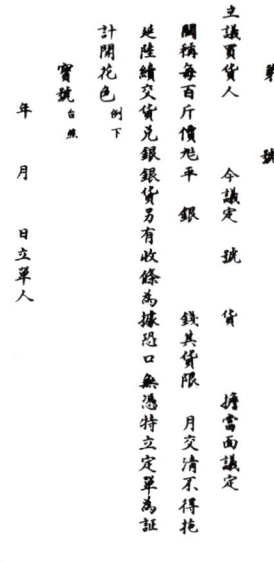

„Seidenraupencocons werden in einem Dorfe bei Shanghai zum Verpacken abgewogen und auf ihre Güte geprüft"; Aufnahme ca. 1902

kleben und Bekleben von Streichholz-schachteln eine Hausindustrie geworden; bei dieser Arbeit können schon vier und fünfjährige Kinder helfen. Hat nun der Bauer seinen Hof in der Nähe eines Wasserlaufs oder eines Teiches, so bietet sich ihm in der Zeit, wo er auf den Feldern nichts Besonderes zu tun hat, Gelegenheit, dem Fischfang nach zu gehen. Fast jeder Bauer hat deshalb auch sein Fischnetz. Berufsmässige Fischer bedienen sich in vielen Gegenden China's der Cormorane zum Fischen. Diese hässlich aussehenden Vögel, von der Grösse einer Ente, werden gezähmt und erhalten, wenn sie zum Fischfang benutzt werden einen Ring um den Hals, der sie verhindert grössere Fische zu verschlucken. — Der Fischer fährt nun mit seinem flachen Boot an Stellen, an denen er

„Fischer mit Kormoranen auf Bambusbooten", bei Ningpo; Aufnahme ca. 1903
39

Fische vermutet und sitzen die Cormorane auf dem Vorderteil des Bootes. Alle Augenblicke springt einer der Vögel in's Wasser und taucht nach Fischen, glückt ihm ein guter Fang, so kommt er mit einem Fisch

im Schnabel nach wenigen Augenblicken wieder zum Vorschein; sehr häufig aber ist das Tauchen vergebens gewesen. Hat nun ein Cormoran einen besonders grossen Fisch erwischt, so erhält er von seinem Herrn zur Belohnung einen kleinen Fisch zugeteilt, welcher trotz des Ringes verschluckt werden kann. Eine andere Art des Fischens mit Cormoranen ist diese. Der Fischer steht mit je einem Fuss in einem winzig kleinen Boot und bringt durch fortwährendes Schaukeln dieser beiden kleinen Boote das Wasser in seiner nächsten Nähe in Aufruhr. Die Cormorane befinden sich in einiger Entfernung von ihm und tauchen ab und zu. Hat nun einer der Vögel einen Fisch erhascht, so holt der Fischer sich diesen Cormoran mit einer Stange zu sich heran und nimmt ihm den Fisch ab. — Wilde Cormorane habe ich zu Hunderten auf dem unteren und auch oberen Yangtsze gesehen. Am Hsintan konnte man sie eben unterhalb der Schnelle sehen, wie sie einen Fisch nach dem anderen 'rausholten und ihn verschlangen. — Eine andere Art des Fischens habe ich bei Ichang beobachten können, hier wurde der grösste Feind der Fische benutzt, um mit ihm zu fangen. Abgerichtete Fischottern, die aber an einer leichten Kette befestigt waren und ebenfalls einen Ring um den Hals hatten, um sie am Verschlucken gar zu grosser Fische zu verhindern, wurden zum Fischfang benutzt und brachten ihrem Herrn ganz gute Beute aus den Tiefen des Wassers herauf. — So hat sich der Chinese die Feinde der Fischerei zu seinem Nutzen dienstbar gemacht. —

Auch die Jagd wird von manchem Bauern in der Zeit, wo die Arbeit auf den

Anders als wir.

Die Art und Weise, wie die Prügelstrafe in China vollzogen wird, ist bekannt, und ich enthalte mich der Beschreibung derselben. Bemerken will ich nur, daß die Leute die Schmerzen, die sie zu erdulden hatten, mit erstaunlicher Kraft ertrugen. Die scharfen Bambusrohre, von unbarmherzigen, starken Armen geschwungen, zerrissen die nackten, blutigen Körper, aber nicht einen Schrei hörte ich — nur ein tiefes, entsetzliches Stöhnen.

Es ist von vielen europäischen Ärzten festgestellt worden, daß das Nervensystem, der Chinesen sowohl wie der Japaner, sie unempfindlicher für körperliche Schmerzen macht, als die Weißen es sind. Wäre dem nicht so, so könnte man den Ostasiaten nachrühmen, daß sie die heldenmütigsten Völkerschaften der Erde sind, denn der Stoicismus, mit dem sie die grausamsten Foltern ertragen, ist ein unübertrefflicher.

LINHOF-PRÄZISIONS-CAMERA

Erstklassiges Fabrikat, in Konstruktion und Ausführung unerreicht
Jedes Oberkiste wird durch
Man verlange Prospekt C.-A 1911
Photo-Werkstätte

VAL. LINHOF · MÜNCHEN
Gabelsbergerstr. 76

Sie verachten unsere Wissenschaft, die uns nicht glücklicher macht, als sie sich fühlen; unsere Energie, auf die wir stolz sind, erscheint ihnen lächerlich. Ein Europäer, sagen sie, selbst der vornehmste unter ihnen, hat nie Zeit — und sie zucken die Achseln. Daß es uns Vergnügen machen könne, zu reiten, zu rudern, spazieren zu gehen oder gar zu tanzen, erfüllt sie mit Verwunderung, die an Verachtung grenzt. — Beobachten Sie die Chinesen, mit denen Sie in Berührung kommen werden. Ihr Diener selbst kann kaum verbergen, daß er sich Ihnen überlegen fühlt. Er muß Ihnen gehorchen und thut es; aber es wird Ihnen nicht verborgen bleiben, daß er dennoch wie von der Höhe eines moralischen Sockels auf Sie herabblickt. —
40

„Fischer in einer Stromschnelle am
oberen Yangtse-Kiang"; Aufnahme
ca. 1916

96 Feldern ruht eifrig betrieben, zumal wenn es gilt, Wildschweine, die ihm in die Melonenfelder oder die süssen Kartoffeln — den „hung zam" gehen und hier grossen Schaden anrichten, eins auszuwischen, zumal er gar kein Verächter von Wildschweinbraten ist. — Die Wildschweine sind ziemlich hochbeinig, doch scheint ihre Art nicht sehr verschieden von den bei uns heimischen Wildschweinen zu sein. — In China werden die Wildschweine meistens aufgestöbert und von einer grösseren Anzahl abgerichteter Hunde gejagt. Die Jäger umstellen das Gestrüpp, in welchem sie vermutet werden oder gesehen worden sind und warten den günstigen Moment des Schiessens ab. Seltener werden Wildschweine auf dem Anstand bei Mondschein geschossen, nur dann, wenn beobachtet worden ist, dass sie regelmässig gewisse Felder heimsuchen. — Der gewöhnliche chinesische Dorfköter ist für solche Jagd und auch für Rehe, Hasen und Fasanen manchmal ausgezeichnet abgerichtet worden, dass man sich ordentlich geschämt, hat, so oft vorbei zu schiessen, wenn ein solcher Köter Einem etwas vor die Flinte brachte. — An jagbarem Wild giebt es in China in der Hauptsache das folgende: Schnepfen, Waldschnepfen, Wachteln, Wildtauben (Turteltauben und eine andere Art) verschiedene Arten von Fasanen, Bambushühner (unserem Rebhuhn ähnlich) Haselhühner, viele Arten Wildenten, Wildgänse, wilde Schwäne, Trappen, viele Arten Raubvögel, Hasen, Rehe (eigentlich sind es zwei Arten von Antilopen) Dachse, Waschbären, Hirsche, Wildschweine, wilde Ziegen, ferner Marder, wilde Katzen, Zibetkatzen, Füchse, Affen, Wölfe, Leo-

parden, Bären, Tiger, Moschustier, Stachelschwein, Schuppentier, Fischotter und Krokodil. Ausserdem gibt es wahrscheinlich noch eine Anzahl anderer jagbarer Tiere in China, von denen man aber weniger hört, da sie in abgelegenen Gegenden vorkommen, wie die wilden Yacks (Grunzochsen) wilde Esel, wilde Rinder (diese soll es in den Wäldern Shensi's noch geben) u.s.w. —

Es dürfte Vielen unbekannt sein, dass es im äussersten Westen China's, also an der Grenze nach Thibet zu, noch Papageien gibt, die gefangen und in Käfigen oder in den Läden auf offenen Stangen angekettet gehalten werden. Die Affen werden ebenfalls an der Thibetanischen Grenze gefangen, sie werden zusammen mit Bären, Schafen und Hunden angelernt, um durch ihre Künste ihren Brotherrn recht und schlecht zu ernähren. — Ausser diesen kleinen Zirkuskünstlern beleben, namentlich zur Zeit des chinesischen Neujahrs noch eine ganze Anzahl von Gauklern, Zauberkünstlern und Gymnastikern die freien Plätze einer Stadt oder die sandigen Flussufer in der Nähe der Städte und finden ein genügsames, dankbares Publikum. Selbst das Kasperle-Theater fehlt nicht und lockt Zuschauer an, ganz wie bei uns. —

Ist es nun dem Bauern in seinem Hause einmal zu langweilig und hat er gerade nichts Besonderes zu tun, so begibt er sich wohl — nicht in den Dorfkrug — aber in's Teehaus im Dorfe, um Neuigkeiten zu hören, oder Meinungsaustausch mit Bekannten zu halten. — In den Städten gibt es wohl kaum eine bestimmte Tageszeit, in welcher die Teehäuser nicht gut besetzt

Die Medizin.

Ist nun der Chinese krank und kann er nicht selbst den Arzt aufsuchen, dann lässt er denselben einladen und zwar mit Wagen oder Esel abholen. Ein berühmter Arzt geht nämlich nicht zu Fuss zum Kranken. Im Hause desselben angekommen, wird er zunächst in das Fremdenzimmer geführt und mit Thee, Schnaps und Süssigkeiten bewirtet. Wenn der Weg weit war, wird ihm auch ein reichliches Mahl aufgetragen — alles, um ihn günstig zu stimmen, dass er sich Mühe gebe. Unbekümmert um den Kranken nimmt der „Frühgeborene" sein Mahl ein; auch grässliche Schmerzen des Kranken bringen ihn nicht aus seiner Gemütsruhe heraus. Einer meiner Freunde, ein Europäer, hatte sich z.B. einmal den Arm aus dem Gelenk gefallen und erlitt fürchterliche Qualen, aber der herbeigeholte Arzt liess sich erst gütlich bewirten, bevor er den Kranken besuchte.

Endlich, nachdem er so sich gestärkt, geht er zum Patienten hin. Nach einigen allgemeinen Fragen, ob er noch essen könne (das Wichtigste beim Chinesen) oder wie viel Tage er nicht mehr gegessen habe, setzt er sich nieder, um den Pulsschlag zu untersuchen. Der Kranke muss dabei den Unterarm flach auflegen und zwar so, dass er nicht ermüdet. Sprachlos, in sich versunken, sitzt der Arzt oft fünf bis zehn Minuten da, manchmal mit allen Fingern zugleich, manchmal abwechselnd mit einzelnen Fingern den Puls berührend. Endlich erklärt er, da und dort sitze die Krankheit, erklärt auch einzelne Symptome und schreibt dann das Rezept. Darauf empfiehlt er sich wieder.

Ein anderes Mittel ist die Akupunktur. Man sticht mit Nadeln an bestimmten Stellen in den Körper hinein. Damit der Studiosus der Medizin diese Kunst erlerne, giebt man ihm als erstes Versuchsobjekt eine hölzerne Menschenfigur, an der eine Unmenge kleiner Löchlein angebracht sind, die die Stellen bezeichnen, wohin man stechen kann und soll. Dieser „Versuchsmensch" ist mit Papier überklebt und der Student muss nun ganz genau mit der Nadel die kleinen Löchlein treffen.

Die Nadel wird thatsächlich oft mehrere Centimeter tief in den Leib gebohrt, natürlich können da bei Unsicherheit die schrecklichsten Folgen entstehen. In gewissen Fällen mag die Methode helfen, wenigstens wird das allgemein behauptet.

Ich habe, hauptsächlich um einen Versuch zu machen, mich persön-

„Wahrsager", Chungking; Aufnahme ca. 1913

Leider sind die Schriftzeichen nur schwer zu erkennen, auf der linken Seite der Fahne heißt es jedoch: „den in Schwierigkeiten geratenen Helden den Weg weisen, das Vermögen vermehren — jede Sitzung 8 cents".

sind, doch ist dieses auf dem Lande anders. Hier sieht man besetzte Teehäuser — falls sie nicht gerade an einer verkehrsreichen Strasse liegen — erst in den späten Nachmittagsstunden sich füllen. — Da wird denn geschwatzt und geraucht und dabei der Tee geschlürft. Der Neuankommende erhält sein Teeschälchen und ein wenig Teeblätter hineingeworfen, dann wird kochendes Wasser darüber gegossen und das Schälchen Tee für vier Käsch oder auch eine Kleinigkeit mehr ist fertig. Hat der Gast den Tee ausgeschlürft, so wird noch ein paar Male kochendes Wasser darüber gegossen, bevor er wieder ein neues Schälchen mit frischem Tee erhält. Die Teehäuser werden mit Vorliebe benutzt, wenn Bekannte zwischen zwei sich streitenden Familien zu vermitteln suchen. Die Vermittler kommen dann in einem Teehause zusammen und bereden sich den Streitfall. Da gewöhnlich, bevor eine Einigung erzielt wird erst Rückfragen mit den an der Streitsache direct Beteiligten genommen werden muss, treffen sich die Vermittler zum zweiten und auch wohl zum dritten Male in ihrem Teehaus. Ist dann schliesslich alles so besprochen worden, dass die streitenden Parteien sich wieder vertragen wollen, so ist natürlich die eine der Parteien Verlierer. Um nun die Angelegenheit auf bestmöglichem Wege aus der Welt zu schaffen, wird dann die gewinnende Partei von der anderen zu einem Essen in einem Gasthaus eingeladen, dass hierbei die Vermittler nicht fehlen dürfen, ist dann selbstverständlich. — Gewöhnlich wird, dann, wenn wirklich aller Groll bei beiden Parteien verschwunden ist, auch die andere Partei von der gewinnenden eingeladen und kommen somit

alle, ganz besonders aber der Gasthausbesitzer auf ihre Kosten. —

Bei einem solchen Essen, geht es dann bald hoch her, ganz anders, als in einem Teehaus, da hier im Gasthaus auch Alkohol auf den Tisch kommt in Gestalt von „Sam shu" sogenanntem Reis- oder Hirse-Wein. — Bevor das eigentliche Essen beginnt, wird gewöhnlich eine Nudelsuppe gereicht. Diese Suppe wird nicht an dem grossen Tisch, an welchem später das gemeinschaftliche Essen eingenommen wird, ausgelöffelt, sondern an den kleinen Seitentischen, neben welchen sich die Eingeladenen zwanglos niedergelassen haben. Bald darauf setzen sich alle an die gemeinschaftliche Tafel. Bevor nun die verschiedenen Leckerbissen erscheinen, kann man sich von den bereits aufgestellten acht Schälchen mit z.B. süssen Pfirsichkernen, in Salz gerösteten Melonensamen oder gerösteten Erdnüssen, geschälten Wasserkastanien, in Stücken geschnittenen Birnen (oder sonstigem Obst), in dünnen Scheibchen geschnittenen Schinken, Hühner- oder Entenfleisch und vielleicht noch Schwamm oder Garneelen, die sämmtlich als Vorspeise gelten, gütlich tun. — Nachdem den Vorspeisen zugesprochen worden ist, kommt das erste warme Gericht auf den Tisch, der Gastgeber ladet durch eine Handbewegung zum Zulangen ein. Will er Jemanden ganz besonders wohl, so legt er diesem Gast auch wohl ein paar schöne Stückchen auf seinen Teller. Nun folgen eigentlich ohne nennenswerte Unterbrechung all die anderen Gerichte, die wenn es sich um ein besseres Essen handelt oft die Zahl fünfzehn und mehr erreichen. — Was gibt es all für Leckerbissen bei einem grös-

lich einmal stechen lassen. Ich litt längere Zeit an grosser Übelkeit. Der Arzt erklärte mir, mich leicht kurieren zu können, wenn ich mich stechen liesse. Er sah dann nach der unteren Fläche der Zunge und bemerkte, dass dort eine Reihe schwarzer Blutpunkte seien. Er stach dieselben auf, es kam wirklich schwarzes Blut, und ich war geheilt.
41

GLOBUS

Illustrierte

Zeitschrift für Länder- und Völkerkunde

Vereinigt mit den Zeitschriften Das Ausland und Aus allen Weltteilen

Begründet 1862 von Karl Andree

Herausgegeben von

Richard Andree

Einundachtzigster Band

Braunschweig

Druck und Verlag von Friedrich Vieweg und Sohn

Geldadel.

Neben dem Europäer macht auch der chinesische Financier durch Aufwand in der Öffentlichkeit von sich reden. Es sind zumeist zu Gelde gekommene Handelsleute. Der chinesische Kaufmann ist äußerst schlau, intelligent und fast sprichwörtlich ehrlich. Er wächst heute seinen europäischen Kollegen schon vielfach über den Kopf. Und weil er unter dem Schutze des Ausländer von Seite der eigenen Beamtenschaft keinen erleichternden Aderlaß zu fürchten hat, kann er ungestört reich werden. So existieren viele von diesen in Watte und Seide gewickelten Jüngern des Konfuzius, die sich nach fremdem Muster eine eigene Equipage leisten, ein Auto oder auch beides. Sieht man das erstenmal eines der Automobile, die sich in chinesischem Besitze befinden, vom Eigentümer kalt und gelassen gelenkt, im Renntempo durch die Straßen rasen, bekommt man einen ganz eigenen Begriff von der sogenannten chinesischen Verweichlichung.
42

„Wohlhabende Chinesen beim Essen", Shanghai; Aufnahme ca. 1905
43

seren chinesischen Essen? Fische in mehrfacher Zubereitung, Garneelen, Taubeneier entweder in Suppe oder in Teich und Fett gebacken, Ente in Suppe gekocht und kross gebraten, (von ganz besonders genudelten Enten wird einmal das Fleisch gereicht, dann aber die kross gebratene Haut, diese letztere wird mit einer Art Pflaumenmus und einem weichen Blätterteich gegessen, der Teich soll nötig sein, weil dieses Essen sehr fett ist) dann gibt es ferner Fischlippen, Haifischflossen, essbare Vogelnester, Suppe von Manschurischen Pilzen, Seegurken, verschiedene Pasteten, und zum Schluss ein paar süsse Speisen, darunter gewöhnlich weisser Schwamm (dieses letztere Gericht schmeckt ähnlich wie leicht gesüsster Sagopudding, ist aber sehr viel teurer). Ganz zum Schluss kommt dann noch ein Schälchen Reis. — Während der Mahlzeit wird nun gegenseitig feste zugetrunken. Wenn auch die Schälchen, aus denen der Reis- oder Hirse-Wein getrunken wird, sehr klein sind, so werden sie doch häufig genug geleert, um es bald zu einer Stimmung an der Tafel gelangen zu lassen. Im Gegensatz zu unserer Sitte, den bevorzugten Gast zur Rechten des Gastgebers sitzen zu lassen, ist es bei den Chinesen Gebrauch, den ersten Gast dem Gastgeber gegenüber zu setzen. — Ist nun erst durch den „Sam shu" Stimmung in die Gesellschaft gekommen, so wird durch Zahlenraten zu weiterem Trinken Gelegenheit gegeben. — Durch gleichzeitiges Vorschnellen der einen Hand und Ausstrecken eines oder mehrerer oder aller Finger derselben und Nennung einer Zahl die nicht über die Anzahl der selbst gezeigten Finger plus der möglichen fünf Finger des

Gegners hinausgehen darf, muss der welcher verliert jedes Mal sein Schälchen mit „sam shu" austrinken. Haben Beide falsch geraten, so wird noch einmal Geraten, bis eben einer dabei verliert. Der Gastgeber, welcher eigentlich einen klaren Kopf behalten muss, beauftragt gewöhnlich einen trunkfesten Verwandten oder guten Bekannten, für ihn zu trinken, falls er einmal beim Ausraten verliert. Bei grossen Essen in einer Stadt, wird das Mahl gewöhnlich durch die kleinen „sing song girls" Sing-Mädchen verschönt. Den bevorzugten Gästen werden seitens des Gastgebers je eine Sängerin bestellt, die sich auf einen Schemel seitwärts hinter seinem Stuhl setzt. Nach einigen begrüssenden Worten hat dann der Gast — wenn er ein Fremder ist, das zweifelhafte Vergnügen eines chinesischen Gesanges. Nach chinesischen Begriffen mag ein solcher mit Kopfstimme vorgetragener Gesang ja ganz schön sein, der Schreiber dieser Zeilen hat sich aber trotz seines langen Aufenthaltes in China nicht dafür begeistern können. — Die Sängerinnen, haben gewöhnlich eine Dienerin mit sich, die ihnen die Wasserpfeife in den Pausen — da ja doch bei einem grösserem Essen eine ganze Anzahl dieser Sängerinnen erscheinen — stopfen und anstecken. Die Sängerinnen erhalten gleichfalls ein Schälchen Tee vorgesetzt, die aber zum Unterschiede von den anderen Teeschälchen rot gefärbt sind. — Fangen nun die Sängerinnen — wie es in Szechuan bei grossen Essen Sitte ist, auch mit dem Zahlenraten an, so kann sich der Verlierende nur gratulieren, denn die Sängerinnen brauchen nicht zu trinken. Es sind manchmal unter den kleinen Sängerinnen — auch nach un-

Chinesisches Rokoko.

Über die Fußverkrüppelung ist von Berufenen und Unberufenen sehr viel geschrieben worden. Auch über gewisse Modetorheiten der Frauen in den westlichen Ländern hat man sich so und so oft gewaltig aufgeregt. Das alles sind Dinge, die sich von selbst erledigen müssen und dies auch tun, wenn ihre Zeit sich erfüllt hat.

Mir persönlich war diese Sache stets ein Greuel. Die chinesischen Bauersfrauen mußten unbeholfen umherhumpeln; jede Arbeit, vor allem die Feldarbeit wurde ihnen erschwert. Schön waren die Krüppelfüße auch nicht; ihre peinliche Ähnlichkeit mit Kälberfüßen irritierte.

Und doch . . . einmal bot sich mir die Gelegenheit, aus eigener Anschauung zu erfahren, welchen Reiz verkrüppelte Füße auf den chinesischen Mann auszuüben vermögen.

Während sonst auf der chinesischen Bühne nur Männer auftraten, gab es in Peking ein Theater, in dem nur weibliche Wesen als Träger von Rollen fungierten. Und alle hatten verkrüppelte Füße. Gleichwohl beherrschten sie ihren Körper in vollkommener Meisterschaft. Sie schwebten wie an winzigen spitzen Seidenschuhchen dahin. Sie traten nur mit den auf die Sohle umgeschlagenen Zehen, also auf deren natürlicher Oberseite, auf. Die Sohle selbst stieg steil an; der Absatz war nicht mehr erkennbar. Vom Knie abwärts bis zur Sohlenspitze war alles eine gerade Linie. Die Unterschenkel waren dadurch um fast Sohlengröße verlängert; sie waren außerdem sehr schlank, da die Waden durch die Außerdienstsetzung der Fußgelenke verkümmern mußten. Die Schauspielerinnen trippelten wie auf Stelzen. Die Erhaltung des Gleichgewichtes wurde durch allerliebst graziöse Bewegungen der Arme und Hände betont. — Man hatte das Gefühl, das ursprüngliche Vorbild des Spitzentanzes zu erschauen. Altertümliche weibliche Kostüme vollendeten die Schönheit des Bildes. Hohe Kunst überwand die Vergewaltigung der Gliedmaßen; nein, stellte sie in ihren Dienst. — Chinesisches Rokoko. — Ein Ballett, das westländische Höfe des 18. Jahrhunderts entzückt hatte. — Die chinesische Zuschauerschaft, die nur aus Männern bestand, war hingerissen. Vom chinesischen Schauspieler wird auch ein großes artistisches Können verlangt. Und als nun gar diese weiblichen Schauspieler mit ihren so zerbrechlich aussehenden Füßchen die halsbrecherischsten Sprünge wagten, brauste ein Beifallsorkan auf. Hau! Hau!

„Dong Hansen und seine Familie in einem chinesischen Garten", Shanghai; Aufnahme ca. 1906

Dong Hansen war bei der Firma Melchers als „Schroff" angestellt, was in Pidgin-Englisch in etwa Kassierer, aber auch Silberprüfer meint.

Die „Schroffs" wurden eigens dazu ausgebildet, die echten Silberdollars von den falschen, das heißt von den aufgeschlitzten und mit Kupfer und Blei wiederaufgefüllten Münzen zu unterscheiden. Diese Tätigkeit wird im Pidgin-Englisch mit „shroffing the dollars" umschrieben.

Wilhelm Wilshusen schreibt überihn an anderer Stelle. *„Der uns begleitende Shroff „Han Sen", ein Chinese, den ich bis jetzt, nachdem ich ca. 1½ Jahre mit ihm täglich zu thun habe, als zuverlässig kennengelernt habe, was bei den meisten Chinesen nämlich nicht der Fall ist. –"*

seren Begriffen — bildhübsche Mädchen. — Sind sie zur Erheiterung eines Fremden zu der Tafel bestellt, so ist gewöhnlich das Erste — vorausgesetzt, dass sie etwas zutraulich sind — ihn nach Namen, Alter, Herkunft u.s.w. zu fragen, leider genügen dem Fremden die wenigen, ihm bekannten chinesischen Ausdrücke meistens nicht, um eine Unterhaltung mit der Sängerin zu führen. In Schanghai rekrutiren sich die Sängerinnen gewöhnlich aus der Stadt Soochow; nach chinesischen Begriffen gibt es in dieser Stadt die schönsten Mädchen. Erkundigt man sich bei den Sängerinnen, wie sie dazu gekommen sind, diesen Beruf zu ergreifen, so erfährt man regelmässig dieselbe traurige Geschichte. Schon als junge Kinder sind sie gewöhnlich von ihren Müttern, denen der Tod vielleicht den Ernährer geraubt hatte, für wenige Dollars oft, verkauft worden, natürlich mit dem Versprechen, dass für die Mädchen gut gesorgt werden würde. — Die Mädchen werden dann auch nicht selten ganz gut gehalten und werden sie in einer Art Schule für ihren späteren Beruf als Sängerinnen vorbereitet. Aber mit der Freiheit ist dann meistens auch vorbei, die Mädchen sind von dem Tage, an welchem sie ihre Mutter verlassen, Sklavinnen im richtigem Sinne des Wortes. Sind sie gute Sängerinnen und nach chinesischer Auffassung hübsch, so werden sie sehr häufig zu Essen gebeten und bringen so ihrem Pflegevater oder ihrer Pflegemutter ein schönes Stück Geld ein, das es ihnen ermöglicht ein verhältnismässig üppiges Dasein zu führen, und ihnen auch erlaubt, dem Mädchen elegante Kleidung zu kaufen. — Findet sich aber ein Chinese, der Gefallen an einem solchen

Mädchen findet und sie zu seiner zweiten Frau begehrt, so kann eine Sängerin, wenn ihr dieser Chinese sympathisch ist, kaum etwas Besseres tun, als seine zweite Frau zu werden, da ihr zukünftiger Herr und Gebieter sie von ihrem Pflegevater oder ihrer Pflegemutter freikaufen muss und sie dann wenigstens in gewissem Sinne Herrin ihrer selbst ist. — Als erste Frau käme eine ehemalige Sängerin nicht in Frage, da dieses die Anverwandten des sie heiratenden Chinesen nicht zugeben würden. — Bleibt die Sängerin aber „sitzen“, so wird ihr selten etwas anderes übrig bleiben, als später, wenn sie zu altern beginnt und sie nicht viel vor sich gebracht hat, einen ähnlichen Beruf zu ergreifen, wie ihr Pflegevater oder ihre Pflegemutter, sie wird dann auch eben Sklavin-Halterin, vielleicht übernimmt sie die „Firma“ ihres Pflegers oder ihrer Pflegerin. — Ein schönes Los ist es nicht, welches solche Mädchen zu führen haben und doch müssen sie ihren Gästen immer freundliche Gesichter zeigen. —

Das chinesische Theater wird von den Sängerinnen — da sie ja wenig oder garnichts im Haushalt zu tun haben — viel besucht, doch dürfen sie nicht dieselben Plätze benutzen, auf denen die ehrbaren Hausfrauen und Haustöchter sitzen, es sind für sie besondere Plätze vorgesehen. — Obwohl nun manche der Sängerinnen in keiner Weise mit den leichtlebigen Mädchen über einen Kamm geschoren werden können, werden sie als nicht ehrbar angesehen. —

Das chinesische Theater ist auch etwas, was unseren Ohren ebenso ungewohnt bleiben wird, wie die Kopfstimmen

(bravo, bravo) hallte es durch den großen Raum. Alle Augen glänzten. Und man begriff, daß dem chinesischen Mann der verkrüppelte Fuß zu einem sekundären weiblichen Geschlechtsmerkmal geworden war.

44

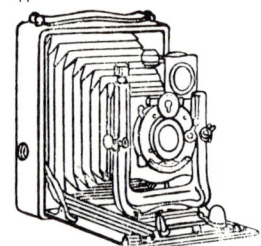

Klapp-Camera mit Zentralverschluß

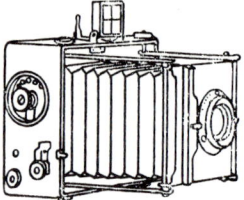

Klapp-Camera mit Schlitzverschluß

Kleine Füßchen.

Ja, diese Perlen sollen oft recht kostbar werden. Das gewöhnliche Bauernmädchen unterscheidet sich natürlich da wieder von den feinen Dämchen. Das Bauernkind kostet nicht viel. Die Kleidung ist einfach. Ohrringe, Armbänder, Ringe sind von Glas oder Blech, Spielzeug giebt es fast keines. Seine Füsschen wachsen länger. Es kann Gras sammeln zum Verbrennen, kann Gemüse, Unkraut suchen auf dem Felde, kann spinnen und weben, kann sogar Hand anlegen bei Feldarbeiten. Das Stadtfräulein dagegen thut nichts. Seine Füsschen sind manchmal so klein, dass es einen eigenen Diener bedarf, es stützt. Fein und zierlich wie ein Püppchen trippelt es daher in Sammet und Seide, trägt silbernes Geschmeide, raucht auch Pfeife, vielleicht sogar Opium, will gut essen und allerlei Vergnügen haben. Kein Wunder, wenn bei Ankunft eines solchen Gastes der bezopfte Rechenmeister gewaltig die Stirne runzelt und mit umflorten Blick die Zukunft berechnet!

Der schönste Schmuck des Mädchen ist die Unschuld. Wie steht es da mit der Chinesin? Unter den Christinnen sind Viele, die unter gewissen Regeln zu Hause ein jungfräuliches Leben führen. Sie werden meist als Katechistinnen (Lehrerin-

„Garküche im europäischen Settlement", Shanghai; Aufnahme ca.
1902

104 der Sängerinnen. — Selten werden auf der Bühne Stücke aufgeführt, die in gewöhnlicher Sprache geführt werden, fast immer wird in den höchsten Fisteltönen gesprochen oder gesungen, sodass es auch dem sprachkundigen Fremden unmöglich ist, den Vorgang so zu verfolgen, dass es ihm klar wird, was aufgeführt wird. — Die Schauspieler und die Schauspielerinnen gehören nach den Barbieren der verachtesten Klasse an, was aber ganz ehrbare Mädchen nicht hindert, sich von einem Heldendarsteller die Photographie zu verschaffen und sich ihm direct an den Hals zu werfen — ganz wie bei uns. — Gemischte Theater, in denen Schauspieler und Schauspielerinnen gleichzeitig auftreten, sind in China verboten. Es ist einmal der Versuch gemacht, diese Neuerung einzuführen, doch scheiterte derselbe an dem Volkswillen. — Kulissen und Bühnenausschmückungen, wie bei uns, ist den Chinesen ganz unbekannt, fast alle Umwandlungen finden auf offener Bühne statt. Soll in irgend einem Akt ein Schauspieler eine andere Rolle übernehmen, so wirft ihm ein Theaterkuli womöglich einen anderen Rock oder eine Waffe zu und aus dem Kaufmann ist mit einem Male auf offener Bühne ein Ritter geworden. — Die aufgeführten Stücke handeln gewöhnlich alle von Vorgängen aus längst vergangenen Zeiten, erst seit der Revolution im Jahre 1911 ist man langsam dazu übergegangen, auch moderne Stücke aufzuführen. — Wie sich nun im Innern China's ein modernes Theaterstück ansieht, bei denen die Schauspieler halbeuropäisch gekleidet sind und die Schauspieler auch nicht die geringste Ahnung von fremder Art haben, mag sich der Leser dieser Zeilen selbst aus-

malen, — dieses zu beschreiben, ist einfach unmöglich. —

Auf dem Lande werden während der chinesischen Feiertage auch sehr häufig Theatervorstellungen in eigens dazu vorhandenen Hallen aufgeführt, doch sind die Aufführenden gewöhnlich keine Schauspieler von Beruf, sondern gehören dem Bauern- und Handwerkerstande an. Es handelt sich dann um eine Art Kampfspiele oder historische und patriotische Stücke und haben mehr den Charakter von Volksbelustigungen. — Das ganze Dorf ist dann vor einer solchen Halle versammelt. Bei besonders gut ausgeführten Scheingefechten erschallt häufig lautes Beifallsgeschrei „hau, hau" (gut, gut) und gebärden sich Jung und Alt wie Kinder. —

Der Chinese hat eigentlich nicht allzuviel Festtage, sind diese Tage aber einmal da, so feiert er sie auch gründlich. — Als Hauptfesttag gilt das chinesische Neujahr. — Da der Chinese eine andere Zeiteinteilung hat wie wir, er rechnet nämlich nicht nach Sonnentagen, sondern seine Zeitrechnung hat mit der Umdrehung des Mondes um die Erde zu tun. Die chinesischen Monate haben nur 29 und 30 Tage. — Da sich durch diese Rechnungsweise das chinesische Neujahr aber ständig verschieben würde und schliesslich auch im Sommer gefeiert werden müsste, so haben die Chinesen die Einrichtung getroffen, dass ab und zu ein Jahr statt der gewöhnlichen zwölf Monate, dreizehn Monate erhält, hierdurch bleibt das chinesische Neujahrsfest nach unserer Zeitrechnung immer zwischen Mitte December bis Mitte Februar, also in den Wintermonaten. — Die letzten Tage im alten Jahre werden von den

nen) gebraucht. Auch die Heiden ehren die Tugend. Man begegnet hier und da Ehrenbögen und Denkmälern, die den Jungfrauen vom Kaiser nach ihrem Tode bewilligt werden. Aber die Tugend ist eine seltene Blume. Beim ersten Anblick sollte man meinen, die Chinesin sei das reinste Wesen der Welt. Sie ist meist abgesondert, geht selten aus und geht sie aus, so nur mit niedergeschlagenen Augen und in weiter Ferne von ihrem Beschützer. Gerade diese Abtrennung scheint tief den Charakter durchschauen zu lassen. In der Öffentlichkeit ist alles „Gesicht", Ehre, aber wenn das Dunkel der Verborgenheit vor schlechtem Rufe schützt, dann werden die Sitten lose. Mir kommt ein chinesisches Weib vor wie ein Adamsapfel.

Entwickeln Sie Ihre Platten und Papiere mit dem weltberühmten

ORIGINAL BRILLANT-ENTWICKLER

BARMER TROCKENPLATTEN FABRIK BRUNE & HÖFINGHOFF BARMEN

Seit zirka 17 Jahren in den bedeutendsten photographischen Ateliers in ständigem Gebrauch

Vorrätig in fast allen besseren photographischen Handlungen

Barmer Trockenplattenfabrik Brune & Höfinghoff, Barmen

weist man unachtsame Abnehmer auf diese Nachahmungen an Marke und

Albumin-Papier, ein mattes Albumin-Auskopie-Papier, für hervorragende Resultate auch mit Tonfixierbad · Höfaglett Gravure-Papier, schichtloses gelbrotes Gaslicht-Kunstdruck-Papier mit Gravure-Effekt, konkurrenzlos für Landschaften und jede Art Reproduktionen von Strichzeichnungen usw.

Prospekte und Gutachten laut Eintrag auf diesen Inseraten gratis und franko

In Europa ist das Weib ein Muster von Reinlichkeit und Ordnung (wenigstens heisst es so). Hier möchte man das Gegentheil sagen. Ich bin in vornehmen Familien gewesen, in denen ich sicher Reinlichkeit erwartet hätte, aber auch da fand ich Aehnlichkeit mit einer Sch-stalle. Alles liegt drunter und drüber (im Fremdenzimmer vielleicht ausgenommen). Esswaaren, Getreide, alte Wäsche, Möbel, Kleider, kurz ein Tohuwabohu im Kleinen.

Die Mädchen sind natürlich alle Evas Töchter und haben mehr oder weniger alle etwas von der Stammutter geerbt. Stolz und Eitelkeit sitzt auch der Chinesin tief drinnen. Sie hat wohl manches Bestechende an sich und ist sich dessen wohl bewusst. Ihre Schönheit wird vielfach nach den kleinen Füsschen bemessen. In der Jugend findet man recht schöne Gestalten unter ihnen, aber der lachende Lenz ist schnell vorüber. Mit dreissig Jahren schon ist die Blume verblüht und die Runzeln und Furchen sollen oft schwere Sorgen machen. Die Schminke wird dann auch weniger gebraucht, wahrscheinlich weil das gräuliche

„Mietstall für Wheelbarrows, Sung
Kiang Road", Shanghai; Aufnahme
ca. 1905

Chinesen benutzt, um in Haus und Hof Alles gründliche in Ordnung zu bringen und zu reinigen. Stühle, Tische, Türen u.s.w. werden abgeseift, die Fenster geputzt, wo Papierfenster vorhanden, wird neues Papier in die Rahmen geklebt. Laternen werden aufgehängt und mit kleinen Oellampen oder neuen Kerzen versehen. Die Plätze über dem Haus- und Küchenaltar erhalten neue Bilder oder Sinnsprüche, es herrscht fast in allen Häusern eine fieberhafte Tätigkeit, um die Wohnungen zu reinigen und zu verschönern. Bei den besser gestellten Chinesen erhalten die Stühle gestickte Kissen und Lehnenbehänge, an den Betten werden die einfachen Vorhänge gegen reichbestickte vertauscht, die kleinen Tischchen in den Wohnzimmern erhalten kleine Schalen mit blühenden Blumen, besonderen Vorzug wird hierbei der „La mei hua" gewährt, einer Pflaumen- oder Schlehenblüte-ähnlichen, aber gelbgefärbten Blume, die einen wunderbaren, milden angenehmen Duft von sich gibt. — Die besten Winterkleider, besonders die mit Pelz besetzten werden hervorgeholt, um während der wenigen Neujahrstage getragen zu werden. Wie mancher Pelz wandert er gleich nach Neujahr wieder in's Pfandhaus, denn auch bei den Chinesen wird sehr viel auf den äusseren Schein gegeben. — Wenn nun auch im Allgemeinen das chinesische Neujahr für die Chinesen ein Fest der Freude ist, so sieht doch mancher diesen Tag immer in weiter Ferne, als in naher Zukunft, da nach chinesischer Sitte an diesem Tage alle Schulden beglichen sein müssen. Ein Vortrag der Schuld auf's neue Jahr, wie es bei uns wohl meistens der Fall ist, kennt der Chinese so gut wie garnicht, bei ihm

heisst es, geliehene Gelder sind am letzten Tage des laufenden Jahres zurück zu zahlen, wer es nicht kann, verliert sein Gesicht, was bei Geldsachen fast mit Bankerott gleich zu rechnen ist. — Daher sieht man in den letzten Tagen des Jahres überall Kulis mit kleinen Körben auf den Schultern laufen, in denen sie Bargeld (Dollars oder Sycees — Silberschuhe) tragen, womit ihr Herr, die im Laufe des Jahres aufgelaufenen Schulden begleichen will. — Nachts um 11 Uhr kann man solchen Kulis noch begegnen. — Hat nun aber der Chinese seine Geld-Verpflichtungen alle erfüllt, so kann er auch frohen Herzens sein Neujahrsfest feiern. — Am letzten Abend wird den Hausgöttern durch dem Hausherrn geopfert und ihnen für alles Gute des alten Jahres gedankt und neuer Segen für's kommende Jahre erfleht, dass es hierbei ohne ein grösseres Essen nicht abgeht, ist eigentlich selbstverständlich. — Um Mitternacht wird zur Begrüssung des neuen Jahres Feuerwerk in Gestalt von Schwärmern und Kanonenschlägen und Raketen abgebrannt. — Die Haustüren werden mit Zetteln, auf denen Sinnsprüche geschrieben sind beklebt. In den meisten Fällen sieht man rote Zettel mit schwarzer oder goldner Bemalung, jedoch bei Häusern, in denen im Jahre vorher Trauer eingekehrt war, sind es weisse Zettel mit blauer Bemalung, so wird auch hier nach Aussen gezeigt, dass in dem und dem Hause im Vorjahre ein Trauerfall vorgekommen ist. — Am ersten Neujahrs Morgen sind die Strassen fast ohne jeden Verkehr, die Läden sind geschlossen, Wasser- und Last-Träger sind verschwunden, ebenfalls die Sänftenträger. — Vor einzelnen Häusern liegen ganze Haufen abge-

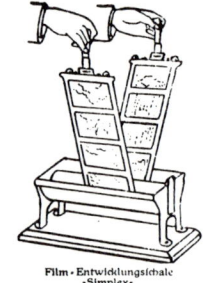

Alterthum selbst durch die Schminke hindurchglotzt. Die Kleidung wird einfacher und weniger bunt, die Haartracht weniger gekünstelt, die Schuhe einfacher ohne Stickereien. Und dann kommt der Herbst und der schreckliche

Film · Entwicklungsschale ·Simplex·

Winter. Das schwarze Haar färbt sich und fällt sehr viel aus. In die Furchen könnte man Finger hineinlegen. Der unvermeidliche Krückstock begleitet sie immer. Auf meinen Wanderungen habe ich oft für meine Mappe die schönsten Hexentypen gefunden. Waren das oft hässliche Gesichter. Natürlich spielt auch hierbei die Vergangenheit eine grosse Rolle. Arbeit, Leiden und Laster machen sehr schnell alt, wogegen Wohlhabenheit und Tugend auch im Alter schwerer verblühen. So kann man denn auch recht edle Matronengestalten sehen.

45

Die Musik.

Während der Mahlzeit erschienen eine große Reihe chinesischer Sing-Song-Mädchen, die zu den Tönen einer Art ein- oder zweiseitiger Guitarre Lieder vortrugen; ein sehr mäßiger Genuß, der etwas auf die Nerven fiel.

46

„Straßenszene in Shanghai", Chinesen beim Betrachten von maschinengedruckten Bildern, Shanghai; Aufnahme ca. 1905

108 brannten Feuerwerks, gewöhnlich ein Zeichen, dass das betreffende Geschäft einen guten Abschluss gemacht hat. — Einzelne Kulis sieht man in den Strassen, die zwischen die Türspalten Visitenkarten ihrer Herrschaft bei deren Bekannten abgeben. Besuche werden erst am 2. und 3. Tage gemacht, der erste Tag ist so recht ein Tag für die Familie und bleibt Alles zu Haus, mit Ausnahme der Kinder, die mit den ihnen geschenkten Spielsachen — in der Hauptsache aus Holz gefertigte Waffen — auf die Strasse gehen und mit angebundenen Bärten alte Leute markiren. — Die Chinesen machen zum Neujahr sich gegenseitig kleine Geschenke, die gewöhnlich in essbaren Sachen bestehen, wie Schweinskopf, dem der Schweineschwanz in die Schnautze gesteckt ist, Schinken, Gänse, Hühner und Enten, sowie Stücke schön kross gebratenes Schweinefleisch, Früchte, wie Datteln, Orangen, verzuckerte Früchte, allerlei Gebäck, besonders schöne Pasteten, die mit kandirten Früchten und Speckstücken gefüllt sind und tadellos schmecken, ferner Reis- und Hirsewein. Kommen die Geschenke von einem Beamten, so ist es Sitte, nur einen Teil derselben zu nehmen, etwa die Hälfte wird wieder zurück gesandt. — Die die Geschenke überbringenden Diener oder Dienerinnen erhalten ein gutes Trinkgeld. Die Geschenke, die kurz vor dem Neujahr zu den Freunden und Bekannten geschickt werden dienen nun dazu, die an und für sich schon reichlich vorgesehenen Mahlzeiten während der Neujahrstage noch besser zu gestalten und kann man die Chinesen wohl verstehen, wenn sie sagen, ach wären die Festtage doch erst vorüber, die Schlemmerei hält ja Keiner auf die Dau-

er aus. Die besseren Läden bleiben im Innern China's während des chinesischen Neujahrs fast zwei Wochen geschlossen, die Banken sogar einen ganzen Monat; in den Küstenstädten beschränkt sich die

„Mittelzimmer in einem chinesischen Privathause während des chinesischen Neujahrs, es sind dann verschiedene Decken mit Stickereien gebraucht." Shanghai; Aufnahme ca. 1906
Vermutlich irrt hier der Photograph, denn die Inschriften deuten eher auf den Einzug in ein neues Haus hin.

Schliessung der Läden aber nur auf wenige Tage. — Es heisst hier auch wieder, je leerer der Geldbeutel, je schneller heisst es wieder an die Arbeit, will also der kleine Mann leben, so muss er baldmöglichst wieder seiner Beschäftigung nachgehen, deshalb sieht man auch schon am zweiten Neujahrstage die Rickshaw-Kulis, Sänftenträger und Wasserträger ihrem Verdienste nachgehen und sie verdienen sich an diesem Tage manchen Extra-Käsch, da der Chinese, wenn er es hat, er dieses an solchen Tagen auch gerne zeigt und ihne Zögern den doppelten Fahrpreis oder Trägerlohn bezahlt. —

Das Chinesen-Haus.
a) Für das Mittelzimmer: 8 Stühle (mit Kissen und Decken), 4 Tischchen (mit Decken), 1 schmaler langer Tisch (für die Rückwand des Zimmers), 2 hohe Blumenständer, 2 grosse viereckige Tische, 1 Wandbehang aus Seide für die Rückwand (2 Stühle als Neujahrsdecoration, mit chinesischen Characteren), (2-4 Pfirsichbäume), 4 Spucknäpfe, 1 Teppich, 5 Kerzenhalter, 1 Behang vor dem Eingang, Bilder für die Seitenwände sind bereits im Museum vorhanden.
b) Für das Wohnzimmer: 8 Stühle, 4 Tischchen, 1 Opiumbank, (sogen. Mandarinbett) mit Kissen, Polster & Tischchen für die Opiumrequisiten, 1 langer schmaler Tisch (für die Rückwand des Zimmers) 1 Yossbild für die Rückwand. 1 grosser runder Tisch (bereits vorhanden, Geschenk von Herrn Armin Haupt) 4 Spucknäpfe (ebenfalls im Museum vorhanden) desgleichen Bilder für die beiden Seitenwände.
c) Für das Schlafzimmer: 1 Bettstelle mit vollständiger Ausstattung, 1 Kinderwiege, 3 Stühle (1 davon als Trittleiter zu benutzen) 1 Waschtisch, 1 Toilette, 1 Garderobe (mit davor befindlicher Bank und darauf stehenden 8 Tin-töpfen (für Cakes etc.) Die Tin-Töpfe gehören oben auf die Garderobe gestellt, 1 Kleider- und Schuhhalter.
d) Für die Küche: Vollständige innere Einrichtung: Herd mit Hausaltar aus Holz nachgebildet, Küchenschrank, Geräte etc, etc.
e) Für den Abort: Die dazu gehörigen Utensilien.
47

Simon's Exportgeschäft
Fabrik medizinisch-pharmazeutischer Präparate
Berlin C. 2
Spandauer Str. 33 - 35   Probst-Str. 17 - 19
Spezialabteilung für Sanitäts-Ausrüstungen für die Tropen.
Komprimierte Arzneimittel. Granules.   Salben in Tuben. Komprimierte Verbandstoffe und -Binden.
Simon's Malariamittel   Simon's Dysenteriemittel
Simon's Deutsches Fruchtsalz
unentbehrliches Abführmittel in den Tropen.
Tropenapotheken. Haus- und Reiseapotheken für Farmer. Sanitäts-Veterinärkästen.
Viersprachige illustrierte Preislisten auf Wunsch gratis und franko.
Vertreter:
Theodor Wilckens, Hamburg
Afrikahaus.

„*Eingang zu einem Gildenhaus*",
Chungking; Aufnahme ca. 1913
    Zu früheren Zeiten war dieses
Gebäude einmal der Tempel einer
taoistischen Sekte. Die Inschriften
an den Seiten des Einganges lauten
etwa: „Hier ist wirklich ein Ort des
Glücks. Edelmütige Menschen
freuen sich über den Berg — intel-
ligente Menschen freuen sich über
das Wasser. Sie waren früher treue
Mandarine und pietätvolle Söhne.
Als sie lebten, waren sie Helden und
nach ihrem Tode sind sie gute Gei-
ster."

Wer es nun irgendwie einrichten kann, ist während der Neujahrstage bei seinen Angehörigen daheim. Man kann dieses so recht auf den zwischen Schanghai und Hankow verkehrenden Dampfern beobachten. Während zu den normalen Zeiten die Dampfer gut besetzt sind, ja häufig überfüllt sind, fahren dieselben in der Neujahrszeit fast leer, sodass eine Anzahl der Dampfer aufgelegt werden können, ohne dass deren Ausfall sich irgendwie bemerkbar macht. —

Die Neujahrstage sind nun recht dazu da, dass der Chinese sich dem Spiel hingeben kann, denn laut einem uralten Gesetz ist Glücksspiel während der ersten fünf Tage der neuen Jahres erlaubt. Das will natürlich nicht bedeuten, dass der Chinese zu einer anderen Zeit nicht spielt, dann darf er es nur nicht ganz so offen treiben, gespielt wird viel und leidenschaftlich, ich glaube der Chinese wird leicht die grössten Dauerskat-Spieler übertrumpfen. — Es werden Würfel-, Karten- und eine Art Dominospiel gespielt, das letztere Spiel „Ma chang pei" oder „Ma tsüo pei" genannt, ist wohl das beliebteste Spiel bei den besseren Chinesen und können bei diesem Spiel ganz erhebliche Beträge gewonnen und verloren werden. — An dem Spiel beteiligen sich vier Personen und ist einer davon der jeweilige Bankhalter. — Seitdem die Spielregeln auch in's Deutsche übersetzt worden sind, wird dieses Spiel auch viel von Deutschen gespielt. Da dem Schreiber dieser Zeilen die genauen Spielregeln nicht bekannt sind, unterlässt er es näher hierauf einzugehen, doch muss er sagen, dass das Spiel garnicht uninteressant ist und er häufig spielenden Chinesen zugesehen hat. — Erwähnt mag

nur noch werden, dass über Hundert Steine zu diesem Spiel gehören, — und zwar je vier Steine jeder vorkommenden Sorte. —

Beim Spielen trinken die Chinesen nur Tee und rauchen Cigaretten, kleine Cigarren von Cigarettengrösse oder Wasserpfeife. — Die Wasserpfeife ist auch etwas bei uns in Deutschland unbekanntes. — Die Wasserpfeifen sind gewöhnlich aus Neusilber oder Nickel angefertigt, seltener sieht man sie aus Bambus, diese Letzteren werden auf der Strasse benutzt, von Leuten, deren Gewerbe es ist Rauchlustige mit ein paar Zügen Taback auch zu versorgen, diese Pfeifen haben dann ungewöhnlich langes Rohr, während die Wasserpfeifen aus Metal etwa $3/4$ Fuss lang sind. — Wie der Name dieser Pfeifen schon besagt, enthalten sie Wasser, dieses dient dazu den Rauch abzukühlen. — Der in diesen Pfeifen gerauchte Taback ist ganz fein geschnitten und von braungelber Farbe. Um zu rauchen wird ein kleines Kügelchen von dem Taback mit einer an dem unteren Teil der Pfeife befindlichen Pinzette aus einem ebenfalls in dem unteren Stück der Pfeife befindlichen Behälter herausgeholt und in den Pfeifenkopf getan. Der Pfeifenkopf ist winzig klein, in Umfang, dafür aber vielleicht zehn Centimeter lang und ruht mit seinem unteren Ende in dem Wasser. Nun wird ein Fidibus an den Taback gehalten und ein oder zweimal gezogen, dann ist das Kügelchen Taback aufgeraucht. Der Pfeifenkopf wird aus dem unteren Teil der Pfeife herausgenommen und der Rückstand des Tabacks durch Pusten in das untere Ende des Pfeifenkopfes in einen Spucknapf oder auch auf den Fussboden gepustet. — Dann wird wieder ein kleines Kügelchen Taback ge-

Rickshaw 3.

Die Findigkeit der Chinesen, wenn es gilt, sich, wenn auch unerlaubt, einen Geldvorteil zu verschaffen, ist bekannt. Neu ist aber der folgende Weg, den eine Anzahl Rickshaw-Coolies eingeschlagen hat. Bekanntlich sind die Konzessions-Karten, die für den Betrieb der Rickshaws ausgestellt werden, von beiden Seiten bedruckt. Diese Karten hatten die Leute so auseinander geschnitten, dass sie zwei Karten, eine mit dem englischen und eine mit dem chinesischen Text, erhielten, und hatten diese dann an die Wagen genagelt. So fuhr eine Anzahl Rickshaws mit der einen, der englischen, und die andere mit der anderen Hälfte, der chinesischen, herum. Durch einen Zufall wurde der Betrug entdeckt, für den dann der Gemischte Gerichtshof jeden der Schuldigen mit 5 Dollars Strafe belegte.

48

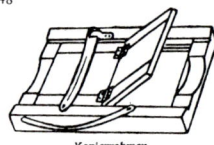

Kopierrahmen

Beim Barbier.

Es gilt für unappetittlich, sich von einem Chinesen rasiren zu lassen. Andererseits haben die Japaner eine federleichte Hand, und das Rasirmesser in ihren Fingern wird ein Hauch. Man sitzt in China nicht beim Barbier, sondern man liegt. Man setzt sich in den Stuhl, stellt die Füsse auf einen Schemel, dann dreht der Barbier an einer Kurbel, und man fällt hintenüber. Das ist zuerst etwas schreckhaft, aber die Bewegung ist gesund und stärkt den Muth.

49

„Rickshaw-Coolies", Shanghai;
Aufnahme ca. 1906

112 nommen und dieselbe Procedur beginnt nochmal. So werden zwanzig bis dreissig Züge getan, bevor der Chinese die Pfeife eine zeitlang bei Seite setzt. Es ist ein gewisser Kniff nötig um jedes Mal den nur glimmenden Fidibus wieder zur Flamme zu bringen. Der Gebrauch von Fidibussen ist so gross, dass die Herstellung derselben in Szechuan zum Beispiel in den letzten Jahren zu einer besonderen Industrie geworden ist. — Das zugeschnittene Papier wird auf eine glatte Platte gelegt und mit der Längsseite leicht über eine Metallnadel von der Dicke einer Stricknadel gerollt, dann wird eine über der Platte hängendes halbkreisförmig gebogenes ebenfalls glattes Holz mit einem Schwung darüber geführt und der Fidibus ist fertig. — In Geschäften, in denen sich eine Anzahl Lehrjungens befinden, müssen diese die Fidibusse drehen. — Kommt Besuch zu den Chinesen, so wird demselben eine Schale Tee vorgesetzt und ihm die fertig gestopfte Wasserpfeife gereicht, gerade appetitlich kann es ja nicht genannt werden, dass alle möglichen Leute aus derselben Pfeife rauchen, auch wird hierdurch zweifelslos viel Krankheit übertragen. — In besseren Häusern gibt es für Gäste besondere Pfeifen. Im Allgemeinen kann man wohl annehmen, dass die holde Weiblichkeit in China genau so stark raucht, als das starke Geschlecht, sowohl was Cigaretten als auch Wasser-Pfeifen anbelangt, nur Cigarrenrauchen überlassen die Chinesinnen gerne den Männern. —

Ausser dem Taback wird in China noch Opium geraucht. Wenn auch dieses für die Gesundheit des Volkes so schädliche Laster ganz bedeutend nachgelassen hat, so kann man doch noch ab und zu den äusserst scharfen durch Opiumrauchen hervorgerufenen Geruch beim Passiren der Strassen wahrnehmen. — Die Gewinnung des Opiums dürfte nicht allgemein bekannt sein, daher dürfte es wohl von Interesse sein, hierüber etwas zu erfahren. — Auf meiner ersten Reise nach Szechuan im Jahre 1908 habe ich noch viele Mohnfelder gesehen, die im Frühling in ihrer Farbenpracht einen schönen Anblick gewährten. Am meisten sah man blassroten und violettroten Mohn, doch waren auch ab und zu weisser Mohn zu sehen. — Hat nun der Mohn ausgeblüht und sind die Samenkapsel gut entwickelt, so wird früh morgens daran gegangen jede einzelne Kapsel mit einem kleinen Instrument, welches drei oder vier ganz kleine scharfe Schneiden hat, eingeritzt. Diese drei oder vier Einschnitte quillt nun ein weisslicher Saft heraus, der sich im Laufe des Tages durch die Einwirkung der Sonne verdickt. Abends wird der verdickte Saft mittels eines stumpfen Hölzchen abgestreift und die so gewonnene Masse noch über Feuer erhitzt oder geräuchert. Diese Masse ist das Opium. — Am nächsten morgen wird das Einritzen der Kapsel an der gegenüberliegenden Seite gemacht und so fort, bis alle Seiten der Kapsel ihren Saft von sich gegeben haben. Dann lässt man den Samen reifen und erntet ihn später durch Ausschlagen. —

Das Rauchen des Opiums geschieht aus besonderen Pfeifen die etwa ein einhalb Fuss lang sind. An dem einem Ende ist eine Oeffnung die durchgeht bis zu ungefähr 2/3 der Länge des Pfeifenrohres. Hier ist eine Oeffnung in der Rohrwandung und

KU HUNG-MING
CHINAS VERTEIDIGUNG
GEGEN EUROPÄISCHE
IDEEN
KRITISCHE AUFSÄTZE

HERAUSGEGEBEN MIT EINEM VORWORT VON ALFONS PAQUET
VERLEGT BEI EUGEN DIEDERICHS
IN JENA 1911

Weissagung.

Für diesen Engländer der Aristokratenklasse ohne Ideen ist ein Chinese in schmierigen Kleidern mit einem Zopf und gelber Haut eben ein Chinese mit einem Zopf und gelber Haut und weiter nichts. Der Engländer kann nicht durch die gelbe Haut hindurch das Innere sehen, das moralische Wesen und den geistigen Wert der Chinesen. Wenn er es könnte, so würde er sehen, was für eine Feenwelt eigentlich im Innern des Chinesen verborgen ist. Er würde unter anderen Dingen den Taoismus erblicken, mit Bildern von Feen und Genien, die den Göttern des alten Griechenlands nichts nachgeben. Er würde den Buddhismus finden und seinen Sang von unendlichem Leid, Mitleid und Gnade, so süß traurig und tief wie der mystische unendliche Sang des Dante. Und schließlich würde er den Konfuzianismus finden mit seinem „Weg des Edlen", der, so wenig auch der Engländer davon ahnt, eines Tages noch Europas gesellschaftliche Ordnung ändern und die Zivilisation zerbrechen wird.

50

„Alter Mann und Kind"; Aufnahme
ca. 1907

114 auf dieser Oeffnung ein kleiner Pfeifen-kopf, in welchen das zu einer kleinen Kugel geformte Opium getan wird. — Um nun zu rauchen, liegt der dem Opiumlaster Fröh-nende auf der sogenannten Opiumbank, die eigentlich in jedem Empfangszimmer eines vornehmen Chinesen vorhanden ist, und hält den Pfeifenkopf an die Flamme einer kleinen Oellampe, die auf dem klei-nen in der Mitte der Opiumbank sich befindet und zieht so den betäubenden Rauch in seine Lungen. — Die schädliche Wirkung des Opiumrauchens macht sich gewöhnlich zuerst in einer starken Ab-magerung bemerkbar. Die Abmagerung ist eine Folge der durch den Opiumgenuss hervorgerufenen Appetitlosigkeit. Da-durch, dass der Anbau von Mohn in China untersagt ist, und vom Auslande — eigent-lich nur Indien — die Einfuhr von Opium aufgehört hat, ist der Genuss von Opium in China um ein Bedeutendes vermindert, doch wird heimlich noch immer so viel Mohn angebaut, dass der bemittelte Opiumraucher immer noch sein Pfeifchen rauchen kann, wenn auch der arme Mann dem Laster fast ganz entsagen musste. — Der Preis für Opium ist in den letzten Jahren, besonders in Folge der mit dem Anbau von Mohn und dem Handel von Opium angedrohten hohen Strafen — zum Teil steht Todesstrafe darauf — um ein Vielfaches gestiegen und kommen die Bauern, welche heimlich noch den Mohn-anbau betreiben immer noch auf ihre Kosten, auch wenn ihnen einmal die mit Mohn bepflanzten Felder zerstört wer-den. — Im Jahre 1916 sah der Schreiber dieser Zeilen durch Zufall gelegentlich seiner dritten Reise auf dem oberen Yang-tsze, als er sich auf der Jagd nach Wildtau-ben etwas vom Flussufer entfernt hatte und eine grössere, auf der Karte verzeich-nete Flussbiegung abschneiden wollte, Mohn angepflanzt. Die Bauern hatten schlauer Weise die jungen Mohnpflanzen zwischen die grossen Bohnen gebracht. — Ein alter Mann, welcher vor seinem Hause sass, merkte, dass ich mich mit meinem Kuli über die Mohnpflanzen unterhielt und muss es wohl seinem Sohn gesagt haben, denn kurze Weile drauf, nachdem ich wieder bei meinem Boot angelangt war, kam ein Chinese und versuchte meinen Koch auszufragen, ob ich ein englischer Missionar wäre. Da der Koch garnicht wusste, was der Mann eigentlich wollte, erzählte ihm derselbe, dass ich beim Passi-ren seiner Felder den Mohn gesehen hätte und befürchte er, dass ich solches dem Gesandten melden würde, wodurch ihm später durch seinen Districts-Mandarin wohl grosse Unannehmlichkeiten bereitet werden würden und liess mich der Chinese bitten, doch Nichts über das Gesehene ver-lauten zu lassen. Ich liess den Mann durch meinen Koch beruhigen und zog er ganz vergnügt wieder ab, als er dann noch beim Fortgehen erfuhr, dass ich kein Missionar, sondern Kaufmann war, war ihm jeder Zweifel genommen. —

Ist der Chinese nun ein grosser Rau-cher, so kann man eigentlich nicht behaup-ten, dass er ein grosser Trinker ist, wenn es auch wohl eine ganze Anzahl trinkfester Chinesen gibt. — In den Städten, in denen der Chinese bei Essen häufiger mit Frem-den zusammen kommt, wird er sich auch bald an den Genuss von Cognac, Rotwein und Bier gewöhnt haben und kann er auch

Herrenabend.

Am-Sonnabend den 2. J. d. M. veranstaltet die deutsche Kompag-nie des Shanghai-Freiwilligen-Korps, wie alljährlich, einen Her-renabend. Auch dieses Mal ist dafür ein Programm aufgestellt, das an Reichhaltigkeit nichts zu wün-schen übrig lässt. Die Herrenaben-de der Deutschen Kompagnie er-freuen sich in allen Kreisen der Bevöl-kerung einer so allgemeinen Be-liebtheit, dass ein besonderer Hin-weis auf die Darbietungen kaum nö-thig erscheinen. Das Programm lau-tet, wie wir hören, folgendermas-sen:

I

1. Orchester.
2. Yang King Pang Trio, Konzert-Ensemble.
3. Prof. Holtzius: Grösster Pisto-lenvirtuose.
4. Ed. Dedo Salonhumorist.
5. Schnellmaler „Schwups".
6. Truppe Deltorelli (2 Herren und 1 Dame)

II

7. Orchester
8. Yang King Pang Trio
9. Miss Elvira, und Mr. Philippo
10. Svengalini, Mold. Blitzkompo-nist
11. Orchester.
12. Original-Pantomine: Das Wirts-haus zum Lämmerschwanz.

51

„Wilhelm Wilshusen mit Freunden
auf einem Ausflug", in der Nähe
von Chungking; Aufnahme ca. 1916

116 ganz ansehnliche Quantitäten davon vertragen, bevor er in den Zustand der Berauschtheit kommt. — Für gewöhnlich begnügt sich der Chinese aber mit Reis- oder Hirse-Wein der in ganz kleine Schälchen aus zinnernen Kannen in heissem Zustand geschenkt wird. Dieser Wein „sam shu" genannt, ist nicht nach unserem Geschmack, doch ist er so stark gebrannt, dass man nach wenigen Schalen schon einen heissen Kopf bekommt. Ein süsser Reis- oder Hirsewein ist so stark gebrannt, dass derselbe kräftigem Cognac gleich zu rechnen ist. — Der chinesische Wein ist verhältnismässig billig, sodass es sich im Innern China's lohnt — falls man einmal Brennspiritus benötigt — hierfür einfach chinesischen Wein, — allerdings stark gebrannten — zu verwenden. — Der Verkauf des Weines geschieht nach Gewicht und nicht nach Hohlmass, wie bei uns. — Obwohl es nicht zu leugnen ist, dass der eine oder andere Chinese sich auch einmal tüchtig die Nase begiest, so sieht man doch selten betrunkene Chinesen auf der Strasse. Ist der Chinese bei diesem Zustand angelangt, so bleibt er wo er ist und schläft erst seinen Rausch aus. — Frauen trinken wenig Alkohol, doch essen sie sehr gerne die in starken Wein eingelegten Enteneier, die bei ihnen als Leckerbissen gelten. —

Die Frau des arbeitenden Chinesen braucht sich nicht zu besorgen, dass ihr Mann am Sonnabend Abend oder am freien Sonntag seinen Lohn im Wirtshaus vertrinkt, da der Chinese Sonnabende und Sonntage in unserem Sinne nicht kennt, wenn gleich er die Bezeichnung „Li bei" für Sonntag von den Fremden übernommen hat und die anderen Wochentage als ersten,

zweiten Tag u.s.w. nach Sonntag bezeichnet, wie z.B. „Li bei san" dritter Tag nach Sonntag — Mittwoch. — Der Chinese hat nur seine wenigen Festtage, von denen die Haupttage die Neujahrstage sind, wie schon vorher erwähnt. Der nächst bedeu-

„Reich verziertes Heck einer Dschunke"; Aufnahme ca. 1908
Die abgebildeten Malereien zeigen links und rechts am Heck der Dschunke zwei Türgötter, von denen die Linke, ein General, die Familie vor Unglück schützt, währenddem der Rechte, ein Zivilbeamter, der Familie Reichtum und eine hohe soziale Stellung beschert.
Hinzu kommen in der Mitte noch Darstellungen einer Kampfesszene und einer Geburtstagfeier.

tende allgemeine Festtag ist das Drachenbootfest am Fünften des fünften Monats. An diesem Tage werden Wettfahrten mit sehr schmal und langebauten Booten abgehalten. Die Boote, die schön verziert sind,

Das Drachenbootfest,
das höchste aller chinesischen Feste, abgesehen vom Neujahr, wird am heutigen Freitag, dem fünften Tage des fünften Monats chinesischer Zeitrechnung, mit den üblichen lärmenden Zeremonien auf allen Flüssen Chinas feierlich begangen. Auf dem Whang-poo und dem Soochou-Creek haben die seltsamen Festgebräuche seit Jahren einen grossen Umfang angenommen und auch dieses Mal sind diese Wasserläufe wieder seit dem frühem Morgen von einer zahllosen Flotille chinesischer Boote aller Art bedeckt, bis zu ihrer äussersten Fassungsfähigkeit von festfreudigen Leuten besetzt sind.

Laute, lärmende Lust herrscht beim Drachenfest, obwohl dieser Tag eigentlich an eine ergreifende Tragödie erinnern soll, den Selbstmord eines berühmten chinesischen Staatsmannes. Dieser hiess Küh Yuen und lebte um das Jahr 450 v. Chr. Das Volk liebte und verehrte ihn, weil er milde war und gerecht. Ein kaiserlicher Prinz, dem Küh Yuen ein Dorn im Auge war, erhob eine falsche Anklage gegen ihn. Der Schein des Rechtes war auf Seite des Prinzen, die Lüge triumphirte und Küh Yuen, der sich vergeblich von der falschen Anklage zu reinigen versucht hatte, stürzte sich aus Verzweiflung in den Abfluss des Tungting Sees, den Mih-lo. Bei dem Bekanntwerden des tragischen Todes Küh Yuen wehklagte das Volk und zog in grossen Schaaren in Booten auf dem Fluss, um seine Leiche zu suchen. Doch die Wellen wollten den Todten nicht wiedergeben. Nun gingen die Hausfrauen ans Werk und backten kleine schmackhafte Reisküchlein, wie sie die Seelen der Verstorbenen lieben; die Männer bestiegen ihre langen Boote und ein edler Wettstreit entstand darüber, wer der erste auf der Stelle sein würde, wo Küh Yuen ertrunken war, um seiner Seele nach frommer chinesischer Sitte das Opfer zuzubringen. Seit jenem Tage hat sich dieser Brauch der Wasserwettfahrten zum Andenken Küh Yuens erhalten und fast über ganz China verbreitet. Wo immer ein Wasser fliesst, wird die Leiche Küh Yuens gesucht; aus der Trauerfeier aber ist in den Jahrtausenden, in welchen man seine Besendung, in welchen man seine Bedeutung fast vergessen hat, ein Freudenfest geworden. Deshalb ist auch der Whang-poo mit einer scherzenden, lachenden Völkerschar bedeckt, deren Schiffe, eine lange Gasse bilden, um die seltsamen, schmalen, drachengeschmückten Boote, die an dem eigentlichen Festaufzug Theil nehmen, vorüberfahren zu lassen. Mit betäubendem Lärm

„Drachenboot während des Dra-
chenboottestes auf dem Huang-
pu", Shanghai; Aufnahme ca. 1906

am Bug in einem Drachenkopf auslaufen und am Stern in einem Drachenschweif, sind so gross, dass sie etwa 35-40 Personen fassen können. — Anstatt Ruder hat Jeder eine kurze flache Holzschaufel, die nach dem Takte einer an Bord befindlichen grossen Trommel bewegt werden und dem Boote eine ganz gute Geschwindigkeit geben. — Da die Boote in starker Strömung oft gekentert sind und dabei viel Menschenleben verloren gingen, ist das Wettrudern am Drachenbootfest seitens der chinesischen Regierung verboten worden, weshalb man an vielen Plätzen die Drachenboote nicht mehr sieht. — In Chungking hatte die Flussbevölkerung sich auch an das Verbot der Regierung gehalten, bis, als eine Folge der Streitigkeiten zwischen dem Norden und Süden China's, Nordsoldaten nach Chungking kamen. Die Nordsoldaten verlangten ganz einfach von der Bootsbevölkerung, dass am Drachenbootfest ein Wettrudern veranstaltet werden müsste und beteiligten sich mit ziemlich erheblichen Beiträgen an den Herstellungskosten von mehreren Booten. Der Erfolg war, dass in dem betreffenden Jahre am Fünften des fünften Monats eine grosse Anzahl von Booten — ich glaube über dreissig — sich sehen liess. — Tausende und Abertausende von Zuschauern befanden sich auf der Stadtmauer und am Flussufer, um dem Wettrudern zuzuschauen, selbst die Beamten, die doch eigentlich dagegen hätten einschreiten müssen, da die Regierung in Peking das Wettrudern verboten hatte, hatten ihre Hausboote auf dem Fluss verankert und ihre Freunde zu dem Feste eingeladen. So werden die Erlasse der Regierung unbeachtet gelassen. — Auf dem

Lande, fern ab von einem Fluss wird am Drachenbootfest ein grosser Papier- oder Tuch-Drache durch die Strassen und Felder getragen. Den eigentlichen Ursprung des Drachenfestes habe ich nicht in Erfahrung bringen können, das Fest ist jedenfalls schon uralt. — Der dem Drachenbootfesttage vorangehende Tag ist in China einer der ausser dem chinesischen Neujahrszahltage sogenannten Zwischenzahltage, wie sie im Jahre zwei vorhanden sind und werden an diesem Tage die kleineren Schulden beglichen. Der zweite Zwischenzahltag ist am Herbstfest. Das Herbstfest wird um die Tag- und Nacht-Gleiche gefeiert und ist auch unter dem Namen Laternenfest bekannt. Um die Zeit des Herbstfestes lassen Alt und Jung ihre Drachen steigen, ganz wie die Jugend es bei uns auch tut. — Die Drachen haben die verschiedensten Formen. Sehr häufig sieht man Drachen in Gestalt eines Mädchens oder einer Frau in altertümlicher Costüm, wie sie von den Schauspielern auf der Bühne auch noch benutzt werden. Andere Drachen sind grossen Raubvögeln, wie Bussarden u.s.w. nachgebildet, dann auch sind drachenähnliche Gebilde mit dreissig bis vierzig Fuss langen Schweifen zu sehen. Abends kann man plötzlich einen grossen papiernen, schön erleuchteten Elephanten, oder eine menschliche Figur, ebenfalls hell erleuchtet am Himmel schweben sehen, die als sogenannte Drachen mit einem winziger Oellämpchen aufgelassen worden sind. — Während bei uns zu Hause das Drachensteigenlassen nur auf einer grossen Wiese, oder einem sonstigen freien Platz vorgenommen wird, geschieht dieses in China sehr häufig mitten in der Stadt von den

kommen diese die Wasserstraße herab. Dabei schlagen sie wild mit den Rudern auf die Wellen, thun, als ob sie nach einem Ertrinkenden oder Ertrunkenen fischten, und geberden sich wie verzweifelt, wenn sie endlich das Suchen ergebnislos aufgeben müssen. Dann beginnt das Wettrudern nach dem „Wassergrabe Küh Yuens,“ der Wettstreit um die Ehre der erste zu sein, der seiner Seele die Reisküchlein opfert. Dieser Theil des Programmes gleicht mehr einer modernen Regatta, abgesehen von dem Kostüm der Ruderer, als einer religiösen Zeremonie. Seine Fortsetzung findet das Fest nach Sonnenuntergang in den chinesischen Theatern und auf den Strassen der Stadt mit lärmenden, oft nichts weniger als würdigen Gebräuchen.

52

„Chinesischer Junge mit Stroh-
hut", Ningpo; Aufnahme ca. 1902

Dächern der Häuser aus. — Es genügt dazu ein ganz leichter Wind und wird dabei die Schnurr immer ruckweise etwas nachgelassen und wieder straff gezogen, bis der Drachen eine genügende Höhe erreicht hat, dann werden auch Depeschen die Schnur hinaufgesandt. — Haben nun unsere Vorfahren dieses von den Chinesen abgesehen, oder die alten Chinesen von unseren Vorfahren? — Nach dem Herbstfest feiern die Chinesen das Totenfest, an diesem Tage werden die Gräber verstorbener Angehörigen besucht und den Toten Opfer dargebracht und sieht man bei schönem Wetter viele Chinesen hinauswandern zu den Plätzen, an denen sie ihre Verstorbenen zur letzten Ruhe gebettet haben. — Das Totenfest ist aber kein allgemeiner Feiertag in dem Sinne, dass die allgemeine Arbeit ruht. Auf den Strassen in Dorf und Stadt merkt man kaum etwas von einem Feiertag. — Ein weiterer Festtag ist Wintersanfang — oder wie der Schanghai-Chinese so fein sagt, „chinese Christmas" (chinesisches Christfest), damit will der Chinese sagen, dass wir Wintersanfang eben drei Tage später feiern als die Chinesen, unser Weihnachten von ihnen aber sonst als das gleiche Fest angesehen wird, wie das ihre. —

Aus Vorstehendem ersieht man, dass der Chinese eigentlich sehr wenig Feiertage hat. Für die Kinder giebt es keine halben Schultage und freie Sonntage, für sie heisst es Tag für Tag zur Schule gehen, ausgenommen sind die wenigen Festtage und ein halber oder manchmal auch ganzer Monat nach dem Neujahrsfest. —

Eine chinesische Dorfschule macht einen ganz anderen Eindruck, als unsere moderne Volksschule. — In einer chinesischen Dorfschule gibt es keine Wandtafel und irgendwelche Gegenstände für den Anschauungsunterricht. — Die Kinder haben ihre Fibeln und etwas Schreibpapier nebst Schreibpinsel und Tusche. Auf Schemeln oder Bänken ohne Lehne sitzen sie an grossen Tischen und malen entweder vorgeschriebene Charactere nach oder üben sich, sie ohne Vorlage mit dem Schreibpinsel zu malen. Selten sieht man den Griffel und die Schiefertafel. Andere Kinder lernen ganze Seiten ihrer Fibeln auswendig und zwar laut, sodass man beim Passiren eines Ortes schon von Weitem hören kann, wo sich die Dorfschule befindet. Der Lehrer liest dabei ganz ungestört seine Zeitung, oder hilft auch hier und dort einem kleinen Jugend oder einem Mädchen, wie die bei einem besonders schwierigen Charakter den Pinsel zu führen haben. Es ist nämlich nicht so einfach, einen chinesischen Character nachzumalen, dieses hat auch in einer bestimmter Reihenfolge zu geschehen. — Ist der „Herr Lehrer" vielleicht der einzige gut bewanderte im Lesen und Schreiben im Dorfe so kann er eine gewisse Rolle spielen, im anderem Falle wird er nicht gross beachtet, da sein Einkommen als Dorfschullehrer ziemlich gering ist und gewöhnlich von der Anzahl der Schulkinder abhängt. — Auf einem Ausfluge nach dem Silberfluss bei Ningpo bot sich uns ein Chinese — mit Pulverhorn und Flinte ausgerüstet und vom Jagdhund begleitet, als Führer an und hatten wir den Mann, der sich als sehr anstellig erwies mehrere Tage mit uns. Dieser Mann entpuppte sich als Lehrer eines der Dörfer. Als wir ihn fragten, was denn seine Schul-

Unter Tage.

Wo es sich um höherwertige Erzeugnisse handelt, deren Herstellung eigenes Nachdenken, Sorgfalt, Verantwortlichkeitsgefühl erfordert, versagt der Chinese völlig. Geeignet ist er für die sich ewig wiederholenden Handgriffe in einer Spinnerei, in einer Seidenfilature, vorausgesetzt, dass er ständig beaufsichtigt wird. Am meisten Arbeit leistet er als Lastträger, Bergmann, Handlanger. Da kommt ihm seine Körperkraft zugute und sein Hang zur Gedankenlosigkeit schadet ihm nicht. Während er durch Materialverschwendung, seinen Mangel an Verantwortlichkeitsgefühl, seine Gedankenlosigkeit in industriellen Betrieben eine der Hauptursachen dafür ist, dass sie sich trotz der billigen Löhne nicht rentieren, machen ihn seine Bedürfnislosigkeit, seine Körperkraft und seine Billigkeit für den Bergbau hervorragend geeignet.

53

CHINA
THROUGH THE
STEREOSCOPE

A JOURNEY THROUGH THE
DRAGON EMPIRE AT THE
TIME OF THE BOXER UPRISING

(SEE POCKET IN BACK COVER
FOR EIGHT PATENT MAPS)

PERSONALLY CONDUCTED BY
JAMES RICALTON

PUBLISHED BY
UNDERWOOD & UNDERWOOD
NEW YORK   LONDON
OTTAWA, KANSAS   TORONTO, CANADA

„Bettlerkinder", Shanghai; Aufnahme ca. 1902

122 kinder während seiner Abwesenheit machten, antwortete er, „o, die haben sämtlich ein paar weitere Seiten ihrer Lesefibeln zum Auswendiglernen aufbekommen und müssen dieselben bei meiner Rückkehr mir vorsagen, damit sind sie ganz gut beschäftigt". — Dieser Lehrer hatte sich eine Luntenflinte selbst aus einem alten, wohl aus Schanghai nach Ningpo als altes Eisen verkauften Gasrohr gefertigt und schoss ganz vorzüglich damit. Beim Schiessen auf einen durch seinen Hund gestellten Fasan, welcher durch Zuruf und dadurch veranlassten Sprung zum Ausfliegen gebracht wurde, hielt der Mann seine Luntenflinte an der Hüfte, liess den Hahn mit der brennenden Lunte auf die Pulverpfanne niederschlagen und der soeben aufgeflogene Fasan, war vom Eisenschrot tötlich getroffen wieder zur Erde gefallen. — Mir mit meiner modernen Jagdflinte und Caliber 12 Schrotpatronen sind erst verschiedene Fasan weggekommen, bevor ich den ersten zur Strecke brachte. — Der gut dressirte Hund dieses Chinesen brachte uns binnen kurzer Zeit über zwanzig Fasanen hoch. Bevor wir uns von dem chinesischen Jäger trennten, versuchte ich den Hund käuflich zu erwerben, doch war der Mann nicht zu bewegen, das Tier für Dollars 25,— fortzugeben. — Bei dieser Gelegenheit möchte ich noch erwähnen, dass der Schreiber dieser Zeilen später in Hankow einen Foxterrier häufiger auf seinen Jagdausflügen mitnahm und war dieser Hund ausgezeichnet als Vorstehhund auf Wachteln zu gebrauchen, der Hund war in keine Weise angelernt worden, war aber verschiedentlich mitgenommen worden und hatte wahrscheinlich von einem gleichfalls bei uns befindlichen deutschen Vorstehhund gesehen, wie derselbe im Grase irgend einer Spur nachlief und hatte sich dabei an den Geruch der Wachteln gewöhnt und stierte diese Vogel genau so unbeweglich an, wie es der Vorstehhund tat. — In Szechuan erlebte ich etwas, was das Gegenteil von dem soeben Erwähnten ist. Zwei Jagdhunde, die häufig mit zwei anderen Hunden zusammen waren, hatten von diesen Hunden gelernt Jagd auf Ratten zu machen und waren bald eben so eifrig dahinter her, wie ihre Lehrmeister. Aber augenscheinlich war es ihnen zuwider, die Ratten totzubeissen, denn gewöhnlich versuchten sie die Ratten mit ihren grossen Patzen festzuhalten bis einer der anderen Hunde herankam, sie im Genick zu fassen bekam und sie ein paar Male schüttelte bis die Ratte leblos war. — Im Hause waren die Hunde gute Freunde mit einer Katze, während sie auf der Strasse hinter jeder fremden Katze wie wild her wären. — Ein mit den Jagdhunden aufgewachsener Chinesenhund fühlte sich ganz und gar als „fremder" Hund und wollte mit seines Gleichen nichts gemein haben. — Man kann in dieser Beziehung manchmal ganz merkwürdige Beobachtungen machen. — So hatte ich den Pony meines Bekannten mit in meinem Stall, beide Ponies vertrugen sich ausgezeichnet. Kam ich in den Stall so wieherte mir mein Pony mir zu, kam dagegen mein Bekannter, so wieherte sein Pony ihm zu. Als ich einmal dem Pony meines Bekannten einen Leckerbissen — eine Lotuswurzel — geben wollte, passte dieses meinem Pony augenscheinlich aus Eifersucht nicht und biss mich vorne durch Rock und Weste in

Die Jagd.

In dem vom Forstamt aufgeforsteten Berggelände, das Tsingtau unmittelbar umgab, waren neben deutschen Rehen auch deutsche Wildschweine ausgesetzt worden. Da das Schwarzwild geschont wurde, entwickelte es bald eine unglaubliche Frechheit. Die Süßkartoffel-Felder der umliegenden chinesischen Dörfer wurden ihre beliebtesten Ausflugsziele. Geschrei und andere Lärmmittel machten nicht den geringsten Eindruck. Wie sollten sich die Chinesen helfen? Schießen? Ausgeschlossen, das wäre zu auffällig gewesen. Die Schlauen verfielen darauf, Fährten mit gekochten Süßkartoffeln — die schmeckten noch besser! — auszulegen. Die Fährte begann im Dikkicht und endete im Hofe des Bauernhäuschens. Das gemütlich heranfressende Wildschwein verfing sich dann unvorhergesehenerweise in einem bereit gehaltenen Messer. — Gott sei Dank! Für diese Dörfer war das Bezirksamt nicht zuständig.

Hasen wurden, wenn sie es in den Feldern zu bunt trieben, in Netzen gefangen. Die „Treibjagd" aufs Netz ging mit lautem Getöse vor sich. Man bevorzugte dazu Gegenden, die außer Hörbereich der Polizeistationen lagen. Unweidmännisch! Aber immerhin, die im Netz gefangenen Hasen wurden rasch getötet. Wundgeschossene gab es so nicht; ein qualvolles langsames Absterben blieb den Tieren auf diese Weise erspart.

54

„Chinesen und Europäer bei einem
Ausflug in der Nähe Shanghais
(Wilhelm Wilshusen, zweiter v. r.)";
Aufnahme ca. 1904

124 die Brust, dass ich wochenlang grüne und blaue Flecke davon hatte.

Über das Reisen der Chinesen macht man sich bei uns in Deutschland auch ganz andere Vorstellungen. — Zu Fuss wird auch in China viel gereist, doch sieht man keinen Chinesen mit seinem Rucksack reisen, dagegen hat er aber gewöhnlich sein Bett in Gestalt eines mässig grossen ·Bündels entweder an einem Strick über dem Rücken hängen oder aber er trägt dasselbe an einer Tragstange auf seiner Schulter. Ohne sein Bett macht der Chinesen ungern eine grössere Reise, auch nicht wenn er per Eisenbahn oder mit einem Dampfer reist. Im Norden China's haben die Chinesen schön gewebte wiederstandsfähige Decken mit Taschen in denen ein warmes Unterbett nebst Wattedecke, sowie ein kleiner Wäschevorrat untergebracht werden können. Richtiggehend aufgerollt und mit einer kräftigen Schnur verschlossen, bildet das Bett ein Gepäckstück, welches manchen Stress vertragen kann. Im Norden China's, in den grossen Ebenen wird viel im zweirädrigen Karren gereist und habe ich mir von Fremden erzählen lassen, die auch in solchen Karren grosse Strecken zurückgelegt haben, dass es anfänglich garnicht zu den Annehmlichkeiten des Reisens gehört in diesem Gefährt ohne jede Federung sitzend oder liegend viele Stunden auszuhalten, aber auch hier macht die Gewohnheit viel und nach wenigen Tagen hat sich der Körper an die in Folge der schlechten Wege holperige Fahrt gewöhnt und empfindet die Stösse kaum noch. — Auch das Reisen hoch zu Ross, oder vielmehr per Pony, Maultier oder Esel gehört nie zu den Annehmlichkeiten, wenn man sich mit gemieteten Tieren abplagen muss. Hat man seinen eigenen Pony, dessen Mucken man kennt, so ist es etwas ganz anderes. — Das Reisen mit der Sänfte ist für Ueberlandreisen wohl die bequemste Art des Reisens, das Bettbündel liegt hinter dem Sitz auf den Tragstangen. Geschenke, die für Angehörige oder Freunde mitgenommen werden hängen manchmal rechts und links vom Verdeck der Sänfte herunter und sieht man manchmal den Inhalt eines Fleischer- und Geflügelladen, wie kleine Würstchen, Schinken, Enten und Hühner herunterhängen. Wer es sehr eilig hat und mit einer Sänfte reist, hat gewöhnlich die doppelte Anzahl Sänftenträger und wechseln diese Träger während des Gehens, ohne die Sänfte niederzusetzen, miteinander ab. — Bei normalen Reisen werden mit Pony sowohl als auch Sänften pro Tag 40-50 Kilometer — 80-100 chinesische Li in einem Tage zurück gelegt, bei schlechtem Wetter und während der kurzen Tage im Winter sind die in einem Tage zurückgelegten Strecken natürlich entsprechend kleiner. — Bei den Reisen über Land wird gewöhnlich zur Mittagszeit in einer Herberge Halt gemacht und die Mahlzeit eingenommen; dann wird wieder bis zur Dunkelheit die Reise fortgesetzt und erst Halt gemacht, bis der für das Nachtquartier vorgesehene Platz erreicht worden ist. Hier werden gewöhnlich die Träger der Sänfte gegen neue gewechselt und am nächsten Morgen geht die Reise mit neuen Leuten weiter. — Das Wechseln der Träger wird von sogenannten Kuli-hongs geregelt, es sind dieses Firmen, die sich mit dem Transport von Gütern von einem Platz zum anderen befassen und die auch gleichzeitig

Die Mädchen.

Die Gestalten sind zumeist klein, obgleich doch die Männer gross und stattlich sind. Verkrüppelte Füsse haben die Mädchen aus dem Volke nur selten. An die Gesichter muss man sich erst langsam gewöhnen. Zu Anfang kann man den Eindruck von etwas Thierischem, etwas Hündischem nicht loswerden. Die europäischen Schönheitsbegriffe können sich besonders schwer mit der an der Wurzel häufig plattgedrückten Nase abfinden. Der Mund ist fein geschnitten; weiss blitzen die Zähne hinter den Lippen. Das Auge scheint keine Lider zu haben, aber es blickt manchmal voll und dunkel drein. Ohne jeden Zweifel schön sind die zierlichen Hände. Die gelbe Hautfarbe wäre zu ertragen. Manche Chinesinnen haben einfach einen matten südlichen Teint und sind nicht viel gelber, als eine Andalusierin oder ein Mädchen aus Venedig. Aber diese kleinen dummen Weiblein begreifen nicht, welch' sanften Reiz dieser matte Hauch auf einer Frauenwange ausüben kann, und haben es sich in den Kopf gesetzt, roth und weiss zu sein. Zu diesem Zwecke schminken sie sich, und die Schminkerei ist ganz abscheulich. Sie malen sich kreideweiss und zinnoberroth an, zum Überfluss setzen sie noch einen roten Klex mitten auf die Unterlippe.

Die armen Chinesinnen haben glücklicherweisse kein Geld, um sich Schminke zu kaufen, und deshalb kann man hier gelegentlich ein hübsches Gesicht finden, besser gesagt, ein Gesicht, das hübsch erscheint durch die Sanftheit seines Ausdrucks oder durch seine jugendliche Frische oder aber auch durch seine Gelassenheit und durch seine stille Ruhe.

55

„Kanalszene", in der Nähe von
Shanghai; Aufnahme ca. 1903

126 Sänftenträger für die Reisenden stellen. Gewöhnlich werden von den Reisenden mit solchen Kuli-hongs Verträge abgeschlossen. In denen die Restzahlung der vereinbarten Summe erst am Bestimmungsplatz zu leisten ist; auf diese Weise hat man eine gewisse Gewähr, dass man halbwegs gute Träger bekommt. — Für den Transport von Waren über Land gilt das Vorhergesagte ebenfalls. —

Das bequemste Reisen in China ist jedoch in einem Hausboot. Wer die Mittel dazu hat, wählt sich für die auf dem Wasserwege zu unternehmende Reise ein grosses bequemes Boot aus und lebt dann während der Fahrt — abgesehen von ihm eventuell durch Kentern, Leckwerden, oder Ueberfallenwerden von Räubern, drohenden Gefahren — ebenso gut, als wenn er sich zwischen seinen vier Wänden befände. — Bei Reisen auf Hausbooten wird gewöhnlich noch mehr und besser gegessen, wie zu Hause, da es gewöhnlich in jedem größeren Platze, welcher passirt wird, irgendwelche Leckerbissen gibt, die auch versucht werden müssen. Einmal ist es eine besonders pikante Soze, dann wieder ein hochfeiner Bohnenkuchen, der anderswo garnicht erhältlich ist, und anders mehr, was die Mahlzeiten auf einem Hausboot während der Reise abwechslungreicher macht. — Es werden Reisen unternommen, die den Chinesen manchmal zwei bis drei Monate an sein Hausboot fesseln, allerdings kann er gewöhnlich täglich an's Land kommen. — Das Reisen auf Hausbooten hat auch wieder den Vorteil, namentlich wenn es sich um die Versetzung eines Beamten handelt, dass er ohne grosse Schwierigkeit den wichtigsten Teil seines

Hausstandes ohne grössere Unkosten mit dem Hausboot mitnehmen kann, während bei Reisen über Land dieses kostspieliger und umständlicher ist. — Eine grosse Annehmlichkeit beim Reisen in einem Hausboot ist darin zu sehen, dass man die vielen, meist nicht gerade sehr sauberen Herbergen meidet und nicht jeden Abend sich um eine Unterkunft bemühen braucht, das

„Kanalszene", bei Shanghai; Aufnahme ca. 1902

Essen ist rechtzeitig fertig; der Reisende kann sich zur Ruhe begeben, wenn es ihm passt, da er ja am nächsten Morgen nicht bei Tagesanbruch wieder aufzustehen braucht, wenn das Boot die Reise fortsetzt. — Wer nun noch Naturliebhaber ist, kommt bei Reisen im Boot viel eher auf seine Kosten, als beim Reisen in einem Karren oder einer Sänfte, da er vom Boote aus viel mehr zu sehen bekommt zumal, wenn die Reise flussaufwärts und demgemäss ziemlich langsam vor sich geht. Da beim Chinesen die Zeit noch lange nicht die Rolle spielt, wie bei uns, wird er nur selten des Zeitgewinnes wegen über Land

Brief nach Bremen.

Chungking, 10. November 1909. Sehr geehrter Herr Professor! Wenn ich erst heute auf Ihre geehrten Zeilen vom 15. Mai, 17. Juli und 5. October zurückkomme, so dürfen Sie mir dieses nicht als ein Nachlassen des Interesses auslegen. — Der Grund, weshalb ich bisher auf die oben erwähnten Schreiben nicht geantwortet habe liegt darin, dass ich mich bis jetzt vergeblich bemüht habe, Ihnen Aufnahmen von Soldaten zu verschaffen. Die Strassen sind hier sehr eng und daher so dunkel, dass es unmöglich ist, gelegentlich vorbei passirende Soldaten typen zu können. Die Leute durch ein kleines Trinkgeld zu bewegen, sich photographirn zu lassen hatte auch keinen Erfolg, da die Leute das Photographiren hier anscheinend zu wenig kennen. — Ich muss mich daher vorläufig damit begnügen, Ihnen das Anbringen und Aussehen der Kopfbedeckung bei den Soldaten des älteren Systems auf schriftlichem Wege klar zu machen. — Der Soldat älteren Systems hat seinen Zopf um den Kopf geschlungen und zwar von rechts nach links und wird das Zopfende am Hinterkopf auf der rechten Seite unter den Anfang des Zopfes gezurrt; ist der Zopf nun aber ziemlich lang, so geht das Zopfende noch einmal an der Stirn vorbei und wird auf der linken Seite des Kopfes untergezurrt. — Um nun das Kopftuch, oder die Art Turban anzubringen, sind zwei Methoden in Anwendung. Nach der ersten wird das eine Ende des Tuches auseinander gebreitet, von hinten nach vorne auf den Kopf gelegt, sodass der obere Teil des Kopfes bedeckt ist. Nun wird das Tuch in der Hand zusammengerafft und in der Weise um den Kopf gelegt, dass das vorher auf den Kopf gelegte Tuchende ganz bedeckt ist, vorne muss das zusammengeraffte Tuch so gelegt werden, dass in der Mitte der Stirn eine nach oben geschwungene Linie gebildet wird. Das verbleibende Tuchende wird dann an irgend einer Seite untergezurrt. Bei der zweiten Methode wird das Tuch in der Mitte auseinander gebreitet und quer über den Kopf gelegt und nun von beiden Seiten das zusammengeraffte Tuch um den Kopf geschlungen, auch wieder in der Weise, dass das Tuch vor der Stirn nicht in einer geraden Linie liegt, sondern mit einer abgerundeten Spitze nach oben. — Ich lasse hier ein Kopftuch zusammengelegt festnähen und sende Ihnen solches von Hankow aus zu. — Bei dem Soldaten des älteren Systems ist eigentlich auch ein Schirm im Futteral nötig, man sieht nur bei gutem

„Mandschu-Generäle", Wuhan;
Aufnahme ca. 1908

Die Mandschus, ein Nachbar-
volk der Chinesen aus dem Nord-
osten, beherrschten seit 1644 das
Land.

Als Zeichen der Unterwerfung
unter die Mandschu-Herrschaft
mußten die Chinesen Zöpfe tragen.
Erst mit der Revolution von 1911
wurde diese Vorschrift abgeschafft.

Vermutlich handelt es sich bei
dem Mann in der hellen Uniform
um einen japanischen Militär-Bera-
ter oder Ausbilder. Dies kann man
sowohl an seiner Haartracht, als

auch an den festgebundenen Gama-
schen erkennen.

128 reisen, wenn ihm der Wasserweg für die selbe Strecke zur Verfügung steht.

Ein steter Reisebegleiter des Chinesen ist der Regenschirm. Wenn man jetzt auch schon viel „fremde" Schirme sieht, so benutzt doch die grosse Masse die aus Oelpapier und Bambus hergestellten chinesischen Schirme. — Im Inneren kann man diese Regenschirme für etwa 20 Pfennig nach unserem Geld kaufen, wogegen ein „fremder" Schirm, der gewöhnlich auf einem billigen Gerüst einen einfachen Baumwollstoffüberzug hat und in Japan hergestellt ist, 2-3 Dollars kostet. — Das Gestell des chinesischen Schirmes ist ganz und gar aus Bambus gefertigt, vielleicht sind nur zwei feine Drähte verwandt worden, um die einzelnen Stangen an ihrem Ende wie in einem Gelenk festhalten. — Einen komischen Eindruck machen chinesische Soldaten auf dem Marsche, Jeder hat seinen Regenschirm in einem Futteral auf seinem Rücken hängen. —

Die tapferen Krieger China's haben sich seit der Revolution in China eigentlich wenig zu ihrem Vorteil verändert, wenn man von der etwas moderneren Uniformierung vielleicht absieht. — Man darf aber nicht glauben, dass der chinesische Soldat feige ist, dass ist er auf keinen Fall, aber dem gewöhnlichen Soldaten wird ausser leichten Exercierübungen wenig sonstiger militärischer Schliff beigebracht. Ich habe während der Kämpfe in Szechuan Nordsoldaten gesprochen, die, bevor sie nach Szechuan kamen, aus ihren Gewehren ganze *fünf* scharfe Schüsse zur Übung gemacht hatten. Auf die Frage, warum sie denn nicht mehr scharfe Schüsse zu ihren Übungen verwendeten, antwortete man mir „die Patronen sind zu teuer, jeder Schuss kostet zehn Cents und darüber" so echt chinesisch. — Von den Szechuan Soldaten, die wieder gegen die Nord-Soldaten kämpften, hatten sicher der grösste Teil, bevor sie den Nordsoldaten gegenüber standen, keinen scharfen Schuss abgegeben, ausgenommen können höchstens die als Soldaten angeworbenen Räuber sein, die natürlich mit ihren Gewehren umzugehen verstanden haben werden. — Wenn der chinesische Soldat sich nun mit seinem Gegner in einem Gefecht befinden sollte, und es naht die Essenszeit heran, so würde er es dem Gegener furchtbar übel nehmen, wenn dieser nicht eine Feuerpause eintreten lassen würde, damit das Essen ungestört eingenommen werden kann. Ebenso wird bei Regenwetter das Gefecht fast immer unterbrochen, es müsste denn sein, dass die beiden sich bekämpfenden Parteien sich bitter feind sind und sie die bisher geübte Ritterlichkeit vergessen. — Man sollte nun eigentlich annehmen, dass bei der schlechten Schiessausbildung auch schlechte Resultate erzielt werden müssten, doch scheint dieses nicht der Fall zu sein, da bei Infanteriegefechten doch eine verhältnismässig grosse Anzahl von Verwundungen vorkam. Der chinesische Soldat erträgt Schmerzen eigentlich mit grosser Gelassenheit, eigentlich ein Zeichen, dass die Nerven der Chinesen im Durchschnitt besser sind, als die unsrigen. Wollten grössere Wunden sich garnicht schliessen, so konnte der die verwundeten Soldaten behandelnde Arzt fast regelmässig feststellen, dass hieran nur Tuberkulose die Schuld trug. Diese Krankheit ist unter den Chinesen stark verbreitet und wird bei der Wetter diese Vaterlandsverteidiger ohne einen solchen Schutz. — Für den Soldaten des älteren Systems habe ich einen Schwert bekommen, welches ich gleichfalls nach dort senden werde. — An Gewehren können Sie für beide Soldaten ruhig die dort bei den Waffenhändlern wohl billig zu erstehenden Gewehre Modell 71/84 verwenden und für den Soldaten des neueren Systems ein Seitengewehr, welches vor vielleicht 10 Jahren in Deutschland bei einigen Bataillonen probeweise eingeführt war. Es ist dieses ein sehr kurzes Seitengewehr mit braunem Griff, ähnlich wie die Hirschfänger bei den Jägerbataillonen, nur kürzer. Hier ist es unmöglich, diese Waffen zu erlangen. — Für den Soldaten älteren Systems glaube ich, von Chengtu einen Patronengürtel bekommen zu können. Die anderen Soldaten tragen Patronentaschen an einem Lederriemen; vielleicht ist es mir möglich solche Taschen und Riemen in Hankow oder Shanghai zu bekommen. Da es keine Geschäfte — Läden) für derartige Sachen gibt, ist es schwer, dieselben zu erlangen, doch will ich mein Bestes versuchen. — Ich bemerke noch, dass der Soldat des neueren Systems den Zopf meistens lang herunterhängen lässt. —

Was nun die Besorgung der sonst noch gewünschten Sachen anbelangt, so habe ich den Procellanbohrer gekauft, ebenfalls zwei Kinderanzüge, doch kann ich hier keinerlei Kinderzöpfe mit Skalp auftreiben; vielleicht lässt sich die Haartracht dort herstellen, ich schicke dann das dazu benötigte Haar mit. Die Haarfrisur für Kinder ist sehr verschieden, doch sieht man wohl am meisten, wie bei den Kopf vorne rasirt und hinten Zopf. Die Mädchen sind bis zum 6-8 Jahre ebenfalls vorne vor dem Kopf rasirt und erst später lässt man das Haar bei ihnen wachsen.

Ein Modell für einen Tempel, oder vielleicht das berühmte Theehaus in Schanghai sollte sich in Ningpo machen lassen. Wenn ich nicht irre war der mir für das Modell des Theehauses genannte Preis vor ein paar Jahren 100-125 $ bei einer Grösse von 6 Fuss Durchmesser. — Ich komme in ein paar Wochen wieder nach Hankow zurück und habe dann vielleicht Gelegenheit etwas in dieser Angelegenheit tuen zu können. Hier einem Tischler oder sonst einem Handwerker begreiflich zu machen, ist nahezu ein Ding der Unmöglichkeit, besonders wenn es sich um Dinge handelt die so'n Kerl noch nie gemacht hat. Es heisst immer „Jung buh dau" d.h. das verstehe ich nicht!

„Chinesische Soldaten beim Exerzieren", Wuhan; Aufnahme ca.
1908

Auswahl der Soldaten wohl kaum darauf Rücksicht genommen, dass nur durchaus gesunde Menschen genommen werden. Soweit dem Schreiber dieser Zeilen bekannt ist, findet bei der Auswahl von Soldaten eine ärztliche Untersuchung überhaupt nicht statt. —

„Bettlerin", Shanghai; Aufnahme
ca. 1902

Da die Fürsorge für Verwundete, namentlich, wenn sie nur unter Behandlung chinesischer Ärzte sind, sehr mangelhaft ist, wird aus manchen dieser Verwundeten ein Krüppel gemacht, obwohl ihm unter gewöhnlicher Behandlung in einem nach europäischer Art geleiteten Lazarett das zerschossene Bein oder der Arm erhalten bleiben würde. — Diese armen Krüppel werden nun sehr oft gezwungen, sich ihren Lebensunterhalt durch Betteln zu verdienen und vermehren hierdurch die Schar dieser bedauernswerten Kreaturen. — Wohl in

keinem Lande ist die Bettlerplage so fühlbar, wie in China. — In dem, dem chinesischen Neujahr vorangehenden Monat, löst manchmal in den Strassen ein Bettler den anderen vor den Läden ab. Steht nun ein alter Bettler vor einem Laden und jammert um ein Almosen, so wird ihm nicht sofort ein Käsch (die kleinste Münze in China etwa 1/10 Pfenng nach dem Kurse vor dem Kriege) hingeworfen, sondern, man lässt ruhig seine Bitte wiederholen und kann der Mann fünf Minuten und länger warten. Der Grund hierfür ist darin zu suchen, dass solange ein Bettler vor dem Ladeneingang sich befindet, ein anderer während dieser Zeit ferngehalten wird. Denn dass manche Strasse an einem Tage von fünfzig und mehr Bettlern heimgesucht wird, ist keine Seltenheit. — Die Bettler in den verschiedenen Städten haben sich sogar zu Gilden zusammengetan und erwählen ihren Sprecher, oder wie er im Volksmunde heisst, ihren Bettler-König. Glaubt irgend ein Bettler, dass ihm bei irgend einem Geschäft bei der Ausübung seines „Berufes" ein Unrecht geschehen ist, so wendet er sich an seinen Bettler-König und wenn dieser davon überzeugt ist, dass seinem „Untertan" Unrecht geschehen ist, so hetzt er gewöhnlich seine besten Exemplare diesem Geschäfte auf den Hals und man kann dann die Beobachtung machen, dass eine ganze Horde der zerlumpten, mit ekelerregenden Krankheiten behafteten Bettler von morgens bis zum Dunkelwerden vor ein und demselben Geschäfte sich aufhält. Ob ihnen Käschstücke hingeworfen werden oder nicht, sie weichen nicht. So sieht die Rache eines Bettlers aus, vielleicht nur deshalb weil ihm der jüngste Lehrling des Ge-

(....) Indem ich mir noch erlaube Ihnen in der Einlage ein paar der von mir aufgenommenen Bilder zu übersenden, verbleibe ich mit den besten Grüßen,
Ihr sehr ergebener
W. Wilshusen
56

Die Bettler.

Gegen die Bettelei der erwerbsunfähigen Krüppel lässt sich nichts einwenden, da der Staat sich ihrer nicht annimmt und sie vor Hunger umkommen würden, wenn ihnen nicht mitleidige Hände jeden Tag einige dürftige Bissen zur Fristung des Lebens zustecken; wer einmal in den Abendstunden einen Blick in die Winkel der Tore der chinesischen Stadt Shanghai, in leerstehende Tempelhallen oder in die Vorhöfe der Amtsgebäude geworfen hat, wo die bejammernswerten Gestalten ihren Unterschlupf für die Nacht suchen, der vergisst nicht so leicht wieder den Anblick.

DEUTSCHER
KAMERA-ALMANACH

JAHRBUCH
DER
AMATEUR-PHOTOGRAPHIE

Unter Mitwirkung von bewährten Praktikern
herausgegeben von
FRITZ LOESCHER

II. Jahrgang
1906

Mit einer Tondrucktafel, 47 Vollbildern
und 107 Abbildungen im Text

BERLIN
Verlag von Gustav Schmidt
(vorm. Robert Oppenheim)

Anders verhält es sich mit denen, die gewerbsmässig die Bettelei betreiben. Die Bettelei ist nämlich eine Zunft, die genau so erlernt werden muss, wie jedes andere Handwerk. Nur wenn sich der Bettler der grossen Zunft anschliesst und sich dem Vorsteher unterordnet, hat er Aussicht, mit Erfolg der Bettelei nachgehen zu können. Wer auf eigene Faust versuchen wollte, gewerbsmässig zu betteln, würde bald von den Genossen daran verhindert und zum Eintritt in den gemeinsamen Bund gezwungen werden. Von Bettelei kann man im Grunde genommen gar nicht reden; denn die ganze Art und Weise, mit der die Gesellen der Bevölkerung um Unterstützung belästigen, läuft schon mehr auf eine Erpressung hinaus; der Stärkere bleibt stets der Bettler. Man muss sich wundern, auf welche Mittel die „Reiswollenden" (Tan-fan-di) verfallen, um Almosen zu erhalten; dabei spielen Selbst-

„Bettelmönch mit Almosenschale",
Chungking; Aufnahme ca. 1913

132 schäfts einen ungeziemlichen Zuruf tat. Man sieht oft die unglücklichsten Gestalten unter den Bettlern. Mütter mit ihren Säuglingen an der Brust rutschen treppauf, treppab auf ihren Knien durch die Stadt, gehen können die armen Frauen nicht, da die Füsse durch Knochenfrass in Folge fehlerhafter Verkrüppelung derselben verschwunden sind. Einen alten Bettler konnte man sehen, der seine Füsse ebenfalls durch Knochenfrass verloren hatte, um mehr Mitleid zu erregen, hatte er seine Füsse künstlich getrocknet und stellte sie, wenn er an einer belebten Strassenecke seinen Platz einnahm, neben sich. — Blinde Bettler sieht man sehr viel in China und es ist staunenswert, wie sich diese Leute in dem Strassengewirr einer Stadt, die dazu noch viele Treppen aufweisen sich zurecht finden. Der eine oder andere Blinde hat wohl einen Hund angelernt, der ihn führt, sonst finden sie ihren Weg, indem sie sich mit einem Stab an den Häuserreihen und den Stufen entlang fühlen. — Trotz dieses augenscheinlich grossen Elends gibt es doch Bettler, die sich verschiedne Silberklumpen (sogenannte Sycees) erbettelt haben und dieselben auf Zinsen ausleihen, somit gleichzeitig als Rentner gelten können. — Schwindler gibt es auch unter den Bettlern, zu solchen Leuten gehören Bettler, die den Anschein erwecken, als wäre ihnen mit einem scharfen Messer das Handgelenk halb durchschnitten worden. Das Messer sitzt noch in der Wunde und das geronnene Blut ist anscheinend über die Hand geflossen. Beim näheren Hinsehen erkennt man aber bald, dass man es mit einem gerissenen Halunken zu tun hat. Ein, mit einen halbkreisförmigen Aus-

schnitt versehenes Messer ist so auf das Handgelenk gesetzt worden, dass es den Anschein erweckt, die scharfe Klinge sitze im Fleische, während übergossenes Schweineblut das aus der angeblichen Wunde geflossene Blut vortäuschen soll. — Mitleidige chinesische Frauen, die schon genug haben, wenn sie nur etwas von Blut sehen, werden meistens ein Opfer dieser Täuschung und spenden dem „Aermsten" ihr Almosen. — Durch private Fürsorge wird sehr viel getan, um die Not der Armen zu lindern und werden besonders zur Zeit des chinesischen Neujahrs Karten verteilt auf welche ein gewisses Quantum Reis gegeben wird oder auch fertige Mahlzeiten ausgegeben werden; auch werden Anweisungen auf kl. Geldbeträge ausgegeben, um hierdurch es dem Empfänger selbst zu überlassen, was er sich dafür anschafft. Alle diese private Hilfe — so gut sie gemeint ist — genügt aber bei Weitem nicht, um dem Elend energisch zu begegnen, es fehlt hier eben ein Durchgreifen der chinesischen Regierung. Es ist wohl keine Uebertreibung, wenn man behauptet, dass es vor der Revolution in China doch noch besser war. Wenn nun in dem Vorhergesagten — über die Bettler — steht, dass die chinesische Regierung sehr wenig durchgreift und dadurch die Regierung viel Schuld an den herrschenden Elend hat, so giebt es doch eine amtliche Einrichtung, von der man eigentlich sagen muss, sie arbeitet gut und hat im Laufe der letzten Jahre auch sehr viele Verbesserungen in Bezug auf Ausdehnung und Zuverlässigkeit aufzuweisen; es ist dieses der Postdienst.

verstümmelungen eine grosse Rolle. Hier in Shanghai kann man jeden Tag um die Mittagsstunde solche Erpressungen im Kleinen beobachten, die noch recht harmlos sind. Wenn die Uhr des Zollamts die zwölfte Stunde verkündet, dann kommt Leben in die notdürftig gekleideten Gestalten, die am ihren Esstöpfen an den Strassenecken herumlungern. Sie wissen ganz genau, dass in den nächsten Minuten auf Tragkörben duftende Speisen vorbeigetragen werden, die für chinesische Handelsangestellte bestimmt sind, die Mittags im Geschäft essen. Sobald sich der Speiseträger blicken lässt, wird er von den Bettlern umringt, und er muss zusehen, wie gierige Finger in den Leckerbissen wühlen und einen Teil als „Wegabgabe" in ihren Schüsseln verschwinden lassen. Wenn er sich dabei widersetzte, könnte leicht ein Konflikt mit der Bettlergilde heraufbeschworen werden; diese zu verhüten, überlässt er den Erpressern lieber einige Bissen. Weit schlimmer ist es, wenn die Bettler oder ihren Kindern Selbstverstümmelungen vornehmen, um die Vorübergehenden für ihre Gabe milder zu stimmen. Es sind Fälle bekannt geworden, dass Bettlerfamilien ihre Kinder für diese Zwecke zu unförmigen Klumpen geballt haben. Besonders in den Tagen, wo Markt abgehalten wird, blüht für die Bettler das Geschäft. Sie halten die Strassen besetzt, auf denen die Bauern mit ihren Erzeugnissen zu Markte ziehen, und wenden dann ihre erprobten Mittel an, um Menschen zu erpressen. Sie graben quer über den Weg eine breite Furche, und wenn ein Maultierkarren kommt, greifen sie in die Speichen und sind gegen eine Summe Käsch behilflich, den Wagen auf die andere Seite zu schaffen. Ist die Gabe nicht zur Zufriedenheit der Wegelagerer ausgefallen, dann nehmen sie bei der nächsten Gelegenheit Rache. Und die bietet sich bald: wenn der Karren auf demselben Wege wieder zurückkehrt, wird flugs an der Stelle, wo eine Furt über einen Fluss führt, die Wagenspur vertieft, damit der Karren im Wasser umkippt. Der Fuhrknecht hat dann das Vergnügen, die Uebeltäter zur Hilfeleistung herbeizurufen, die natürlich für ihre nicht geringe Summe für ihre Mühewaltung verlangen. Auch des Nachts auf den Brücken über den Suchouer Kriek bieten sie ihre Hilfe jeder Riksha an.

Auf den Märkten der Umgebung Shanghais wimmelt es stets von Bettlern; sie sind der Schrecken der Händler, und doch müssen diese ihnen das Eine oder Andere ablassen, wenn sie sich nicht grossen Un-

„Eine officielle chinesische Bekannt-machung", Shanghai; Aufnahme ca. 1910

Die abgebildete Bekanntmachung hat folgenden Wortlaut: „Der deutsche Generalkonsul überreichte uns eine Note, worin steht, daß die deutsche Firma „Lihe" berichtet habe, daß sie in der Nanjingstraße die Firma „Hengdali" eingerichtet habe, die im Handelsregister eingetragen sei und hauptsächlich Uhren vertreibe. Sie benutze dabei vier Handelsmarken, zwei mit dem Namen „Hengdali" und zwei mit den Namen „Lina" und „Lihe", die schon lange bekannt und von den Kaufleuten begehrt seien.

Schamlose Elemente haben jetzt die Marke „Hengdali" gefälscht. Die Farbe des Silbers sei schlecht und die eingravierten Zeichnungen und Verzierungen seien grob und nachlässig gemacht. Dies schadet dem Ruf der Firma sehr, so daß sie jetzt um den Erlaß eines Verbots bittet. Zum Vergleich wurden die echten und die gefälschten Uhren eingereicht.

Diese Bitte wird gewährt. Außer einer brieflichen Antwort wird ein Verbot erlassen, damit alle Kaufleute wissen, daß es von nun an nicht gestattet ist, Uhren der genannten Marken und fälschen und dadurch Gewinne zu erzielen.

Ein Verstoß gegen dieses Verbot wird unverzüglich strafrechtlich verfolgt.

Am 20. des 7. Monats im 2. Jahr (1910 A.D.) von Xuan Tong verkündet."

Ningpo.

Schon lange bevor europäische Kaufleute in Shanghai ansässig waren, befanden sich bereits Handelsfirmen und auch Consulate in Ningpo. — Die günstige Lage Shanghai's hat aber mit der Eröffnung dieses Hafens als Vertragshafen vor ca. 60 Jahren den europäischen Handel von Ningpo fortgenommen, sodass die Zahl der in Ningpo sich aufhaltenden europäischen Kaufleute gering ist, beispielsweise ist nur eine deutsche Firma dort, während Shanghai deren mehr als 60 aufzuweisen hat. —

Der rein chinesische Character Ningpo's aber, seine ungeheure Ausdehnung (die Einwohnerzahl soll über eine Million betragen!) und besonders die herrliche Umgebung hat viele sich längere Zeit oder auch nur vorübergehend in Shanghai aufhaltende Fremde veranlasst, diese Stadt aus eigener Anschauung kennen zu lernen und ich glaube, dass es daher Manchen interessieren wird, die vielleicht vor Jahren besuchten Plätze in nachstehender Beschreibung wiederzusehen. —

Die China Navigation Co. und die China Merchants Steam Nav. Co. unterhalten gemeinschaftlich eine tägliche Verbindung zwischen Shanghai und Ningpo und macht sich dieselbe durch den kolossalen Personenverkehr allem Anschein nach gut bezahlt, trotz des niedrigen Fahrpreises von $ 1.— pro Kopf für eine ca. 12 stündige Fahrt. — Der starke Verkehr hat hauptsächlich seinen Grund darin, dass Tausende von Ningpo-Chinesen ihrem Erwerb in Shanghai nachgehen, ferner kommen viele Ningpo-Leute nach Shanghai, um ihren Bedarf an europäischen Gebrauchsartikeln, wie Tuche, Baumwoll- & Leinenstoffe, Eisen & Eisenwaaren etc. etc. direkt am Ankunftshafen zu erstehen. Ferner besucht jeder auswärtige Ningpo-Chinese, wenn es ihm irgend möglich ist, mindestens einmal im Jahre seine Heimat, um seinem Ahnendienst nachzukommen. Die Zahl der sich in Shanghai aufhaltenden Ningpo-Leute soll nach annähernder Schätzung 200.000 sein. —

Ich verabrede mich mit einem Freunde zu einer mehrtägigen Tour nach Ningpo, Tien Dong etc. und nahmen wir uns an einen heissen Julitage eine Fahrkarte für die „Pekin". —

Schon morgens bei Ankuft des Ningpo-Dampfers begeben sich die wanderlustigen Chinesen an Bord um für sich und das gleichzeitig mitgenommene Gepäck (Bett, Hausgerät etc.) einen möglichst günstigen Platz zu erlangen, während die Abfahrt des Dampfers gewöhnlich erst spät am Nachmittage vor sich geht; der Chinese scheint aber das Sprichwort „time is money" eben noch nicht in dem Maasse zu kennen, wie der Amerikaner. —

Nachdem Alles zur Abfahrt fertig war, setzte sich der Dampfer in Bewegung und fuhr den Whangpu-Fluss hinuter; nach ca. 1 Stunde passirten wir Wusung, den Aussenhafen Shanghai's, den Leuchtturm und die Wasserstandssignale und fuhren dann dicht unter der Küste nach südwest weiter. Bis zur Mündung des Ningpo-Flusses begegneten wir nichts Erwähnenswertem. Früh am Morgen erreichten wir die der Flussmündung vorgelagerte Felseninsel mit dem Leuchtfeuer; weiter hinauf be-

annehmlichkeiten aussetzen wollen. Man trifft dort häufig Bettler, die, mit langen Messern bewaffnet, ihrem Beruf nachgehen. Verweigert ein Händler eine Gabe, dann greifen sie zum Messer und bringen sich die blutтриefende aber ungefährliche Wunde bei und beschmieren ihr Gesicht mit dem triefenden Blut. In den meisten Fällen wird jedoch der Händler dieses grausige Schauspiel verhindern. Die der Messergilde angehörigen Bettler losen an jedem Markttage aus, wer sich zu verwunden hat. Meist geschieht die Verwundung in einem Rausch, den sich der, auf den das Los gefallen ist, am Tage vorher antrinken muss.

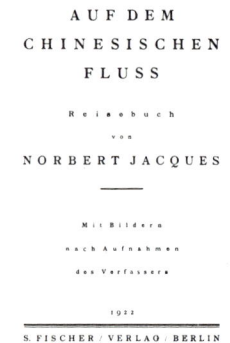

AUF DEM
CHINESISCHEN
FLUSS

Reisebuch
von

NORBERT JACQUES

———

Mit Bildern
nach Aufnahmen
des Verfassers

1922

S. FISCHER / VERLAG / BERLIN

Die leicht einzuschüchternde Landbevölkerung hat grosse Furcht vor den Bettlern und ihrer Rache; es gibt Familien, die jährlich an die Gilde eine bestimmte Summe entrichten, damit sie von der Bettelei verschont bleiben. Ein beliebter und bekannter Kniff, um grössere Summen zu erpressen, ist der, dass sich ein Bettler totkrank stellt oder mit Selbstmord droht und vor der Schwelle des Hauses liegen bleibt, bis seine Bitte erfüllt ist. Um weitere Folgen zu verhüten, muss der Belagerte in die Taschen greifen und sich von dem Selbstmordkandidaten loskaufen. Europäer im Lande bleiben in der Regel von solchen Erpressern verschont; wo trotzdem der Versuch unternommen worden ist, hat sich ein Guss kalten Brunnenwassers als das wirksamste Mittel erwiesen, Totkranke wieder gesund zu machen und Selbstmordkandidaten Freude am Leben zu geben.

Die Bettlergilden sind so organisiert, dass jedes Mitglied einen Teil des erbettelten Geldes an die Vorstände der Gilde abzuführen hat. Auf diese Weise kommen ziemlich beträchtliche Summen zusammen, und es ist erst kürzlich vorgekom-

„Teil der Tempelanlage von Tien-
dong", Ningpo; Aufnahme ca.
1902/1903

136 merkten wir zu beiden Seiten des Flusses starke Forts, welche die Chinesen zum Schutze der flussaufwärts liegenden Stadt aufgeführt haben. —

An Bord war inzwischen Alles munter geworden; kaum hatte der Dampfer am Ponton festgemacht, als auch schon Jeder so schnell wie möglich mit Sack und Pack das Schiff zu verlassen suchte. Das Durcheinanderlaufen, Drängen der von Bord gehenden und an Bord wollenden Passagiere glich einem Ameisenhaufen und hatten die Hafenpolicisten viel zu thun, um die Leute zurück zu halten, bis der Zoll die vorgeschriebene Revision vorgenommen hatte und die Passage frei gab. —

„Verkaufsstelle für Dünger", am oberen Yangtse-Kiang; Aufnahme ca. 1916

Nach einer halben Stunde konnten wir auch daran denken, von Bord zu gehen um auf die Suche nach einem Hausboot zu gehen, denn wir hatten uns vorgenommen, erst die schönsten Plätze in der Nähe Ningpo's namentlich Tien Dong mit seinen berühmten Tempeln aufzusuchen; zur Besichtigung der Stadt liess sich jedenfalls am Tage der Rückkehr Zeit erübrigen. —

Ein Hausboot war bald mit Hülfe unseres chinesischen Shroffs, ein Ningpo-

mann, welcher sich erboten hatte, unser Führer zu sein, gefunden. Nach kurzer Zeit war Alles zur Weiterfahrt bereit und schon vor Mittag segelten wir mit günstigem Winde flussaufwärts. Nach einigen Stunden Fahrt verliessen wir den Fluss und bogen südlich weiterfahrend in einen in den Fluss mündenden Kanal ein, mussten aber infolge der vielen Brücken das Segeln einstellen. Nunmehr begann die eigentliche Arbeit für den Laodah (Bootführer) und seine Leute, indem dieselben rudern mussten (dies geschah in der Weise, dass die vorne am Boot angebrachten Ruder ähnlich den Flossen eines Fisches in Bewegung gesetzt wurden, das Rudern der Chinesen hat viel Ähnlichkeit mit dem Wrikken der Torfschiffer im Moore.) Erst spät in der Nacht machten wir Halt, damit die Leute genügend ausruhen konnten. Am nächsten Tage hiess es wieder rechtzeitig weiterzukommen, da vielleicht erst die Hälfte des Weges nach Tien Dong zurückgelegt war. —

Am andern Morgen passirten wir eine Anzahl Dörfer, welche aber nicht wie wir es bisher gewohnt waren, kreisförmig oder im Viereck angelegt waren, sondern sich in Rücksicht auf die Wasserstrassen zu beiden Seiten der Kanäle entlang zogen. In einem dieser Dörfer hatten wir den amüsanten Anblick des „ländlich Sittlichen" (s. Bild). Verschiedentlich waren an den Ufern Ehrenposten und überdachte Ruheplätze zum Andenken an tugendhafte Witwen und berühmte Lehrer errichtet. — Alle paar 100 Meter waren, bevor die Sonne höher kam, Ochsen oder chinesische Wasserbüffel in ein Joch gespannt, um Wasser

men, dass eine Bettlergilde ein Bankinstitut aufßat. In einem Kreis in Nord-China hatten die Händler, um einen vorübergehenden Mangel an Bargeld zu decken, Scheine an ihre Kunden ausgegeben, die nach Ablauf einer bestimmten Zeit gegen bares Geld wieder eingelöst werden konnten. Durch die Krisis gerieten aber einige Geschäftshäuser in Zahlungsschwierigkeit. Da trat die Bettlergilde auf und gewährte den bedrängten Händlern gegen einen ausserordentlich hohen Zinsfuss (der sonst übliche beträgt etwa drei vom Hundert den Monat) Darlehen.

Auf diese Weise ist die Krisis beseitigt worden. Ob etwas Aehnliches während der letzten Krisis auch in Shanghai vorgekommen ist, ist uns nicht bekannt geworden. Die Darlehensgeschäfte der Bettlergilde haben aber ihre Schattenseiten. Einmal muss der Kaufmann infolge der hohen Zinsen fast die doppelte Summe zurückzahlen, die das Kapital ausmacht, und dann setzt sich der Geldnehmer der grossen Gefahr aus, dass, wenn er nicht pünktlich das geliehene Geld zurückzahlt, sich alle Krüppel und Bettler der Umgegend vor seinem Haus versammeln und laut jammern.

57

Ländlich sittlich.

Die Kulis sprangen an Land und setzten sich gleich auf den ersten Stein hin, im ihre Bedürfnisse zu verrichten. Eine Zahl anderer Schiffe lag vor uns. Der ganze Strand saß voll Chinesen, die jener Beschäftigung anheimgegeben waren. Schmutzige, verkrätzte Hunde kamen zwischen den Steinen angeschlichen. Jeder Hund stellte sich in die Nähe eines Mannes und wartete, und kaum war der Mann weg, so stürzte der Hund über die Mahlzeit. Bauern kamen mit Körben, um sich den Dung für ihre Äcker zu sammeln. Sie mußten mit den räudigen Hunden kämpfen. An einigen Stellen haben die Bauern irdene Töpfe in den Boden gegraben, in die die Hunde nicht hineingelangen.

58

„Offene Toiletten an einem der Kanäle bei Ningpo"; Aufnahme ca. 1902/1903
„In einem dieser Dörfer hatten wir den amüsanten Anblick des „ländlich-sittlichen" (s. Bild)."

zum Berieseln der unzähligen Reisfelder aus den Kanälen zu pumpen. —

Allmälig näherten wir uns immer mehr den vor uns liegenden Bergen, merkwürdiger Weise ist das Land bis direkt zum Fusse der Berge so flach, dass es den Chinesen möglich gewesen ist, das Kanalnetz bis an die Granitfelsen auszudehnen. —

„Straßenszene", Ningpo; Aufnahme 1902/1903
Hierbei handelt es sich um eine Straße mit Handwerksläden. Oben sieht man das Schild eines Eisenwarenhändlers, der sich auf Scheren spezialisiert hat.
Die Scherenmarke, für die hier geworben wird, ist heute noch sehr bekannt. Weiter hinten sind Geschäfte, die Bürsten und Elfenbeinerzeugnisse anbieten und rechts der Laden eines Wahrsagers zu sehen.

Nachmittags gegen vier Uhr legten wir an einem kleinen Dorfe mit Namen „Su fa" an und machten wir uns, nachdem

die von Ningpo aus mitgenommenen 2 Coolies mit dem nötigen Gepäck und Proviant für zwei Tage versehen waren, auf den Weg, um Tien Dong noch vor Dunkelheit zu erreichen. — Wir hatten zu dem Zwecke die vor uns liegende Gebirgskette zu überschreiten. Auf dem Kamm angelangt, machte uns unser Führer auf zwei Kuppen aufmerksam; hier hatten die Franzosen während des Taiping-Aufstandes Verschanzungen errichtet. Leider fehlt es uns an Zeit, um diese historisch interessanten Plätze aufzusuchen, da wir noch einen ca. 3 stündigen Marsch vor uns hatten und es mittlerweile schon 5 Uhr geworden war. — Mit hereinbrechender Dunkelheit langten wir in Tien Dong an und öffneten uns die Mönche dortselbst auf unser Klopfen bereitwilligst, um uns Nachtquartier zu gewähren. — Es wurde uns ein grosses Zimmer mit mehreren Bettstellen angewiesen und begannen wir uns unter Zuhilfenahme der mitgenommenen Decken etc. unser Lager zurechtzumachen. Wir konnten von Glück sagen, vor unserer Abreise von Shanghai den Einfall gehabt zu haben, kleine Moskitonetze mitzunehmen, andernfalls wäre die Nacht im Tempel zu Tien Dong zu einer schlaflosen geworden. Schon beim Abendessen waren die unangenehmen Insekten nicht durch Tabackrauch abzuwehren. —

Früh am Morgen, schon vor 5 Uhr weckte uns der Shroff, da wir für diesen Tag, nachdem wir die Sehenswürdigkeiten Tien Dongs besichtigt, wiederum einen weiten Marsch vor uns hatten. — Beim ersten Ausblick aus den Fenstern waren wir ganz überrascht von der herrlichen Natur; in einem tiefen Kessel belegen,

Die Religionen.

Das berühmte Buch von A. Smith „Chinese Characteristics" vergleicht diese religiösen Anschauungen der Chinesen treffend mit drei großen Schlangen. Die erste, der Buddhismus, verschlang die zweite, den Taoismus, bis zum Kopfe. Dieser suchte dann den Confucianismus zu verschlucken, wurde aber auch nur bis zum Kopfe damit fertig. Die dritte Schlange, der Confucianismus, hatte einen so weiten Rachen, daß sie den Schwanz der ersten Schlange erfassen und sie gleichfalls bis zum Kopfe verschlingen konnte.

CHINESISCHE ↔ ↔ CHARAKTERZÜGE

VON

ARTHUR H. SMITH
22 JAHRE MITGLIED DER AMERIKANISCHEN MISSION IN CHINA.

DEUTSCH FREI BEARBEITET

VON

F. C. DÜRBIG.

MIT 28 TITELVIGNETTEN VON FRITZ TERSCH
UND 15 VOLLBILDERN NACH ORIGINAL-PHOTOGRAPHIEN.

WÜRZBURG.
A. STUBERS VERLAG (C. KABITZSCH).
1900.

So haben wir einen sonderbar verschlungenen Körper, der unser Erstaunen hervorrufen würde, falls wir ihn näher betrachten würden.
Ich glaube, uns Allen würde gleiches Staunen und Frösteln die Glieder durchrieseln, wenn wir unsere Seele an diesen Lehren erbauen wollten.
Schließen wir die Türe zu weiterer Betrachtung — es modert!

59

„Buddhistische Mönche vor dem
Eingang in eine Tempelhalle, Tien-
dong", Ningpo; Aufnahme ca.
1902/1903
Die Inschrift über dem Eingang bedeutet „Transzendente Götter-
welt".

140 konnte es keinen stilleren, von der Aussenwelt gänzlich abgeschlossenen Ort geben, als dieses Tien Dong. Die Anhöhen waren bis zur obersten Kuppe mit frischem, dem Auge wohlthuenden Grün bedeckt. Wäre ein derartiges Fleckchen Erde in der Nähe Shanghai's, es wäre seitens der Aerzte nicht nötig, junge Leute aus Shanghai zur Erholung nach Japan zu schicken. —

Reiche Chinesen suchen Tien Dong sehr häufig auf um ihren im Geschäft gehabten Aerger, Verdruss und Sorge in dieser Abgeschiedenheit vergessen zu lernen — Tien Dong ist somit eine Art „Sanssouci". —

Von den mit allem möglichen Unterholz bewachsenen Anhöhen hatten die Mönche eine kunstgerechte Wasserleitung zu ihren Wohngebäuden angelegt. Mittelst langer, ausgehöhlter Bambusstauden leiteten sie das kühle, klare Wasser mehrere Hundert Meter weit; die Leitung hatte ein so starkes Gefälle, dass das Wasser durch den Druck ziemlich hoch hinaufgetrieben wurde. Bevor wir Tien Dong verliessen, versorgten wir uns noch mit frischem Wasser, denn der von Ningpo aus mitgenommene Vorrat hatte sich inzwischen stark vermindert.

Während der Boy sich damit beschäftigte, unser Gepäck wieder für den Transport zusammen zu packen, besichtigten wir die verschiedenen Gebäude der Tempelanlagen. — Zur Zeit befanden sich in Tien Dong ca. 3-400 Mönche oder wie man häufiger hört „Jossmänner"; bei besonderen Gelegenheiten sollen sich aber über 1000 hier aufhalten und konnte diese Zahl auch anscheinend ohne Schwierigkeiten untergebracht werden. — Die Tempelge-

bäude sind terrassenförmig angelegt; vor jedem Hauptgebäude, in welchem die höhren Götter verehrt werden, befindet sich ein grösserer freier Platz, auf welchem wieder eine Broncevase oder eine grosse Räucherschaale aufgestellt ist. Die Wohnungen, Küchen, Vorratshäuser, Werkstätten für Zimmerer & Mauerer etc. befinden sich zu beiden Seiten der Hauptgebäude. Zimmerer & Mauerer finden fast fortwährend Beschäftigung, einmal ist ein brüchig gewordener „Joss" (Götze) zu erneuern bzw. auszubessern, dann werden auch, sowie Mittel vorhanden sind, die Anlagen immer weiter ausgedehnt. —

Ich unterlasse es, das Innere der verschiedenen Tempel näher zu beschreiben, da die Tempel in ganz China sich in der Hauptsache mehr oder weniger gleichen, nur muss ich bemerken, dass mich die Grossartigkeit und Sauberkeit dieser Anlagen im höchsten Grade überrascht hat, — denn es werden wohl viele neue Tempel gebaut, aber seltener baufällige wieder in guten Zustand versetzt. —

Vor den ersten Tempel, also in der tiefsten Senkung des Kessels, befand sich ein kleiner ausgemauerter See. Dieser See hatte etwas Sagenhaftes an sich, es hiess nämlich, dass Derjenige, welcher einen Stein oder einen anderen Gegenstand hinüber würfe, viel Glück in seinem späteren Leben haben würde. — Unser Shroff, welcher auch in allem Ernste an diesen Spuk glaubte, versuchte verschiedentlich sein Heil, hatte aber kein Glück. Die Mönche konnten sich nicht erinnern, dass bislang Jemand das Kunststück fertig gebracht hatte, nur ein im Tempel sich aufhaltender Mönch sollte *beinahe* einen Stein ans ande-

Das Staatsexamen.

Für die höhere Staatscarriere finden in allen Provinzialhauptstädten alle drei Jahre Prüfungen statt, bei denen zwei Räthe des Hanlin den Vorsitz führen, während ihnen zehn Examinatoren aus den höchsten Beamten beigegeben sind. Zu diesen Prüfungen wird jeder zugelassen, der sich bereits bei den jährlichen Vorprüfungen einen literarischen Grad erworben hat. In Kanton allein beläuft sich die Zahl der Candidaten, welche sich für jedes Staatsexamen melden, auf 5-6000. Man kann sich denken, was für eine Aufregung bei diesen Prüfungen herrscht, da nur 70 bis 80 der Fähigsten bestehen und eine Staatsanstellung erhalten können. Das Examinationsgebäude oder Kungyuen ist eine mächtige Halle mit Tausenden von engen und niedrigen Zellen, in denen die Examinanden drei Tage und zwei Nächte, die man ihnen zur schriftlichen Beantwortung der ihnen vorgelegten Fragen gibt, unter strenger Clausur gehalten werden. —

Ins Land der sozialen Wunder

Eine Studienfahrt durch Japan und die Südsee nach Australien und Neuseeland

Von

Alfred Manes

Mit 175 Abbildungen nach photographischen Aufnahmen vom Deutschen und Anderen sowie einer Karte.

Berlin 1911
Ernst Siegfried Mittler und Sohn
Königliche Hofbuchhandlung

Den Candidaten werden Themata aus den vier heiligen Büchern des Confucius aufgegeben, die sie auslegen und erläutern, und ein viertes, über das sie ein kurzes Gedicht in Reimen schreiben müssen. Am zweiten Tage erhalten sie ein Thema aus einer andern Abtheilung der Lehren des Confucius, und am dritten fünf Fragen, die sich auf die Geschichte oder die Nationalökonomie des Landes beziehen. Alle die Themata müssen von wichtigem Inhalte sein und dürfen früher nicht behandelt sein, ebenso darf keins derselben auf die Politik der gegenwärtigen Dynastie Bezug haben.

Die Aeusserlichkeiten dieses Examen sind gleichfalls scharf geregelt und überwacht. So z.B. wird das zu den schriftlichen Arbeiten erforderliche Papier in einer bestimmten Grösse und Dicke vom

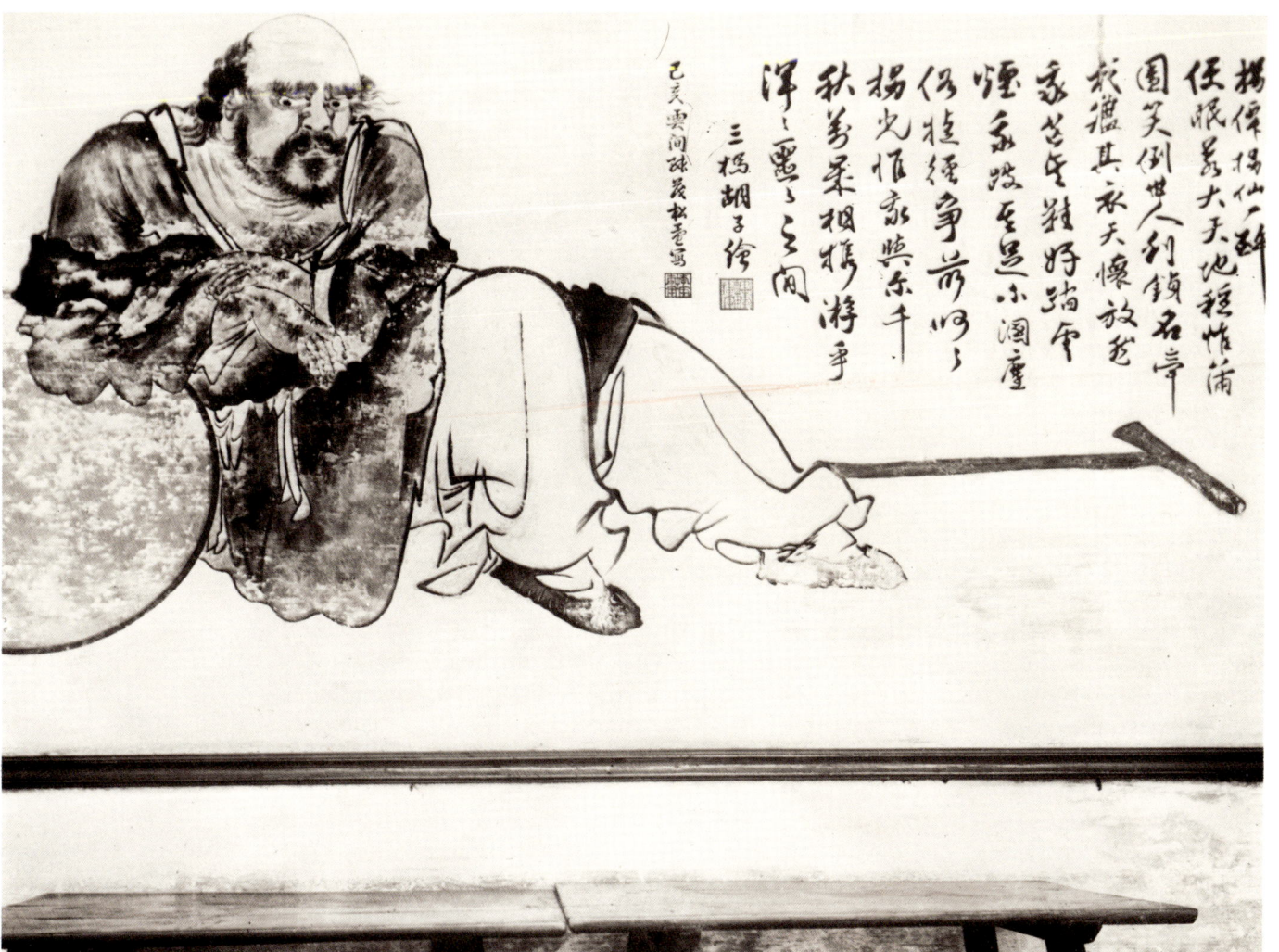

„Getuschte Wandzeichnung im Tempel von Tien-dong", Ninpo; Aufnahme ca. 1902/1903
Auf diesem Wandbild ist einer der, „Die Acht Weisen" genannten, volkstümlichen taoistischen Götter abgebildet. In diesem Falle handelt es sich um den großen Gelehrten Li. Von ihm erzählt die Überlieferung, daß er eines Tages seinen Körper verließ, um in einer geistigen Welt zu wandern. Er blieb aber sehr lange fort, so daß seine Schüler dachten, er wäre schon tot. So verbrannten sie seinen Körper und als sein Geist zurückkehren wollte, war es schon zu spät.

Der Geist fand nur noch den Leichnam eines armen Verhungerten, in den er schlüpfen konnte. Er besprengte seinen Bambusstock und verwandelte ihn so in einen Eisenstab. Von nun an hieß er nur noch „Li mit dem Eisenstab".

Die Schriftzeichen bedeuten ungefähr folgendes: „Li mit dem Eisenstab" verhöhnt die Menschen dieser Welt, die gefangen von Ruhm und Habgier sind. Er selbst trägt nur einfache Kleidung und wandelt in Rauch und Wolken.

Möge Li zu Dir kommen und ewig mit Dir ins Universum wandern".

re Ufer geworfen haben. — Als ich aber nach ein paar Versuchen ein Stückchen Porzellan weit auf's andere Ufer warf und ein zweiter Stein gleich darauf folgte, waren die zuschauenden Mönche ganz erstaunt und wussten sich den Vorgang nicht zu erklären. — Ich muss zugeben, die Entfernung zwischen beiden Ufern (es waren ungefähr 80 Schritt) keine grosse zu nennen war, doch täuschte die eigenartige Beleuchtung, hervorgerufen durch das senkrecht einfallende Tageslicht. —

Mit einem „Chin Chin" und Dank für die freundliche Aufnahme verliessen wir gegen neun Uhr Tien Dong um uns nach Yu Wong zu begeben. — Zu unserem Leidwesen begann es zu regnen und wurden wir trotz der vorsichtshalber mitgenommenen Regenmäntel bis auf die Haut durchnässt. Wir beeilten uns daher das vor uns liegende Dorf zu erreichen, um unter Schutz besseres Wetter abzuwarten. Unser Führer besorgte inzwischen Tragstühle (s. Bild) damit wir die verloren gegangene Zeit einholen könnten. Ich glaube auch nicht, dass wir so schnell bergan vorwärts gekommen wären, wie es die Träger mit unserer Last auf den Schultern fertig brachten. Nachdem wir einigermaassen trocken geworden waren, lohnten wir die Träger ab und setzten unseren Weg per Schusters Rappen fort. — Nachmittags erreichten wir Yo Wong. Bemerkenswert ist dieser Platz durch eine hübsche Pagode und ausgedehnte Tempelanlagen. Im Grossen und Ganzen sind die Tempel hier nach demselben Schema gebaut wie in Tien Dong, nur ist Alles neu und zum Theil auch noch nicht ganz fertig gestellt. — Der Obermönch zeigte uns die dem Tempel ge-

schenkten Kleinodien, deren Werth sich auf Hunderttausende belaufen muss. Unter Anderen waren dort goldene Bäumchen mit Blüten & Früchten aus echten Perlen

„Pu-to shan, Brücke mit Pavillon";
Aufnahme ca. 1903

& Edelsteinen, goldene Cäsh im Durchmesser von 5-6 Centimtr., eine Unmenge Schmuck von Perlen und Edelsteinen etc. Als Curiosum sei noch ein amerikanisches 10 Gold $-Stück erwähnt. — Das Oeffnen und Schliessen des Werthschränkchens geschah unter allerlei Zeremonien. — In diesem Tempel hatte sich Herr Pastor Hackmann (früher in Shanghai) mehrere Wochen aufgehalten; wir erfuhren Dieses durch einen Mönch, welcher ziemlich geläufig Englisch sprach. —

Gegen Abend erreichten wir unser Hausboot an der verabredeten Stelle und wurde der Laodah instruiert, uns nach dem „Wo lee" lake, eigentlich „Ton Wo"-See — d.i. *östlicher* See, zu bringen. — Ich übergehe den Aufenthalt auf und an den Ufern dieses Sees, da die näheren Ausführungen zu weit führen möchten, will aber nicht verfehlen, Jagdfreunden diesen See, sowie

Staate zu bestimmten Preisen geliefert. Am Ende der Arbeit muss der Candidat wahrheitsgemäss angeben, wie viel Charaktere er ausradirt oder geändert hat. Übersteigt die Zahl solcher Aenderungen hundert, so wird er von der Liste gestrichen, sein Name an das Thor des Kungyuen geschlagen und er von dem Examen ausgeschlossen. Eine gleiche Strafe trifft die Candidaten, die auf irgendeine andere Weise gegen die Prüfungsregulative verstossen, unter sich oder mit jemand anders communiciren und auf heimliche Art sich Hülfe zu verschaffen suchen.

Rollfilm - Camera

Fünfundzwanzig Tage nach der Prüfung werden die Resultate veröffentlicht, und während Tausende mit zerstörten Hoffnungen, entmuthigt und niedergeschlagen in ihre Heimat ziehen, werden die Namen der wenigen Glücklichen unter dem ehrendsten Jubel ihrer Anverwandten und des Publikums bekannt gemacht. Ein Salut von sechs Kanonenschüssen begleitet diese Feier, und der Gouverneur der Provinz ehrt die Bestandenen dadurch, dass er sich dreimal vor ihrer Namensliste verbeugt, die in der Examenhalle angeschlagen ist. Ausserdem werden ihre Namen zum Kaiser nach Peking eingesandt, und man gibt ihnen ein Fest, dem alle Examinatoren und die Civilbeamten der ganzen Provinz beiwohnen.

„Pu-to shan, Brücke mit achtecki-
gem Kiosk, Ansicht gegen den
Tempel Pu-ji si, das heißt Tempel
der Welterlösung"; Aufnahme ca.
1903

„Pu-to ist das Eiland der Kuan
Yin, der Göttin der Barmherzig-
keit, und zugleich einer der vier heiligen buddhistischen Berge Chinas.

Er liegt inmitten der Chu-san
oder auch Schifferinseln genannten
Inselgruppe. Sie trennen die Bai der
alten Kaiserstadt Hangchou im
südlichen Teil von dem offenen
Meere und schließen sich an die
Mündung des Yung-Kiang, des

Ningpo-Flusses, unmittelbar an.
Die Inselberge des Archipels bilden
eine Fortsetzung des Randgebirges
von Ningpo, zu dessen Präfektur
sie auch gehören."

61

dessen Umgebung zu empfehlen. In der kälteren Jahreszeit halten sich grosse Schwärme von Enten und allen anderen Wasservögeln dort auf, zudem kommen in den die umliegenden Hügel bedeckenden Gehölzen Wildschweine & Rehe vor. —

Wir hielten uns einen Tag am See auf und machten uns dann auf den Rückweg. — Aus dem Wo lee lake werden eine ganze Anzahl Kanäle mit Wasser versorgt. Um im Sommer ein gänzliches Abfliessen des Wassers zu verhindern, sind in gewissen Zwischenräumen sogen. Wasserwehren angebracht, über welche die Boote hinübergeschleift werden müssen. — Trotzdem ca. 10-12 Leute dazu nötig waren, um unser schweres Hausboot über eine solche Wehr zu bringen, war der Preis sehr gering, indem die Arbeit nach Taxe mit $ -.10 (-Mk.-16) bezahlt wurde; wären wir ohne chinesischen Führer gewesen, würden die Leute uns sicher nicht unter 1-2 $ für ihre Mühewaltung haben abziehen lassen. —

Kurz vor Mittag langten wir wieder in Ningpo an und hatten wir noch einige Stunden Zeit um uns die Sehenswürdigkeiten dieser Stadt anzusehen. — Zuerst suchten wir die Pagode auf, von der man einen grossartigen Fernblick hat. Soweit das Auge reichte, schien Alles Stadt zu sein. Im obersten Geschoss, der 14 stöckigen Pagode hatten viele der Besucher ihre Namen eingekratzt, verschiedentlich sah ich auch deutsche Namen darunter. Als älteste Jahreszahl fiel mir 1843 auf, jedenfalls rührte diese Zahl von einem Missionar, deren in Ningpo eine stattliche Anzahl seit langen Jahren thätig sind, her. — In einer der Hauptstrassen hatten wir kurz nach dem Verlassen der Pagode noch das Vergnügen,

den Taotai, den Gewaltigen der Stadt Ningpo, kennen zu lernen; der alte Herr erwiderte unseren Gruss nicht nur aus purer Höflichkeit, denn er nickte uns mehrere Male aus seiner Sänfte zu. — Wir besuchten sodann noch einen Möbelladen, in welchem alle Arten der beinahe in der ganzen Welt bekannten „Ningpo furnitures" hergestellt wurden. Der schlaue Chinese — dessen Vater übrigens mit seinen Kunstwerken auf in Wien und San Francisco stattgehabten Ausstellungen Preise erzielt hatte — hatte sogar in der kurzen Zeit, die S. M. S. „Luchs" im letzten Sommer vor Ningpo vor Anker lag, etwas Deutsch gelernt und meinte auf meine Aeusserung, dass er zu hohe Preise forderte, „nicht teuer, nein very billig", das Auffassungsvermögen der Chinesen ist eben ganz erstaunlich. — Aufgefallen ist mir noch besonders die grössere Reinlichkeit Ningpo's gegenüber der Chinesenstadt Shanghai und ferner die breiteren Strassen. —

Nachdem wir zum Schluss das Haus des Generals Lee Pan Yen, (Kommandeur der in Ningpo liegenden Truppen) besichtigt hatten und hierselbst mit Thee und Bisquit bewirtet worden waren (den General bekamen wir leider wegen seiner Abwesenheit von Ningpo nicht zu Gesicht) begaben wir uns an Bord des Dampfers, um nach kurzer Zeit die Rückfahrt nach Shanghai anzutreten. —

Am anderen Morgen langten wir wohlbehalten in Shanghai an, erwartet von einer grossen Anzahl Chinesen, welche sich wie die Wilden auf das soeben festgemachte Schiff stürzten, um sich zum Transportiren des Gepäckes anzubieten oder auch wie schon anfangs Dieses erwähnt, nach einem

Ein flottes Programm.

Eine ausgezeichnete Abendunterhaltung veranstaltete die Deutsche Kompanie des Shanghai Freiwilligen Korps am 24. Februar Abends in Theatersaal des Clubs Concordia. Ihre Bierkonzerte erfreuen sich seit Jahr und Tag eines ausgezeichneten Namens und werden auch von Nicht-Deutschen mit Vorliebe besucht. So war es auch dieses Mal. Der grosse Saal war schon vor der festgesetzten Anfangszeit bis auf den letzten Platz gefüllt. Nachdem der Hauptmann der Kompanie, Herr Heyn, die

Gäste, unter denen sich am Ehrentisch die Offiziere der englischen und der französische Kompanie befanden, willkommen geheissen hatte, spielte sich das reichhaltige, von uns schon früher mitgeteilte Programm flott ab. In dem Salonhumoristen Ed. Dedo oder Svengalini, unter welchem Namen derselbe später als moderner Blitzkomponist auftrat, hat die Kompanie fraglos ein Mitglied gewonnen, das für derartige Veranstaltungen ein hervorragendes Talent besitzt und es versteht, das Publikum zu elektrisieren. Auch das Yang King Pang Trio leistete mit seinen Koupletvorträgen vorzügliches; schade, dass wir einen der drei Herren schon so bald von Shanghai scheiden sehen werden. Die Truppe Deltorelli entfesselte mit ihrer Skizze „Emma vom Ballet" wahre Lachsalven und der Schnellmaler Schwups erntete mit mehreren seiner Portraits, namentlich zum Schluss dem des deutschen Kaisers, wohlverdienten Beifall. Wir können nur dem Wunsch Ausdruck verleihen, dass die deutsche Kompanie dergleichen vergnügte Abende öfter veranstaltet. Mit dem letzten hat sie in diesem so wenig Abwechslung bietenden Winter jedenfalls den Preis errungen.

„*Straßenscene beim Passiren des Taotai's, des Allgewaltigen der Stadt Ningpo*", Ningpo; Aufnahme ca. 1902/1903

guten Platz umzusehen und denselben zu belegen. —

Kaum eine Stunde nachdem wir uns von dem Kapitän der „Pekin" einem liebenswürdigen Herrn verabschiedet hatten, befanden wir uns wieder an unserem gewohnten Platze und hiess es das Versäumte nachzuholen. —

Beschreibung einer kleinen Tour nach Chinkiang.

Um die mir gebotenen freie Zeit während der Weihnachtstage gehörig auszunutzen, verabredete ich mich mit einem Bekannten zu einer Tour nach Chinkiang. Am zweiten Weihnachtstage morgens um ca 6 Uhr dampften wir mit dem Dampfer „Mei shun" (dem Nordd. Lloyd & Melchers & Co. gehörend) aus dem Hafen von Shanghai. Einige Stunden später befanden wir uns bereits auf dem Yangsefluss. Wenn der Dampfer zufällig mitten im Strom fuhr, konnte man meinen, sich auf einem See zu befinden, eine solche Ausdehnung besitzt der Yangtse. Gegen zehn Uhr morgens erreichten wir die erste Station mit Namen „Tung Chow" hier wurden eine Anzahl Passagiere gelandet und an Bord genommen. Es handelt sich hierbei allerdings nicht um europäische Passagiere, sondern um Chinesen. In der Nähe der Station verlangsamt der Dampfer seine Fahrgeschwindigkeit, währenddem kommt ein mit Leuten vollgepfropftes Boot längsseits. Kaum hat das Boot am Dampfer festgemacht, so klettern die Leute mit einer affenartigen Geschwindigkeit an der Aus-

senbord hinauf; jeder will der Erste sein um sich eine guten Platz zu sichern, soweit überhaupt noch solcher vorhanden ist. Der Personenverkehr an diesen kleinen Stationen ist manchmal ein ganz enormer, er ist vielleicht mit einem kleinen Bahnhof während der Ausflugzeit zu vergleichen. — Eigenartig berührte es mich, dass von dem nahen Dorf eine deutsche Flagge auf einem alten aus Lehm gebauten Hause wehte, auch das Passagierboot trug eine solche Flagge, — dabei ist vielleicht noch nie oder doch vielleicht höchst selten ein Deutscher in dem Nest gewesen. — Die Flagge war, wie mir der Capitän der „Mei shun", Herr Capt. Minnig erklärte auf der Villa des Agenten, eines Chinesen, angebracht, damit die Wanderlustigen wissen, dass sie an dem Tage ein Passagierschiff zu erwarten haben. — Das Absetzen und Anbordnehmen der Leute hielt die „Mei shun" kaum eine Viertelstunde auf, dann ging es wieder stromaufwärts. In derselben Weise, wie eben beschrieben ging es bei den nächsten beiden Stationen vor sich. Mittlerweile war es Abend geworden und wir näherten uns unserem vorläufigen Endziel Chinkiang. Gegen zehn Uhr sahen wir die Lichter dieser Stadt oder dieses Drecknestes (als solches entpuppte es sich bei Tageslicht) vor uns. Der Dampfer verlangsamte seine Fahrt und in kurzer Zeit legte er an der Hulk „Bremen" fest. Nun gab es ein interessantes Bild. Es waren einige hundert Chinesen zu landen und vielleicht eben soviel wollten mit dem Dampfer aufwärts fahren. Da der Dampfer ziemlich besetzt war, war es nötig, immer erst eine Anzahl vom Dampfer zu lassen und dann den leer gewordenen Raum wieder mit dem

Die Frau.

Die Kleidung ist in den ersten Jahren sehr einfach, im Sommer zu einfach nach unsern deutschen Ansichten. In dem sogenannten „Froschfell", dick mit Watte gefüttert, sehen die Kleinen ganz drollig drein. Nach einigen Jahren wird die Kleidung geziemender und schön. Der Chinese liebt das Bunte. Je bunter und blumiger, um so schöner. Und wirklich sieht das kleine Kind mit seinen rothen, ovalen Bäckchen den dunkeln, geschlitzten Mandeläuglein, den schneeweissen Zähnchen und dem pechschwarzen, glänzenden Haar in seinem bunten Kleidchen von Kattun oder rother, blauer, grüner Seide mit blumigen Besatz ganz allerliebst aus. Dann hat auch der zahlengeübte Vater noch manchmal Vergnügen an seiner „kostbaren Perle".

Deutsche Kulturaufgaben in China Beiträge zur Erkenntnis nationaler Verantwortlichkeit

Herausgegeben von
Paul Rohrbach

Buchverlag der „Hilfe", Berlin-Schöneberg 1910

Man hört wohl die Naivität der Mädchen bewundern. Doch möge man sich nicht täuschen. Ich glaube, dass die Katzigkeit weit mehr vorherrscht. Ist das Mädchen gereizt oder schlecht gelaunt, kann es gar gefährlich aufstampfen mit den kleinen „Bocksfüsschen" und zum Kreuz der Familie werden. Eben das ist auch der Grund, weshalb Schwiegermutter und Tochter sich meist so schlecht vertragen.

Man hat mir ferner oft gesagt, ein chinesischer Frauenmund sei spitzer, als Nadeln. Ich glaube das gern. Da muss man sie zusammen schwatzen sehen! Da muss man sie schimpfen hören auf öffentlichen Strassen und fluchen und verfluchen! Von Jugend auf hören sie, wie ihre Eltern schimpfen, sehen die schlechtesten Beispiele, so lernen auch sie fluchen und schimpfen. Ihr Herz ist einem Sumpfe gleich und zu Zeiten der Hitze dringen die schlechten Dünste in Form von schmutzigen Schimpfreden ans Tageslicht. Ich kann mir nichts

„Bauerngehöfte", in der Nähe von
Shanghai; Aufnahme ca. 1907

neuen Zuzug zu füllen. Wie eine Herde Schaafe sah sich dies Getriebe an, damit keine Stockung entstand, wurden die Leute von den zur Aufsicht bestimmten Chinesen gezerrt, gestossen und überhaupt behandelt wie das Vieh. Die Leute sind aber ganz zufrieden mit dieser Behandlung, wenn sie nur mitkommen. Von Shanghai nach Chinkiang hat ein Chinese nur $ 1.10 als Fahrgeld zu bezahlen und dafür wird er auch noch mit Reis gefüttert. Die Reise dauert ca. 15-17 Std. Nach ungefähr einer halben Stunde konnten wir daran denken von Bord zu gehen. Kaum hatten wir unser Gepäck auf die Hulk, als die „Mei shun" auch schon wieder von der Hulk ablegte und ihre Reise fortsetzte; Ladung war infolge der Weihnachtstage nicht in Shanghai eingenommen und gab es auch aus demselben Grunde in Chingkiang nicht. — Auf der Hulk trenne ich mich von meinem Bekannten vorläufig bis zum nächsten Morgen, indem ich daselbst blieb, während Herr B. zum Melchers'schen Hong ging, um dort während der Nacht Unterkunft zu finden. — Für unser Unterkommen hatte der Angestellte der Firma Melchers & Co, welcher zugleich auch Postmeister des dortigen deutschen Postamtes ist, in liebenswürdiger Weise gesorgt. Herr Kähs ist der einzige deutsche Kaufmann in Chinkiang, ausser ihm sind wohl noch 3-4 Deutsche dort, es sind dies aber Beamte im chinesischen See-Zoll-Dienst. — Am nächsten Morgen war unser Erstes, uns um ein Hausboot zu bekümmern. — Wir hatten uns unseren Boy von Shanghai mitgenommen, zudem hatte Herr Kähs uns seinen Boy zur Verfügung gestellt, damit dieser uns unsere Verhandlungen mit den verschiedenen Bootsvermietern verdolmetschen konnte. Nach kurzem Suchen hatten wir denn auch ein Boot, allerdings ein chinesisches, gefunden, das einzige europäische Boot war leider mit einem Engländer unterwegs. Der Preis worauf wir uns mit dem Chinesen einigten, war $ 2.80 per Tag, verhältnismässig nicht sehr teuer, nur war das Boot auch danach; überall grosse Risse, welche wohl die schöne frische Luft herein liessen, aber nachts doch höchst ungemütlich werden mussten, denn wir hatten in der Nacht vorher ca. 2° C. unter Null gehabt. Gegen diese Risse wusste aber der Aufseher der Hulk ein gutes Mittel, er schickte sofort ein paar seiner Leute mit Segelleinen zu dem gemieteten Boot und liess dasselbe gehörig dichten. Kurz nach Mittag, nachdem unser Boot in Stand gesetzt war und wir uns soweit als angängig mit frischem Fleisch, Brot & Wasser versehen hatten (den grössten Theil des Proviants hatten wir in Conservenbüchsen von Shanghai mitgenommen, auch wollene Decken, Petroleumofen, -Kocher etc.), segelten wir kurz nach Mittag flussaufwärts. Wir passirten S. M. S. „Seeadler" welcher vor Chinkiang vor Anker lag. Die Mannschaft des „Seeadlers" hatte sich einen Tag vor unserer Ankunft in Chinkiang ausgezeichnet, indem sie die Engländer im Fussball geschlagen hatte. Ein am nächsten Tage erfolgtes Revengespiel wurde von keiner Partei gewonnen. Das haben sich die Europäer in Chinkiang jedenfalls nicht träumen lassen, dass ihnen die deutschen Matrosen im Fussballspielen über werden würden.

Nachdem wir ein paar Stunden den Fluss aufwärts gefahren waren, gingen wir an Land und hinterliessen dem Bootsführer unschöneres denken, als eine solche schimpfende Furie.

Chinesischer Frauenmund! Man erzählt sich in Büchern manches von europäischen Frauen in dieser Beziehung; aber ich möchte glauben, die chinesische Schwester übertrifft sie in Bezug auf das Schwatzen. Die chinesische Sprache ist überhaupt etwas schnatterhaft und ein solches chinesisches Frauenkonzert et ab hoc et ab illa erinnert unwillkürlich an die schnatternden Gänse auf dem stillen Teiche.

Schlimm ist die Frauenrache. Gift, Dolch und Strick müssen herhalten, um sie zu befriedigen. Wie viel Selbstmorde durch Erhängen mögen in China an einem Tage wohl geschehen? Die Schwiegermütter fürchten sehr den Strick der Schwiegertöchter. Sie geraten in Streit, die Schwiegertochter erhängt sich und ruiniert aus Rache damit die Familie. Feindschaften endigen vielfach mit dem Strick. Ich habe Weiber auf den Strassen gesehen, die wie Wüthende mit dem Kopf auf Steine stiessen oder mit dem Kopf an Wände rannten, weil der Sohn oder Tochter nicht gehorcht . . .

„*Ein Boot wird über eine Wasser-*
wehr geschleift", bei Ningpo; Aufnahme ca. 1903

Instructionen, weiter flussaufwärts zu fahren. — Wir passirten verschiedene Dörfer, in welchen wir von den Einwohnern anscheinend als Wundertiere angestaunt wurden. — Die Bauart der Häuser ist hier bei Chinkiang eine ganz andere wie in Shanghai und Umgegend. Die meisten

„Bettlerhütte", Chinkiang; Aufnahme ca. 1903

Häuser sind garnicht als solche zu bezeichnen, der Name Hütte ist noch zu viel. Wie die Leute darin leben können, ist mir unbegreiflich und doch sah man eigentlich nur gesunde Gesichter. Dass bei einem Mittagsmahl Hund und Schwein ungefähr dieselben Rechte haben, wie die Kinder und sozusagen aus demselben Napf fressen, habe ich selbst gesehen, ein besserer Chinese würde sich, beim Passiren einer solchen Hütte die Nase zuhalten und ekeln. — Die leichte Bauart der Wohnungen hat seinen Grund in den häufigen Überschwemmungen des Yangtses, ein Hochwasser reisst manchmal Hunderte von Hütten weg; allerdings viel ärmer als diese Leute schon sind, können sie dadurch nicht mehr werden, eine Hütte ist leicht wieder gebaut;

auch scheinen sich die Leute zu sagen, dagegen könnten sie doch Nichts machen, das ist eben „bad joss" (der böse Geist). Das ganze Gebiet, welches wir um uns herum sahen scheint alles zum Reisbau benutzt zu werden, das zu diesem Zwecke nötige Wasser ist ja in Menge vorhanden, gleichfalls sind Arbeitskräfte massenhaft da. — Ein in Shanghai fast unbekanntes Transportier begegnete uns hier häufig, manchmal sogar ganze Karavanen, es ist nämlich der *Esel*. Das Tier ist hier viel munterer und flinker, als wie z.B. bei uns zu Hause. Es trägt ganz willig seine häufig sehr schweren Lasten, namentlich Steine, Steingut- & Thonwaren, Gemüse etc. Nur bissig scheinen die Tiere zu sein, denn sie trugen alle Maulkörbe. Mit ziemlich schweren Reitern machten sie einen ganz netten Zuckeltrab.

Mit der erhofften Jagdbeute, die wir zum Boot zurückbringen wollte sah es anfangs schlecht aus, es liessen sich wohl grosse Schwärme von wilden Enten, Gänsen etc. sehen, aber es war nicht so leicht nahe genug an die Tiere heranzukommen, um einen Schuss zu riskiren. — Doch ganz ohne Beute sollten wir nicht ausgehen, Herr B. und auch ich, erreichten das Boot eben vor Dunkelwerden, der Eine ein paar Tauben und ich ein paar Enten und einen Taucher mitbringend. —

Das inzwischen vom Boy bereitete Abendessen schmeckte nach dem ca. 5stündigen Herumlaufen vorzüglich. — Frühzeitig legten wir uns schlafen, um desto früher wieder munter zu sein. — Leider war die Schlafstelle nicht so weich, wie man sie in Shanghai gewohnt; indem es weiter nichts gab, als drei wollene Decken als Un-

Die

STRAFEN

der

CHINESEN.

Nach dem Englischen
von
H. Dohrn.

Mit 21 Abbildungen und 1 Titelbilde.

Dresden 1898.
Verlag von H. R. Dohrn.

Die Bastonnade.

Der Sträfling liegt auf dem Bauche, während ihn ein Büttel am Zopfe und Hosengurte niederhält. Ein anderer zählt ihm in dieser Lage die zuerkannten Schläge auf. Nicht selten erliegt der Sträfling den Streichen und besonders Frauen gehen bei dieser grausamen Behandlung leicht zu Grunde.

64

Das Ohrenquetschen.

Die Tortur des Ohrenquetschens ist ebenso einfach, wie schmerzhaft. Durch geschickte Griffe werden dem Schuldigen die Ohrenknorpel umgedreht.

65

Backenstreiche mit dem Leder.

Durch Schläge in das Gesicht mit einer Klatsche aus dickem Leder werden in China hauptsächlich die Schiffer bestraft.

66

„Bettlerhütten", Chinkiang; Aufnahme ca. 1903

152 terlage und Decke zugleich. — Trotzdem schlief ich bald ein. —

Am nächsten Morgen liessen wir den Laodah (chinesischer Name für Bootsführer) in einen Arm bzw. Nebenfluss des Yangtse fahren, damit wir näher an die oberhalb Chinkiang sich erstreckenden Berge gelangten. Gegen zehn Uhr, nachdem wir unser erstes Frühstück beendet hatten und ein zweites eingesteckt, zogen wir wieder über Land, die Büchse umgehängt. — Nach zweistündigem Marsch kamen wir am Fuss der Berge an. Zum Theil hatten dieselben eine nette Höhe; wir nahmen uns vor, den höchsten Gipfel zu erreichen und es hat uns nicht gereut, wenn auch viel Schweiss dabei geflossen ist. — Die niederen Vorberge waren meistens mit kleinen Föhren und Eichengestrüpp bewachsen, auch waren ab und an kleine Bambuswäldchen darunter, die höheren Berge waren dagegen fast ganz kahl, nur in den Schluchten war es grün, der Grund ist wohl darin zu suchen, dass im Frühjahr die kolossalen Regenmassen alle Pflanzen weg-

„Bergarbeiter in einem Kohlenbergwerk", bei Chungking; Aufnahme ca. 1913

schwemmen, zudem sind die Berge fast nur Granit, überall lagen grosse Blöcke herum. An einem Platz, der uns einen grossartigen Fernblick gewährte, machten wir Halt um unser mitgenommenes Frühstück zu verzehren, — dass es schmeckte, ist wohl nicht nötig zu erwähnen. —

Fortsetzung der Chinkiang-Tour.

Nachdem wir uns nun gestärkt und ausgeruht hatten, ging es wieder frisch darauf los, bergauf, bergab, doch liess sich zu unserem grössten Leidwesen kein grössers Wild sehen, sodass wir uns mit dem Gedanken vertraut machen mussten, leer zum Boot zurück zu kommen. Wir waren aber wegen der schlechten Jagd nicht gerade verdriesslich, da uns die Naturschönheiten reichlich für Alles entschädigten. Allmälig mussten wir daran denken uns wieder auf den Rückzug zu begeben, denn die Sonne sank immer tiefer. Um nun nicht denselben Weg, welchen wir gekommen waren, nochmals zu gehen, zudem uns auch noch das Bergsteigen in den Beinen lag, beschlossen wir, die Gebirgskette zu umgehen, der Weg war zwar etwas länger, dafür aber bedeutend bequemer und uns, was die Hauptsache war unbekannt, wir hatten also Gelegenheit, eventl. noch etwas Neues zu sehen. Die ungeheuren Regenmassen, welche im Frühjahr von den Bergen herunterkamen, hatten in den Thälern eine Anzahl Rinnen gespült; von diesen Rinnen aus wurden dann künstlich angelegte Teiche mit Wasser gefüllt, um in der trockenen Jahreszeit die Reisfelder bewässern zu können. — Sehr stark bewohnt waren die

Das Blenden der Augen.

Die Strafe des Blendens geschieht durch Pressen der Augen mit einem ungelöschten Kalk enthaltenden Säckchen.

67

Die Wunderwelt des Ostens.

Reisebriefe aus China und Japan von Missionsinspektor Lic. H. Witte, Berlin.

(Mit 22 Bildern nach eigenen Photographien des Verfassers.)

2. vermehrte und verbesserte Auflage.

Berlin-Schöneberg 1913
Protestantischer Schriftenvertrieb
G. m. b. H.

Die Strafe der Landesverweisung.

Je nach der Art des Vergehens wird die Deportation entweder auf bestimmte Zeit oder lebenslänglich verhängt.

68

Die Hinrichtung durch den Strang.

Der Delinquent wird mittels eines langen Strickes, der ihm um Beine, Leib und Arme läuft, an ein hölzernes Kreuz gebunden; an dem Ende des Strickes wird ihm um den Hals geschlungen, und ein handfester Henker zieht ihm damit die Gurgel zu.

69

„Kanalszene", in der Nähe von
Shanghai; Aufnahme ca. 1904

Thäler zwischen den Gebirgsketten gerade nicht, aber angebaut war Alles, was man Land nennen konnte. — Wo der Grund felsig war, wars natürlich mit dem Ackerbau vorbei, dort hatte man aber Föhren angepflanzt. Leider sah man keine ausgewachsenen Bäume, wie man es zu Hause gewohnt ist. Die Bäume schienen nur angepflanzt zu sein, um schon nach ein paar Jahren ihres Wachstums als Brennholz verwendet zu werden. Vielleicht verhinderte sie auch der steinige Boden am normalen Wachsen.

Gegen $1/_2$7 sahen wir das Wasser des Flusses vor uns schimmern und war es nun ein Leichtes uns zurechtzufinden. — Müd und hungrig kamen wir bei unserem Hausboot an, der Boy hatte schon lange nach uns ausgeschaut, da wir ihm beim Fortgehen gesagt, dass er das Essen um drei Uhr fertig haben sollte.

Während der Nacht liessen wir nun den Laodah wieder zum Yangtse zurückfahren, damit wir am nächsten Tags eine andere Gegend vor uns hätten. Beim Kaffeetrinken am nächsten Morgen begann es zu unserem Leidwesen langsam zu regnen; wir liessen uns jedoch nicht abschrecken; mit einem Regenrock versehen gings wieder an Land. Diesmal war es aber nicht halb so schön, wie an den beiden Tagen vorher, weshalb ich den Tag auch schneller übergehen werde. Etwas passirte mir noch; da wir von vornerein beabsichtigt hatten, diesmal nicht solange unterwegs zu bleiben, hatten wir uns ausser einem gehörigen Butterbrot Nichts mitgenommen. Wie es nun gewöhnlich geht, nach dem Frühstück verspürten wir Durst hatten aber Nichts zum Trinken. Etwas Thee wird wohl zu haben sein, dachte ich, und machte mich

auf, um im vor uns liegenden Dorf Nachfrage zu halten. In Shanghai und dessen Umgebung wäre es mir in Leichtes gewesen, mich mit den Leuten zu verständigen, aber hier war es mir mit dem besten Willen nicht möglich, mich mit den Leuten, die mir alles Mögliche, aber nur keinen Thee, anbrachten, verständlich zu machen. Erst boten sie mir Reis, dann Reisbranntwein, (samshoo) und schließlich Wasser an, das Letztere wollte ich aber lieber unversucht lassen, da es jedenfalls kein Quellwasser war, denn es sah nahezu grünlich aus. — Die Leute zeigten aber den guten Willen und das war auch was werth. — Diesmal kamen wir früher zu unserem Boot zurück, nachdem wir uns gründlich umgezogen, hatten, warteten wir besseres Wetter ab, denn bei dem stärker werdenden Regen, war der Laodah nicht zu bewegen, zu fahren, er meinte wir sollten nur besseres Wetter abwarten. Dieses war aber gar nicht nach unserem Geschmack, denn der Regen schien in einen richtigen Landregen übergegangen zu sein. Wir hielten es deshalb für das Richtigste, uns sobald als möglich auf den Heimweg zu machen. Nach langem hin und her bequemte sich unser Herr Laodah denn dazu sich auf den Heimweg zu begeben, nachdem wir zweien seiner Bootleute unsere Regenmäntel zur Verfügung gestellt hatten. Ich kann nicht anders sagen, dass die Leute nun auch ihr Bestes thaten um uns noch an demselben Abend nach Chinkiang zu bringen. Gegen $10^1/_2$ Uhr kamen die ersten Lichter in Sicht und ungefähr eine halb Stunde später wurde das Boot an der Melcher'schen Hulk festgemacht. Da es reichlich spät geworden war, Herrn Kähs noch aufzusuchen, beschloss

Der Halskragen (Kang).

Unter den verschiedenen Prangerstrafen der Chinesen ist das Tragen des Kang die am häufigsten angewendete. Der Kang ist aus mehreren schweren Brettern zusammengesetzt, mit einer Öffnung in der Mitte, in welche der Hals des Übelthäters eingezwängt wird. Dieses Gestell macht es ihm unmöglich, sich hinzulegen oder anzulehnen; auch ist er behindert, die Füsse zu sehen oder seine Hände zum Munde zu führen. Der Kang wird dem Verbrecher weder bei Tage noch bei Nacht abgenommen, und die Schwere desselben wird gewöhnlich seinen Kräften, besonders aber seinem Verbrechen angemessen.

70

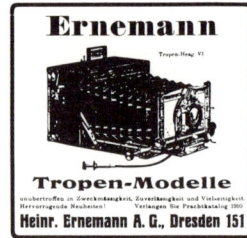

Ernemann

Tropen-Haag VI

Tropen-Modelle

unübertroffen in Zweckmässigkeit, Zuverlässigkeit und Vielseitigkeit. Hervorragende Neuheiten! Verlangen Sie Prachtkatalog.

Heinr. Ernemann A. G., Dresden 151

Die Enthauptung.

Das Enthaupten halten die Chinesen schon deshalb für den schändlichsten Tod, weil dabei der Kopf als der vorzüglichste Teil des Körpers von diesem getrennt wird.

71

Die Schaukelfolter.

Der Delinquent wird an zwei Leinen, welche ihm um Schultern und Fussknöchel gelegt sind, schwebend aufgehenkt. Tusche, Papier und Pinsel liegen bereit, um sein Geständnis aufzunehmen.

72

Die Fingerfolter.

Diese Tortur wird hauptsächlich gegen Weibspersonen, welche einen liederlichen Lebenswandel führen, angewandt. Die Finger werden in eine Holzklammer gezwängt, welche durch starkes Zusammenschnüren die schmerzhaftesten Empfindungen hervorbringt.

73

„Bestrafter Chinese im Kang", bei
Hankow; Aufnahme ca. 1908
    Leider ist der Grund der Bestra-
fung nicht auf dem Kang vermerkt,
lediglich die Schriftzeichen des
Kommissars für die Auswärtigen
Angelegenheiten des Gebietes Jiang
Han, welcher den Kang versiegelte,
sind zu erkennen.

156 Herr B., die Nacht im Hausboot zuzubringen, während ich es aber vorzog, mich wieder auf der Hulk einzuquartieren. Am andern Morgen wurde Alles zur Heimreise gepackt, der Laodah mit seinen Leuten abgelöhnt und nachdem das Geschäftliche erledigt war, hatten wir noch einige Stunden zur Verfügung, um uns Chinkiang zu besehen. — Aermere Hütten, wie in der nächsten Nähe Chinkiangs habe ich nie gesehen, es spottet einfach jeder Beschreibung; dazu kam noch, dass die Strassen sich in einer Verfassung befanden, dass ein Passiren derselben lebensgefährlich wurde. Trotzdem liessen wir uns aber nicht abschrecken, einer in ca. ¼ Stunde Entfernung befindlichen Pagode einen Besuch abzustatten. — Die Pagode lag auf einem steilen Felsvorsprung, einer Art Halbinsel. Ehemals war dieser Felsen mitten im Strom gelegen, es hat jetzt noch den Namen „Golden Island"; jetzt ist der Fuss des Felsens einige Hundert Fuss vom Flussbett entfernt, nur bei Hochwasser, wird der Felsen bespült . . Fast der ganze Felsen ist mit einem Tempel bebaut, es ist einer der grössten „Josshäuser" in der Umgegend Chinkiangs. Während wir den Tempel besichtigten hielten die Mönche gerade Bet- oder Gesangsstunde ab. Der leiernde Gesang berührt Einen ganz eigenartig, wenn man bedenkt, dass diese Mönche während ihres *ganzen Aufenthalts* im Kloster ein höchst eintöniges Leben führen, so bekommt man ordentlich Mitleid mit diesen Leuten. —

Es wurde uns Thee angeboten und gern gestattet, dass wir die Pagode, welche auf dem höchsten Punkt des Felsens erbaut war, besichtigten. — Lange durften wir uns nicht mehr aufhalten, es war ungefähr

5 Uhr und um diese Zeit sollte die „Mei lee", welche uns wieder nach Shanghai zurückbringen sollte, in Chinkiang eintreffen. — Der Dampfer liess auch nicht lange auf sich warten. Nachdem wir uns von Herrn Kähs verabschiedet hatten (dieser Abschied sollte jedoch nicht für immer sein, denn Herr Kähs fand es doch zu langweilig, Sylvester in Chinkiang zu verleben und beschloss gleichfalls mitzufahren.) begaben wir uns an Bord der „Mei lee" um Herrn Capt. Kley zu begrüssen. — Die Rückreise verlief ohne weiteren Zwischfall.

Sowie es mir meine Zeit erlaubt, werde ich wiederum einen kleinen Ausflug machen, denn interessanteres als in unbekannter Gegend herumstreifen kenne ich garnicht. —

„Tigerhügel-Pagode", Soochow;
Aufnahme ca. 1907

Das Recht.

Die chinesische Justiz ist sehr billig zu handhaben. Gefängnisse gab es bis vor kurzem überhaupt nicht. Es wurden für geringe Verbrechen Prügelstrafen, an den Pranger stellen und dergl. verhängt. Mit Hinrichtung ist man sehr leicht bei der Hand. Die Rechtssprechung ist fabelhaft einfach, kein Rechtsanwalt, keine Geschworenen, nur ein Richter. Die meisten Streitigkeiten werden von den Familien geschlichtet. Es ist also klar, dass die Justiz in China nicht viel Geld kostet. Die Reform hat sich bisher darauf beschränkt, ganze Teile aus deutschen Gesetzbüchern abzudrucken, die natürlich nicht auf die völlig abweichenden chinesischen Verhältnisse passen und daher auch nicht zur Anwendung kommen.

⁻4

„Buddhistische Wächtergottheit im Tempel von Tien-dong", Ning-po; Aufnahme ca. 1902/1903

Im Bilde ist einer der vier buddhistischen Himmelskönige zu sehen, „Chi-quo tien-wang", das bedeutet „Der Staatsbeschützer" im Süden. Er spielt ein lautenähnliches Instrument, die „Pipa".

Chinesische Gärten.

Wie die Chinesen in so Vielen von unseren Sitten, Gebräuchen und Gewohnheiten verschieden sind, so sind sie es auch mit der Einrichtung ihrer Gärten. — Der Schreiber dieser Zeilen hat häufig Gelegenheit genommen, den einen oder den anderen der in der Chinesenstadt oder in der Nähe derselben befindlichen Gärten aufzusuchen, wenn es ihm darum zu tun war, dem Lärm der Stadt zu entfliehen, ohne einen längeren Ausflug in's Freie machen zu brauchen. — Es soll in vorliegendem Aufsatz in der Hauptsache von chinesischen Gärten in der Chinesenstadt Schanghai's und seiner Umgebung die Rede sein. —

Bei einem gelegentlichen Besuch der Chinesenstadt, wurde ich von einem sogenannten Führer gefragt, ob ich einen der Gärten zu besichtigen wünsche, da ich damals noch nichts von diesem Garten gehört hatte, bat ich den Mann, dem es nur um ein kleines Trinkgeld zu tun war, mich hinzuführen. — Wer war verdutzter als ich, als der Führer an einer uns gerade gegenüber befindlichen Tür klopfte und um Einlass bat. Mit dem Ueberschreiten der Schwelle befanden wir uns bereits in dem erwähnten Gärten. — Zuerst betraten wir eine Halle, die einer Gilde (der Schanghai Zuckergilde) als Versammlungsort für ihre jährlichen Beratungen diente, wie auch das Gartengrundstück dieser Gilde gehörte. — Nach dem Durchschreiten einer weiteren Tür, gelangten wir in den eigentlichen Garten. —

Man darf sich nun nicht einen wohlgepflegten Garten in unserem Sinne vorstellen, denn von grosser Blumenpracht, schattigen Bäumen und Sträuchern war wenig zu sehen, obwohl diese Zierden eines jeden Gartens bei uns, hier nicht ganz fehlten. — Was mir zuerst in's Auge fiel, waren die

„Alte Kiefer in einem chinesischen Garten", Shanghai; Aufnahme ca. 1905

verschiedenen Nischen und Grotten aus Tropfstein errichtet und die kleinen Wasserläufe, welche mehrfach von zierlichen, zum Teil überdachten Brücken überspannt waren. Sehr hübsch waren die Zick-Zack-Brücken, welche so recht zu den Chinesen passten, welche sich im Garten ergingen. — Das Hasten und Jagen der Kinder beim Spielen würde ein Chinese im Garten kaum erlauben, da ihn solches aus seiner behagli-

Festessen.

In einem langen schmalen Raum eines chinesischen Hotels stand ein langezogener schmaler Tisch. Wir Europäer waren um fünf Uhr gekommen. Ein Haufen von festlich gekleideten Chinesen in reger Stimmung schwärmte uns mit Verneigungen entgegen. Alles war schmucklos und das Tuch auf dem Tisch etwas unsauber. Wir waren vier Europäer, die an dem Mahl teilnahmen, die chinesischen Gäste waren etwa fünfundzwanzig, lauter Kaufleute, die in irgendeinem Zusammenhang mit den Kompradoren, den Geschäftsvermittlern der beiden deutschen Firmen Tschunkings standen. Einer der Kompradore hatte zum Festessen eingeladen. Wir waren mit zahllosen Verbeugungen an unser Plätze geführt worden . . .

Nur eine Handels-metropole wie Hamburg konnte das Bedürfniss nach einem Institut hervorrufen, in welchem dem Besucher die Erzeugnisse von über 100 verschiedenen Fabriken der Lebensmittel-Industrie in allen Verpackungen, Spezialitäten und verschiedenen Qualitäten, aufs Uebersichtlichste geordnet, vorgeführt werden.

Der Grundgedanke des ganzen Unternehmens von Harder & de Voss, Hamburg, ist, die einzelnen ausgestellten Artikel in allen Preislagen vorzuführen, den verschiedenen transatlantischen Ländern entsprechend, somit die Lebensmittelbranche nach Möglichkeit erschöpfend, soweit sie den Export betrifft.

Die Ausstellung unterscheidet sich also von öfentlichen Ausstellungen vornehmlich dadurch, dass alle ausgestellten Artikel exportfähig aufgemacht sind, dieselbe eine dauernde ist und alle für den Export in Frage kommenden Neuheiten nach Möglichkeit aufweist. Preislisten in verschiedenen Sprachen zur Verfügung.

Die grosse Reihe von Fabrikaten erster Firmen, welche zur Ausstellung gelangten und im Auslande sich wesentliche Absatzgebiete eroberten, bürgen dem Käufer für die Concurrenzfähigkeit der Fabrikate im Weltmarkte.

Für die vorübergehend in Hamburg weilenden Correspondenten Hamburger Exportfirmen, welche Lebensmittel exportiren, dürfte die „Dauernde Export-Muster-Ausstellung der Lebensmittel-Industrie Harder & de Voss, Hamburg, Gr. Burstah 36 38", von ganz besonderem Interesse sein.

Regelmässige Proviant-Lieferungen für Schiffe, Factoreien und Expeditionen.

— Man fordere Export-Preislisten! —

Bald jedoch kam noch eine fünfte Chinesin. Sie hatte ein kleines, fünfjähriges Mädchen an der Hand, ein kleines, dickes Kind mit aufgeblasenen Backen, gekämmt, geschminkt und gekleidet wie die andern, ein Dirnchen in Kinderschuhen, eine Schülerin der Liebe. Sie wurde angelernt.

Als sie hereintrat und der dicke deutsche Kaufmann mit seinem guten unverehelichten aber sehnsüchtig gebliebenen Herzen sie liebevoll begrüßen wollte, flog sie zurück wie vor einem Teufel und begann zu heulen. Die Frau, die sie mitbrachte, zog sie auf den Arm. Diese Frau war schlank und mager, in grauem Kleid, mit einem schmalen und schönen Kopf und harten großen Augen, die flach waren und wie kalte geschliffene graue Achate glänzten. Sie beruhigte das Dirnchen rasch . . .

Der Festgeber hob seine Eßstäbchen in der Hand hoch, verbeugte

„Drachenköpfe als Mauerverzierung", Shanghai; Aufnahme ca. 1905

Die Aufnahme stammt aus einer der berühmtesten traditionellen Gartenanlage, dem „Yü-Garten" in Shanghai, welcher zwischen 1559 und 1577 erbaut wurde.

Hohe Beamte, reiche Kaufleute oder wohlhabende und einflußreiche Institutionen, wie zum Beispiel die Gilden, schufen sich solche mauerumgebene Gärten, die aber auch der Öffentlichkeit zugänglich waren.

Die Architektur dieser Anlagen versinnbildlichte die allumfassende Staats- und Weltenlehre der Chinesen, den Konfuzianismus in besonderen Felsformationen, Toren, Brücken, Pavillons und deren Verknüpfung mit Pflanzen und Wasser.

In dieser Welt im Kleinen versuchte man die universelle Ordnung des Kosmos wiederzuspiegeln.

Die unter den beiden Drachenköpfen zu sehenden Schriftzeichen bedeuten: „Die Berge sind herrlich und die Flüsse zauberhaft". Der Drachen stellt in der chinesischen Mythologie das Symbol des Kaisers und der Macht, der Männlichkeit und der Lebenskraft dar.

chen Ruhe bringen würde, die vielfach gewundenen Wege würden solches auch schon von selbst verbieten. —

Kleine ausgemauerte Wasserbehälter enthalten Goldfische und Schildkröten. Die chinesischen Goldfische unterscheiden sich von den in Deutschland bekannten ganz erheblich, ich habe Arten gesehen, bei denen die Schwanzflosse so gross war, wie der ganze übrige Fischkörper. Es gab deren zwei Arten und zwar die eine Art von schönem Goldrot gefärbt, während die andere Art olivschwarz von Farbe war. — Irgendeine Rasenfläche war in dem Garten nicht vorhanden, eigentlich bestand Alles aus Wegen, Grotten, kleinen, hübsch mit Holzgitterwerk verzierten, Gartenhäuschen, deren Dächer nach oben geschwungene Linien aufwiesen. — In diesen Gartenhäuschen befanden sich Ruhebänke oder einzelne Sitze, zum Teil aus Holz gefertigt, zum Teil aber auch aus Stein. — Auch befand sich ein kleiner Hügel aus einer Art Tropfstein gebildet, welcher an seinem Fusse mehrfach durch kleine Irrgänge durchbrochen war, während die Spitze mit einem kleinen Pavillon gekrönt war und eine gute Uebersicht über einen Teil der Chinesenstadt bot. — Ausserdem befanden sich in diesem Garten noch mehrere Hallen, in denen die den Garten Besuchenden ihren Tee oder auch, wenn sie sich vorgenommen hatten sich länger aufzuhalten, ihre Mahlzeit einnehmen konnten, waren doch die Diener, welche in dem Garten wohnten, auf solche Besuche vorbereitet und konnte ein Essen für ein oder mehrere Dutzend hungrige Gäste in kurzer Zeit nach Wunsch fertig gestellt werden. — Viele Chinesen verabreden sich auch, sich

in einem der in der Stadt befindlichen Gärten zu treffen, um, hier ungestört ein Spielchen zu machen, denn obwohl mitten in der Stadt, ist der Strassenlärm fast wie abgeschnitten und hört man kaum etwas davon in den Gärten. — Ich bin deshalb später auch häufig in diese Gärten gegangen, einmal, weil es mir darum zu tun war, ein paar gute Aufnahmen zu machen, dann aber auch weil mir die Ruhe und die eigentliche Anlage der Gärten so sehr gefiel. — Keine der Tore oder Durchlässe von einer Abteilung zu einer anderen war gleichmässig. Einmal ist ein Durchgang kreisrund, dann wieder herzförmig u.s.w. mit den in der Mauer befindlichen Fenstern ist es ganz ähnlich, diese weisen recht hüb- (...) Der obere Rand der Mauer ist wellenförmig und durch lose aufgelegte Ziegel ist ein Drachenleib nachgebildet. In einem der Gärten laufen über einer Tür in Form von wunderhübsch ausgeführten Drachenköpfen, die durch eine flammende Sonne getrennt sind, diese Wellenlinien zusammen. —

Die ausserhalb der Chinesenstadt befindlichen chinesischen Gärten sind dagegen räumlich bedeutend grösser und weisen meistens eine grosse Blumenpracht auf. In grossen Gewächshäusern befinden sich auch sehr viele, der bei uns heimischen Blumen, nur sind sie, da sie hier, in einem bedeutend milderen Klima, besser gedeihen können, prächtiger entwickelt. Man muss es dem reichen Chinesen lassen, wenn er's Geld dazu hat, wendet er für solche Liebhaberei, wie Blumen, viel an und lässt auch ganz gerne Andere ihre Freude mit daran haben. Auch in diesen Gärten findet man meistens ein paar Hallen, in denen Tee ge-

sich vor der Gesellschaft nach rechts und links und forderte zum Nehmen auf, indem er mit den Eßstäbchen auf die Schüssel zeigte. Er lachte verbindlich und legte dem rothaarigen europäischen Nachbar etwas auf den Teller. Der Bayer (der vierte europäische Gast) schaute ihn wütend an. Er sagte auf deutsch: „Leg' mir eine Kalbshaxn' hin, Schinees! Gut! Aber euern Dreck freßt selber." Ich schaute ihn an. Der dicke deutsche Kaufmann schaute ihn an. Der Genfer schaute ihn an. Der rothaarige Europäer hielt das für eine harmonische Zustimmung. Er lachte und sagte: „Seine Schweinsborsten kann er mir verkaufen. Aber mit diesen Schweinereien soll er mir vom Leibe bleiben." . . .

EUGEN WOLF.

MEINE WANDERUNGEN.

I.

IM INNERN CHINAS.

MIT 87 ILLUSTRATIONEN EINER KARTE UND DEM BILDNIS DES VERFASSERS.

STUTTGART UND LEIPZIG.
DEUTSCHE VERLAGS-ANSTALT.
1901.

Da gab's drüben bei unserm Landsmann wieder etwas. Ich hatte nicht gesehen, was geschehen war. Aber der Genfer sagte ihm: „Stellen Sie uns bitte nicht bloß. Wenn Ihnen nichts vom Essen paßt, so können Sie ja nach Hause essen gehen. Sagen Sie, Sie seien krank." Ich wurde auf die Sache aufmerksam, weil der Nachbar, während er mir die Handhabung der Stäbchen zeigte, ohne aufzublicken oder einzuhalten doch auf etwas anderes aufzupassen schien. Ich sagte ihm auf englisch: „Ich danke Ihnen. Jetzt bin ich bereit, Chinese zu werden, da ich nun auch diese Kunst kenne. Bis dahin wäre ich verhungert." Er aber antwortete mir plötzlich lachend in gutem Deutsch: „Oh, weshalb! Chinesisches Leben ist schlechtes Leben." Ich erschrak ein wenig, in dieser fremden Anstalt so unerwartet diese Sprache zu hören. Er lachte ungemein liebenswürdig und legte mir geschäftig mit seinen Stäbchen schöne fette Schwämme in meine Schüssel.

„Europäer und Chinesen mit ihren
Fahrrädern im Mandarinsgarten",
Shanghai; Aufnahme ca. 1906

162 boten wird und wenn vorher bestellt, auch Essen für grössere oder kleinere Gesellschaften fertig gestellt und zu mässigen Preisen verkauft werden. Manchmal wird auch ein geringes Eintrittsgeld erhoben, womit die Kosten der Unterhaltung solcher Gärten — in denen auch zur Belustigung und Unterhaltung von Jung und Alt vielleicht noch ein paar Tiere, wie Affen, Hirsche, Tiger oder Leoparden gehalten werden, bestritten, oder doch zum Teil bestritten werden können. Die ausserhalb der Stadt gelegenen Gärten weisen auch mehr Gesträuch und Bäume auf und verdienen deshalb eher die Bezeichnung Gärten, als die in der Stadt gelegenen. — Mit Vorliebe werden Pfirsich-Bäume, eine Art japanische Kiefer und noch ein paar Arten schön blühender Sträucher künstlich zu gewissen Formen gezüchtet, zum Beispiel sieht man Nachbildungen von Störchen, Löwen, Fischen u.s.w., die dem Fremden merkwürdig genug vorkommen, die aber dem chinesischen Gärtner sehr viel Mühe gemacht haben und die sein ganzer Stolz sind. Solche Zierbäume oder -Sträucher sind, wenn man sie kaufen wollte, unverhältnismässig teuer und wird wohl nur der Chinese, als Kenner solcher verkrüppelter Bäumchen die verlangten Preise bezahlen. — Zur Zeit der Blüte — besonders der Pfirsichblüte — und im Sommer — Juli — zur Zeit der Lotusblüte und dann im August/September zur Blütezeit der Crysamtimum gehört ein Besuch chinesischer Gärten direct zu einem Genuss. — Die Lotusblume wird in künstlichen Teichen, die sich in diesen Gärten befinden angepflanzt, einmal der hübschen Blüten und des schönen Hellgrün ihrer Blätter wegen, dann aber in der Hauptsache ihres Nutzen wegen, den der Chinese durch ihre Wurzel und ihren Samen hat. — Der Same der Lotuspflanze ist ungefähr haselnussgross, derselbe wird gewöhnlich in einer süssen Soze zubereitet gegessen, ober aber als eine Art kandirte Nuss. Die Lotuskerne haben aber keinen directen Nussgeschmack, sondern sie sind mehliger, doch ist ihr Geschmack — nach unseren Begriffen nicht unangenehm. —

„Lotusblüten"; Aufnahme ca. 1901

Die Wurzel der Lotuspflanze ist oft mehrere Fuss lang und besteht aus etwa spannenlangen abgeschnürten, rundlichen, vielleicht drei bis vier Centimeter Durchmesser habenden Stücken, die beim Durchschneiden eine ganze Anzahl runder Löcher aufweisen, ungefähr so wie ein guter Schweizerkäse. Aus den Wurzeln der Lo-

Actien-Gesellschaft für Anilin-Fabrikation
BERLIN SO. 36. Photographische Abteilung

AGFA „Agfa"
Entwickler Trockenplatten Rollfilms
Schutzmarke.

Gebrauchsanweisungen, Rezepte, oßliche Winke, Gutachten, Belichtungs-Tabellen, Preise, Auskunft über Packung etc. im

„Agfa-Photo-Handbuch" Über 100 Textseiten. PREIS 30 Pfennig.
Bezug durch die Photo-Handlungen.

Soirée

Das erste Konzert des Herrn Sternberg in dieser Saison verlief sehr günstig. Herr Sternberg selbst schien gut disponiert zu sein. Am besten gelang ihm die „Barcarole" von Tschaikowski. In dem Menuett der Beethovenschen Sonate vergriff er sich aber im Tempo, sodass dieses seine ruhige Grazie verlor. Herrn Beckmann hörten wir zum ersten Mal. Er scheint ein sehr beachtenswerter Geiger zu sein, doch ist es unmöglich, ein abschliessendes Urtheil über ihn zu fällen, da sein Instrument nicht rein gestimmt war und daher den Zuhörer nicht zum vollen Genuss kommen liess. Fräulein Wehrung, die stets gern gehört wird, erfreute durch angenehme Gesangvorträge, die durch die hervorragende Begleitung von Frau Adler noch besonders gewannen.

76

„Dong Hansen auf einer Brücke im
Mandarinsgarten", Shanghai; Aufnahme ca. 1906

164 tuspflanze wird ein feines Mehl gewonnen, welches sich sehr gut zu Puddings eignet, es ähnelt sehr dem Maizena, ist aber bedeutend billiger. — Bei Hankow und in Szechuan und wahrscheinlich noch an vielen anderen Plätzen China's wird die Lotuspflanze in grossen, flachen Teichen viel angepflanzt und bilden die Samen und Wurzeln einen bedeutenden Handelsartikel. —

Eine wunderbare Blumenpracht kann man in den chinesischen Gärten zur Zeit der Blüte der Crysamtimum sehen. Durch Abkneifen der grösseren Anzahl der Blütenknospen bilden sich die übrig bleibenden Knospen zu sehr grossen Blüten heraus, die in ihren herrlichen Farbabstufungen ein entzückendes Bild geben und werden die Gärten zu dieser Zeit viel besucht. —

Auch sieht man in einigen der Gärten im Frühjahr Tulpen und Hyazinten, die aber nicht als einheimische Pflanzen zu betrachten sind, diese Blumen werden aus Holland importirt und bezahlt der Chinese gerne einen verhältnissmässig hohen Preis dafür, wenn er schöne Farbenzusammenstellungen dabei erhält. —

Eine hübsche Blume, die der Chinese aber auch viel in seinen Häusern in den Zimmern auf kleinen Tischen in Porcellanschälchen mit kleinen Kieselsteinen und Wasser gefüllt, stehen hat, ist die „shui chin hua" die wohlriechende Wasserblume, eine Blume, die bei uns der Narzisse wohl nahe verwandt ist. — Unsere schönste Blume, die Rose, die der Chinese „Mei hua": hübsche Blume nennt, sieht man in chinesischen Gärten nur wenig, dagegen haben die Chinesen sehr viele Sträucher, die wohlriechende Blüten tragen, die bei uns nicht vorkommen, zu ihnen gehören u. A. die „La mei hua" und die „Kwei hua". Die „La mei hua (hua heisst Blume) ist der Pflaumen- oder der Schlehenblüte sehr ähnlich, ist hellgelb und blüht, bevor der Strauch seine Blätter entwickelt hat. Die Zweige dieses Strauches werden in Schanghai schon im December verkauft und blühen die noch geschlossenen Knospen, wenn die Zweige in ein warmes Zimmer gebracht und in ein Gefäss mit Wasser gestellt werden, sehr bald auf, einen angenehmen Geruch verbreitend. — Diese Blume fehlt am chinesischen Neujahrstage wohl in keinem chinesischen Haus, da der Strauch auch wild wächst, ist es auch dem ärmsten Chinesen möglich, sich einen kleinen Zweig zu verschaffen. — Die „Kwei hua" (die Zimmtblüte) erfreut die Chinesen während der heissen Sommermonate mit ihrem angenehmen Geruch. Diese Blüte hat grosse Aehnlichkeit mit derjenigen unseres Ilex, nur mit dem Unterschiede, dass die Blüten des wilden Zimmtbaumes kleiner sind, gelblich oder rostfarbig und in grossen Mengen an den Zweigen sitzen. — Zur Blütezeit sieht man häufig viele Träger mit Lasten dieser Blüte zur Stadt kommen um sie hier zu verkaufen. —

Die Chinesinnen lieben es, wohlriechende Blumen in ihrem Haarputz zu tragen und werden diese Blumen, da sie meistens nur sehr kurze Stiele haben, mittelst Blumendraht kammförmig zusammengestellt. —

Dass die Chinesen grosse Blumenliebhaber sind, ist auch daran zu sehen, dass sie in der Dichtersprache ihre Monate nach den in denselben zur Blüte gelangenden Blumen benannt haben, so z.B. den 1. Mo-

Entweihung der Grabstätten.

Von amtlicher französischer Seite wird mitgetheilt dass vor etwa vier Wochen die Verhandlungen zwischen dem Stadtrath der französischen Niederlassung und den chinesischen Behörden in der alten Angelegenheit des Ningpo Joss Hauses zu einem Abschluss gekommen sind; und dass die Verlängerung der Rue de Ningpo über einen Theil des Grundstückes, auf dem jene alte Totenkammer steht, unmittelbar in Angriff genommen werden soll.

„Minimal"
Nr. 615.
Belichtestes Wünsche-Modell.
Denkbar flachster Bau, elegantestes Aussehen, grösste Stabilität.

WÜNSCHE-Minimal-Kamera mit Reicka-Adaptu., die praktischste Flachkamera mit der leichtesten Kassetten.

Format: 9 · 12 cm. Zahntriebeinstellung, Einschnappvorrichtung für „Unendlich", automatische Balgenpressen für den einfachen und doppelten Bodenauszug, Objektivträger in U-Form aus einem Magnaliumgussstück.

Ersten Reflektorwerte steht unser Prospekt gratis zur Verfügung N 109

Niederlagen:
LONDON 24.26 Holborn, E. C.
PARIS 76, Rue du Archives
WIEN III Hauptstrasse 14-16

Emil Wünsche
Aktiengesellschaft für photographische Industrie
Reick-Dresden

Die Verhandlungen über diesen für die Entwickelung der französischen Niederlassung selbstverständlich ungemein wichtigen Strassenbau gehen bis ins Jahre 1863 zurück. Immer wieder haben die Chinesen es verstanden, die Anlage dieser Strasse zu verhindern; sie haben sich stets auf den Standpunkt gestellt, sie könnten eine Entweihung der ihnen heiligen Grabstätten unter keiner Bedingung gestatten. Andererseits ist seitens der französischen Stadtverwaltung die Angelegenheit immer wieder aufgenommen worden, sobald sich Aussicht auf Erfolg bot. Von ihr wurde auch nachdrücklich hervorgehoben, dass, nachdem sich die französische Niederlassung rings um das sogenannte Joss-Haus angebaut hatte, die Aufspeicherung der vielen Särge sanitär unstatthaft erscheinen müsse. Das Ningpo Joss Haus umfasst einen grossen Komplex, auf dem selbst nur sehr wenige Chinesen begraben worden sind, auf dem sich aber eine Halle erhebt, in der die Särge der in Shanghai gestorbenen Ningpo-Leute beigesetzt werden, bis deren Überführung nach der Heimath sich vollzieht.

Im Jahre 1874 wollte der Stadtrath mit dem Bau der geplanten Strasse thatsächlich beginnen,

„Kanalszene", in der Nähe von
Shanghai; Aufnahme ca. 1905

nat nach der „La mei hua" den Frühlings-
monat nach der Pfirsichblüte, den Juli nach
der Lotusblüte, den August nach der Cry-
santimum u.s.w. — Befreundete Chinesen
tauschen sehr häufig Blumensamen und
junge Pflanzen mit einander aus. —

Gräber in China.

Der Fremde, welcher während seines
vielleicht nur kurzen Aufenthaltes in China nicht weit in's Innere kommt, sondern
nur die nächste Umgebung von den grösseren Städten zu Gesicht bekommt, muss
unwillkürlich den Eindruck gewinnen, dass
ganz China ein ungeheurer Kirchhof ist
und so unrecht hat er eigentlich auch nicht,
denn die vielen Hunderte, ja Tausende von
Gräbern, die in der Nähe von Städten angelegt sind, geben den Umgebungen der
Städte das Aussehen von grossen Gräber-
stätten. — Wenn nicht früher die Sitte bestanden hätte, dass beim Wechsel einer
Dynastie eine grosse Anzahl von Gräbern,
namentlich die Grabstätten der in leiten-
den Stellungen gewesenen Verstorbenen
und deren Anhang zerstört wurden, damit
Nichts mehr an die vorhergehende Dynastie erinnern sollte — manchmal ist diese
Zerstörungswut aber auch wohl mehr aus
Plünderung und Raubgier verursacht worden, da die den Toten häufig mit in den
Sarg gegebenen Wertsachen oder Andenken dazu reizten — wäre China tatsächlich
ein grosser Kirchhof. — Auch im Jahre
1911, als die Chinesen die Manchu-Regie-
rung stürzten glaubten viele Chinesen,
dass es nun an ein allgemeines Zerstören

der alten Grabstätten ging, aber es geschah
merkwürdiger Weise nichts dergleichen. —

Eigentliche Friedhöfe, wie wir sie haben, kennt man in China kaum, obwohl
manchmal in grösseren Städten, oder doch
in der Nähe derselben umfriedigte Plätze
angetroffen werden, die einen Grabhügel
neben dem anderen enthalten. — Bei solchen Plätzen handelt es sich gewöhnlich
um die Leichen eines Volksstammes, wie
zum Beispiel die Verstorbenen Chinesen
aus der Provinz Kwantung einen solchen
Platz in Schanghai als ihre letzte Ruhe-
stätte haben. —

Die alten, vornehmen Familien haben
ihre Erbbegräbnisplätze gewöhnlich in der
Nähe ihres Ahnensitzes auf dem Lande
und werden hier ihre Verstorbenen beigesetzt. Stirbt nun ein vornehmer Chinese,
weit entfernt von seinem Ahnensitz, so
wird die Leiche in einem kostbaren, luftdicht verschlossenen Sarg in einem dafür bestimmten Gebäude untergebracht, bis sich
eine Gelegenheit bietet, die Leiche zum
Erbbegräbnisplatz zu schaffen. — Von dem
bekannten Vice-König Li-Hung-Schang
wird erzählt, dass derselbe auf seiner Euro-
pa-Reise immer einen Sarg mit sich führte,
damit er, falls er unterwegs sterben sollte, in
seinem Sarg wieder in seine Heimat gesandt werden konnte. — Selbst der weniger
bemittelte Chinese gibt häufig sein Letztes
her, um seinem verstorbenen Vater oder
seiner Mutter, sofern sie einen Familien-
sitz haben, eine Beisetzung in der Heimat
zu ermöglichen. — In den gebirgigen Gegenden, in denen sich Steinbrüche befinden, sieht man manchmal grossartig angelegte Grabdenkmäler, die Hunderte von
Dollars gekostet haben müssen. — Bei sol-

wurde daran aber merkwürdiger-
weise durch den französischen Generalkonsul verhindert, der sich
ganz auf die Seite der Chinesen
stellte. Der Generalkonsul verhinderte sogar mit Gewalt den Beginn
der Arbeit, was dann am 3. Mai
1874 den Chinesen ein Zeichen zu
offenen Unruhen wurde. In dem
Kampfe, der sich neu entspann,
wurden mehrere Europäer verletzt
und das Stadthaus von den Chinesen belagert. Der Stadtrath musste
nachgeben. Einer Weiterausbrei-
tung der Unruhen wurden dann
durch die Landung französischer
Matrosen vorgebeugt.

Ende 1897 beschloss der französische Gemeinderath endgültig, den
14 Mau grossen Platz des Ningpo
Joss Hauses käuflich zu erwerben,
wofür er 35000 Taels zu zahlen bereit war. Die chinesischen Behörden waren damit einverstanden und
wiesen alle Angehörigen der Toten
an, entweder in 6 Monaten die Särge beseitigt zu haben oder sich auf
eine gewaltsame Räumung gefasst
zu machen. Allein alles war vergebens, die Ningpo-Gilde, das der
Joss-Haus gehört, weigerte sich,
ihre Rechte aufzugeben. Es ist erin-
nerlich, dass es damals — es war am
16. Juni 1898 — abermals zu einem
blutigen Zusammenstoss zwischen
französischen Truppen und Matrosen einerseits und den Chinesen aus
Ningpo andererseits kam. Das
Ende dieses Kampfes war, dass die
schon von den Franzosen eingeris-
sene Umfassungsmauer den
europäischen Truppen wiederher-
gestellt werden musste, und den
Ningpoleuten weitere drei Monate
gewährt wurden, um die Leichen
ihrer Angehörigen zu entfernen.

Dabei ist es seitdem geblieben.
Man scheint auf französischer Seite
die gegenwärtige Zeit, wo ein starkes französisches Detachement in
der Stadt liegt, für besonders günstig zur Durchführung der alten
Pläne zu halten. Ob es dieses Mal
ohne Widerspruch der in Shanghai
fast allmächtigen Ningpo-Gilde abgehen wird, bleibt abzuwarten. Im
Interesse der einheitlichen Entwickelung des Strassennetzes für
die neuen Theile der französischen
Niederlassung, über die wir uns
einige Mittheilungen vorbehalten,
würde es indessen zweifellos nur zu
wünschen sein, dass der alte Plan
dieses Mal nicht wieder an unüber-
windlichem Widerstand scheitert.

77

„*Cantonesen Kirchhof in Shanghai*";
Aufnahme ca. 1903

chen Grabdenkmälern befinden sich die Särge in Nischen, die vorne durch Steinplatten, welche mit dem Namen, Todestag u.s.w. des Verstorbenen versehen wurden, verschlossen sind. — Vor diesen Nischen befindet sich ein mit Steinfliesen belegter Platz, der oft eine Anzahl Steinsitze und manchmal auch ein paar Steintische auf-

„Leichenzug, die nächsten Angehörigen des Verstorbenen", Shanghai; Aufnahme ca. 1904
Bei den chinesischen Trauerzügen trugen die engsten Verwandten des Verstorbenen stets grobes Sackleinen, es scheint hier die Angabe Wilhelm Wilshusens nicht ganz richtig zu sein.

weist. — Die Sitze und Tische dienen dazu, den, die Gräber besuchenden Angehörigen bei den zu Ehren der Verstorbenen veranstalteten Mahlzeiten, Sitzgelegenheit zu bieten und das Essen und die vielen Schälchen aufzustellen. Wie bei uns auf dem Lande bei Beerdigungen im Hause des Verstorbenen den Leidtragenden Kaffee und Kuchen oder Butterbröde vorgesetzt wird, so werden in China an den Gräbern die nächsten Angehörigen und gute Bekannte der Verstorbenen am Grabe mit einem regelrechten Essen bewirtet. —

Ein einsam am Bergabhang liegendes Grab, von ein paar schönen Bäumen beschattet, hat mich häufig durch seine mir gebotene Sitzgelegenheit eingeladen zum Rasten und zum Einnehmen des mitgenommenen Mundvorrates. —

Wenn der Schreiber dieser Zeilen von einem Grab redet, so trifft diese Bezeichnung im eigentlichen Sinne des Wortes in China nicht zu, da man hierunter doch versteht, dass der Sarg mit der Leiche unter der Erdoberfläche in eine sechs oder sieben Fuss tief gegrabene Grube niedergelassen wird, in China dagegen kommen die Särge oberhalb der Erdoberfläche zu stehen und werden die Särge dann entweder mit einem Erdhügel umgeben, ummauert, oder sie bleiben auch ganz frei stehen, bis sie mit der Zeit der Verwitterung anheim fallen. — Dieser letztere Fall tritt ein, sobald keine Angehörigen vorhanden sind oder aber die Mittel fehlen, um den Verstorbenen würdig beizusetzen. — Ist nun irgend ein Chinese in einer Stadt plötzlich verstorben und es hat ihn vielleicht Niemand gekannt, aber aus Briefen die bei ihm gefunden werden geht hervor, dass derselbe aus Kwantung oder Chekiang, oder sonst wo her ist, so wird die Kwantung, oder Chekiang-Gilde, oder die Gilde derjenigen Provinz, aus welcher der Verstorbene stammt, dafür sorgen, dass die Leiche entweder in einem der dafür bestimmten Gebäude zur Aufbewahrung eingesargt, oder im Freien beigesetzt wird. Hier muss man sagen, halten die Leute aus den einzelnen Provinzen viel besser zusammen, als bei uns in Deutschland. Es liegt dieses aber auch wohl sehr viel daran, dass die chinesische Regierung und die Behörden, wenig oder garnichts in Fäl-

Die Beerdigung.

Wenn ein Familienvater stirbt, wird der Tod allen Familienmitgliedern formell angezeigt. Die Thürflügel des Hauses werden weiss angestrichen, und die directen Nachkommen des Verstorbenen sitzen in groben weissen Kleidern, eben solche Tücher um den Kopf gewickelt und die Zöpfe mit weissem Band durchflochten, weinend neben der Leiche auf dem Fussboden, während die Weiber, ähnlich wie in mohammedanischen Ländern, lautes Klagegeschrei erheben. Die Freunde des Todten hüllen den Körper in weisse baumwol-

Ostasien-Jahrbuch

Jahresbericht
des Allgemeinen Evangelisch-Protestantischen
Missionsvereins

Im Auftrag des Zentralvorstandes herausgegeben
von
Missionsdirektor D. Dr. Witte

Berlin 1921
Allgemeiner Evangelisch-Protestantischer Missionsverein
Berlin W 57, Pallasstraße 8/9

lene oder seidene Laken. Der älteste Sohn oder directe Nachkomme begibt sich, an beiden Seiten von Verwandten unterstützt, mit einer Porzellanschale, in der zwei Kupfermünzen liegen, zum nächsten Flusse oder Brunnen, um „Wasser zu kaufen", wie diese Ceremonie genannt wird. Sollte der älteste Sohn bereits gestorben sein, so hat dessen Sohn vor dem Bruder seines Vaters den Vorzug, diese Ceremonie zu verrichten, die ihm das Recht auf zwei Theile der Erbschaft gibt, welche sonst gleichmässig unter die Söhne vertheilt wird.

Mit dem Wasser wird Gesicht und Körper des Todten gewaschen, derselbe dann im Leben angekleidet und in den aus 5-6 Zoll dicken Bohlen gefertigten Sarg gelegt, der innen mit pulverisirtem und ungelöschtem Kalk angefüllt ist. Nachdem der Sarg verschlossen, wird er mit Cement luftdicht gemacht, überfirnisst und in die Gedächtnishalle der Verstorbenen, die sich in jedem wohlhabenden Hause befindet, sonst aber in den Raum gestellt, der ihre Stelle vertritt. Eine Tafel mit Namen, Titel, Ehren u.s.w. des Todten, wie sie später auf den Grabstein gesetzt werden, liegt zu Häupten auf dem Sarge, der 21

„Festumzug", Shanghai; Aufnahme ca. 1901
Im Hintergrund des Umzuges werden an der Hauswand verschiedene Arzneien angepriesen, zum Beispiel: Pulver für Füße und Augen, Salben gegen Entzündungen und Verletzungen, aber auch Hustenbonbons und Bonbons zur Abgewöhnung des Zigarettenrauchens.

170 len wie vorhin angeführt, tun und sind deshalb eben die Gilden darauf angewiesen, aus ihren Mitteln die Beisetzungen unbemittelter, verstorbener Landsleute zu veranlassen. — Ist es nun gar nicht festzustellen, welcher Provinz eine ohne Angehörigen unbemittelt verstorbene Persönlichkeit angehört, so gibt es auch wieder in den grösseren Städten China's Gesellschaften, die in diesem Falle das Nötige veranlassen. Dass es dann aber manchmal, bevor etwas geschieht, zu langwierigen Verhandlungen kommt, beweist ein Fall, den der Schreiber dieser Zeilen in Hankow erlebt hat. — Die Leiche eines an einem Herbsttage an einer Strasse ausserhalb Hankow's verstorbenen älteren Chinesen hat an diesem Platze über acht Tage gelegen, bevor sie fortgeschafft wurde. Eine von der chinesischen Behörde angeordnete Leichenschau musste doch ganz einwandfrei ergeben haben, dass der Verstorbene wohl an Entbehrungen zu Grunde gegangen war und nicht in Folge von Gewalttätigkeit, und doch dauerte es über eine Woche, bevor dafür gesorgt war, dass diese Leiche eingesargt und damit ein höchst gesundheitsgefährlicher Zustand an der Strasse behoben war.

An gewissen Tagen, kann man Hunderte von Chinesen und Chinesinnen und Kindern zu den Gräberfeldern wandern sehen, um den Verstorbenen Angehörigen zu opfern. Die Grabhügel sind gewöhnlich vorher etwas in Stand gesetzt worden, das zu hoch gewachsene Gras abgeschnitten und ein Erdklumpen in Form eines kleinen Kegels mit der Spitze nach Unten auf den Grabhügel gestülpt. Dann werden lange Papierstreifen, die in einem Tempel zu kaufen sind, mit einem kleinen Stöckchen auf den Hügel gesteckt und der Geist des Verstorbenen durch Abbrennen von einem kleinen Feuerwerk (eine Art Schwärmer) herbeigerufen, damit er auch weiss, dass die Angehörigen gekommen sind, um ihm die Ehren zu erweisen. Nachdem die Schwärmer abgebrannt sind, wird geweihtes Papier verbrannt und dazu Verbeugungen gegen das Grab seitens der Opfernden gemacht und Gebete gemurmelt. — Bei frischen Gräbern kann man — wenn es sich um den Familienvater handelt, welcher dort begraben liegt, die Witwe mit ihren Kindern knien sehen und herzerschütternd klagen und weinen hören. Alles dieses spielt sich manchmal direct an der offenen Strasse ab, wie überhaupt ein grosser Teil des chinesischen Lebens sich ganz in der Oeffentlichkeit abspielt. —

Wenn nun in der Nähe von Städten oder grösseren Plätzen sich viele Hunderte von Grabhügeln befinden, die je nach dem Stande des Verstorbenen mehr oder weniger grossartig angelegt sind, findet man die schönsten Grabdenkmäler in den Bergen, besonders in der Nähe berühmter Tempel. Beliebten Oberpriestern werden manchmal ganz grossartige Denkmäler an ihrem letzten Ruheplatz gesetzt, die, wenn sie noch dazu von alten Bäumen beschattet werden, einen reizvollen Anblick gewähren und Zeugnis vom Schönheitsinn der Chinesen ablegen. — Oft habe ich von Chinesen, die ich auf meinen Ausflügen sprach, sagen hören, dass sie, wenn sie nicht ihr Erbbegräbnis hätten, wohl an einem Bergabhang unter alten Bäumen begraben sein möchten, da es sich an einem solchen Platze schön ruhen lassen müsse. —

Tage im Hause bleibt. Nach Ablauf dieser Zeit folgt das Begräbnis. Die Gedächtnistafel wird in einer vergoldeten Sänfte vorangetragen, rings mit brennenden Räucherstäben umsteckt; der Sänfte folgt Musik, die sich von der Hochzeits- oder sonstigen fröhlichen Musik nur durch das in Pausen stattfindende dreimalige Anschlagen einer Trommel unterscheidet, in ihrem Charakter aber durchaus keine Trauer verräth; dann folgen die Kinder und Verwandten beiderlei Geschlechts mit Ausnahme der verheirateten Töchter, die vom Augenblicke der Heirath an als nicht mehr zu der Familie gehörig betrachtet werden. Sie gehen gewöhnlich zu zweien, aber ohne vorgeschriebene Ordnung, in weissen Kleidern, die Söhne mit ungeschorenem Kopfe, die Töchter mit einer weissen Kappe über ihr Haar. Am Grabe beginnen die Ceremonien. Buddhapriester lesen Todtenmessen, und damit der Verstorbene in jener Welt auch die nothwendigsten Lebensbedürfnisse vorfinde, werden verschiedene Kleidungsstücke und Hausrathsgegenstände auf dem Grabe verbrannt, aus ökonomischen Gründen jedoch nur aus Papier gefertigt. Nach der Beendigung wird die Gedächtnistafel unter denselben Formalitäten wieder zurückgetragen und in der Halle der Verstorbenen aufgehängt.

78

„Mit Bambusmatten abgedeckte
Särge", Chinkiang; Aufnahme ca.
1903
   Früher kam es sehr häufig vor,
daß die Hinterbliebenen nicht genug Geld für ein Begräbnis des Verstorbenen hatten. Oftmals wurde
dann der Sarg einfach auf einem
Feld abgestellt.

Bei den Erbbegräbnisplätzen muss man nun nicht glauben, dass dieselben im Laufe vieler Jahre, durch inzwischen erfolgte Todesfälle in der betreffenden Familie gerade sehr erweitert werden, dieses ist kaum der Fall, denn der Platz, welcher in dem Grabhügel von dem Urgrossvater eingenommen wurde, wird, wenn sein Urenkel stirbt, von diesem eingenommen werden. Die in der Steingruft beim Oeffnen etwa vorgefundenen Ueberreste werden gesammelt und in einer Urne aufbewahrt und diese dann wieder beigesetzt.

„Wasserbüffel vor kleinen Toten-
häusern", bei Shanghai; Aufnahme
ca. 1903

Die Urnen, welche zu vorerwähntem Zwecke verwandt wurden, haben verschiedene Formen, mir sind Urnen zu Gesicht gekommen, die vasenförmig waren und deren Deckel rund und dachformartig waren. Andere Urnen von länglicher Form hatten Verzierungen von Drachen. Wieder andere Urnen — es waren dieses Doppelurnen für die Ueberreste eines Ehepaares — hatten die Form eines Hauses und war der Deckel dachartig geformt. — Ob es jetzt auch noch üblich ist, die Ueberreste in Urnen aufzubewahren, weiss der Schreiber dieser Zeilen nicht zu sagen, da ihm nur sehr alte Urnen zu Gesicht gekommen sind und er neue, unbenutzte Urnen nie in den Tonwarengeschäften gesehen hat. —

Dass der Chinese mit Gräbern Geschäfte zu machen weiss, dürfte auch wohl nur Wenigen bekannt sein. — Beim Bau der Shanghai-Nanking-Bahn machten die Verhandlungen wegen der Fortschaffung der auf der abgesteckten Linie befindlichen Grabhügeln den europäischen Ingenieuren viele Schwierigkeiten; zum Theil waren die Forderungen der Chinesen, die sich als Angehörige des unter dem betreffenden Hügel ruhenden Toten unverschämt hoch, dann aber auch machte es Umstände, die Angehörigen des einen oder anderen Grabhügels überhaupt heraus zu finden und wollte man sich dem nicht aussetzen, dass die Bevölkerung eine feindselige Haltung gegen die Ingenieure einnahm. Es wurde darum eine Vereinbarung mit dem Magistrat desjenigen Districtes getroffen, in welchem an der Strecke gebaut wurde. Der chinesische Beamte traf dann kurzer Hand die Anordnung, dass pro Sarg, welcher auf der Strecke ausgegraben wurde und seitwärts der Strecke niedergestellt eine Betrag von $ 5.— vergütet wurde und übernahm der Beamte die Aushändigung des Geldes an die dazu befugten Angehörigen. — Wie erstaunten nun aber die Ingenieure, dass ihnen jetzt bedeutend mehr Särge auf der Strecke vorkamen, als sie vorher beim schnellen Begehen derselben beobachtet hatten. Sie sollten dann bald die Erfahrung machen, dass die Chinesen nachts, heimlicher Weise alte Särge von irgendeinem

Grabstätten.

Eine der Eigentümlichkeiten, die dem Reisenden beim Duchqueren Chinas besonders auffallen, sind die vielen Grabhügel im freien Felde; die Chinesen kennen keine allgemeinen Friedhöfe, die Angehörigen werden, wenn irgend möglich, auf eigenem Grund und Boden beerdigt und ein kleiner Grabhügel errichtet, der niemals angetastet wird. So sieht man überall im ganzen Lande zahlreiche dieser Grabhügel, teilweise zwischen hübschen Baumgruppen gelegen, meistens aber im offenen Felde. Bei Erwerbung von Grundstücken zur Erbauung der Bahn und sonstigen öffentlichen Zwecken bieten diese Grabhügel häufig eine grosse Schwierigkeit, da bei der Ahnenverehrung der Chinesen es als ein Sakrileg betrachtet wird, Grabhügel zu zerstören. Die Leichen von ärmeren Leuten, die selbst oder deren Angehörige kein eigenes Land besitzen, werden einfach in Särge gelegt und diese dann an einer mehr oder weniger abgelegenen Stelle hingestellt; es kümmert sich dann kein Mensch weiter darum; man sieht häufig halbverfaulte Särge im Lande stehen.

79

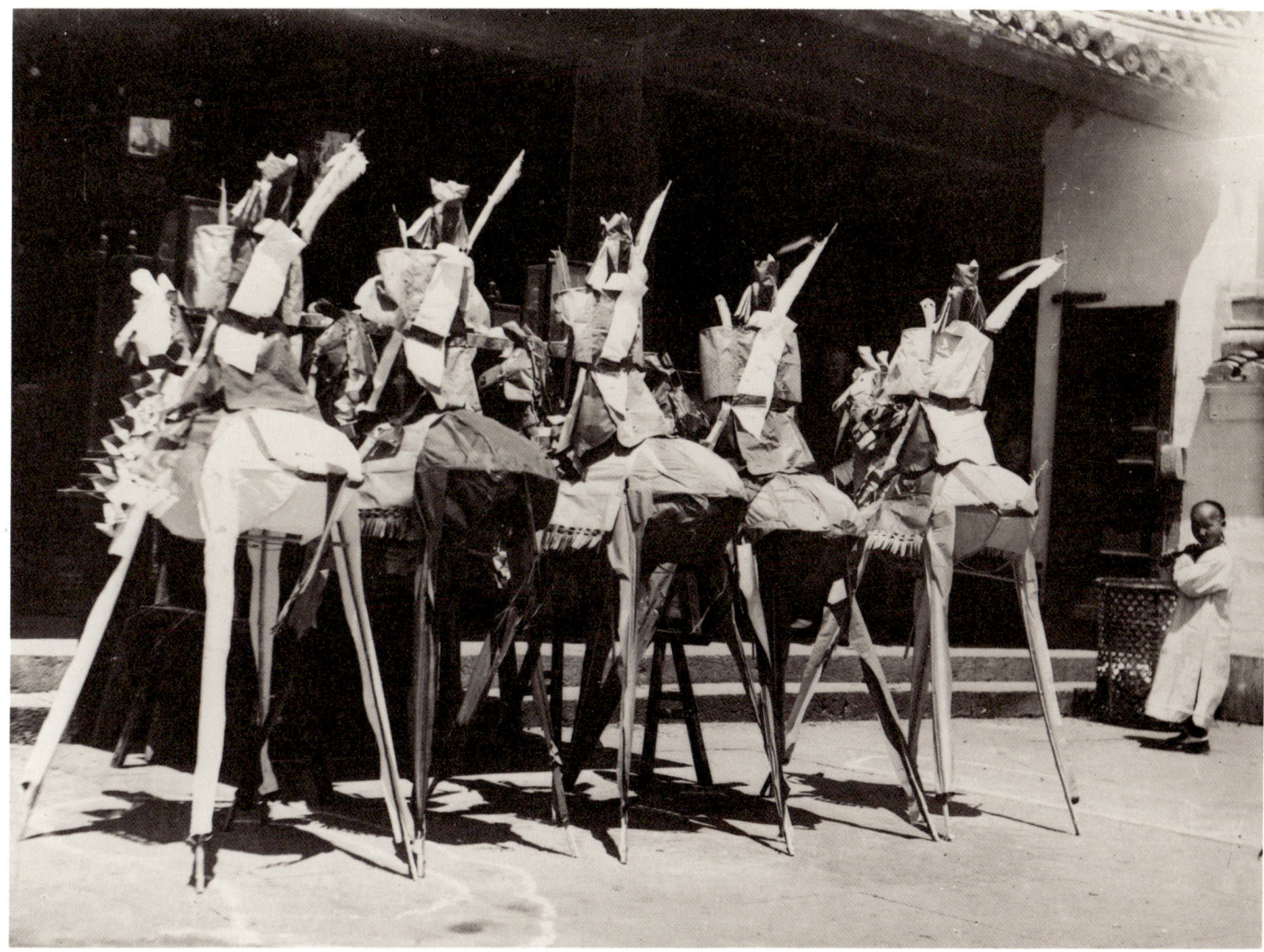

„Totengaben für einen verstorbenen Offizier", Shanghai; Aufnahme ca. 1903

Grundlegend für den chinesischen Ahnenkult ist der Glaube an ein Weiterleben nach dem Tode. Damit der Verstorbene im jenseitigen Leben nicht auf die Annehmlichkeiten des diesseitigen Lebens verzichten muß, gibt man dem Toten Gaben mit.

So verbrennt man symbolisch Papierfähnchen, die manchmal an einem Gerüst aus Bambus befestigt sind.

Die Reiter und Pferde, die im Bild zu erkennen sind, lassen darauf schließen, daß der Tote ein hoher Offizier in der chinesischen Armee war — man will ihm Nachschub ins Totenreich schicken.

80

Platze ausgebuddelt hatten, um sie auf der Strecke, deren Verlauf, da sie abgesteckt war, ihnen ja ganz genau bekannt war, wieder leicht einzugraben. — Vorsichtiger

„Coolie", in der Nähe von Chung-king; Aufnahme ca. 1909

Weise geschah dieses ziemlich weit von den arbeitenden Abteilungen entfernt, damit die Europäer nicht dahinter kommen konnten, auch· musste eine gewisse Zeit darüber vergehen, um die neu aufgeworfenen Grabhügel etwas älter aussehen zu machen. — Diese Chinesen sollen aber trotzdem sich manche $ 5.- geholt haben, bevor man hinter ihre Schliche gekommen ist. —

„Müller, Tung Han Sen und Wilhelm Wilshusen (v.l.) bei einem
Ausflug nach dem Schneethale",
Snow Valley, Ningpo; Aufnahme
ca. 1903

Nachwort:

Im März 1901 brachte der Tender „Bremen", welcher die Passagiere des Postdampfers aus Europa vom Schiff auf Reede zur Stadt Shanghai beförderte, inmitten einer kleinen Reisegesellschaft Wilhelm Wilshusen zum „Bund", der langen, mit europäischen Geschäftshäusern dicht bestandenen Hauptstraße Shanghai's direkt am Whangpoo-River. Die Ankunft des Dampfers aus Europa galt noch als kleines Ereignis, groß genug, um in der einzigen deutschsprachigen Wochenzeitschrift der Stadt, dem „Ostasiatischen Lloyd" aufgeführt zu werden, denn diese Schiffe erreichten Shanghai nur alle Wochen, und neue Gesichter sahen die etwa 600 Deutschen im „Settlement" nicht häufig.

„Straßenszene im europäischen Settlement", Shanghai; Aufnahme ca. 1906

Der 27jährige Kaufmann Heinrich Wilhelm Wilshusen kam aus dem Dorf Lilienthal bei Bremen. Als Sohn des Orts-

vorstehers besuchte er dort die einzige Privatschule und begann nach dem Schulabschluß eine kaufmännische Lehre in einer angesehenen Bremer Firma. Mit 20 Jahren leistete er seinen Militärdienst beim „Lauenburgischen Jägerbataillon Nr. 9" in Ratzeburg und erhielt anschließend eine sichere Anstellung bei der Firma Heinrich Rüppel, Bremen, welche er aber wenige Jahre später kündigte, um in der Fremde die Arbeit als Kaufmann für das Handelsunternehmen H. Melchers & Co., Shanghai, aufzunehmen.

Die persönlichen Beweggründe Wilshusens für seinen Aufbruch nach China sind aus keinem der noch vorhandenen Schriftstücke ersichtlich, doch wurden in dieser Hochzeit des Imperialismus auch die Deutschen langsam von der Idee besessen, den exotischen Gebieten der Erde Schätze für das Vaterland abzuringen. Die begehrten Rohprodukte und Genußmittel wurden bisher von den schon lange im „Kolonialgeschäft" etablierten Nationen bezogen und sich gegen die Interessen dieser Staaten durchsetzend, gelangten die Deutschen nur zögernd zu überseeischen Handelsniederlassungen. Erste Folge dieser Unternehmungen präsentierte wohl das steigende Angebot der Kolonialwärenläden oder die meist auf Spenden erfolgreicher Überseekaufleute angewiesenen Ausstellungen neugegründeter Kolonial-, Übersee- und völkerkundlicher Museen. Die ersten Kolonialzeitungen und -illustrierten erschienen und forcierten dieses Thema. Sie berichteten in reichbebilderten Artikeln über Sitten, Gebräuche, Reichtum und vermeintliche Naivität der Eingeborenenvölker, die Erfolge der eigenen Ar-

Der Klub.

Wir begaben uns in den Klub Konkordia, um dort zu Abend zu essen, da die Genüsse des chinesischen Diners kaum ausreichend gewesen waren, um auch nur einen mässigen Hunger zu stillen. Der Klub ist einer der schönsten, die ich kenne; die innere Einrichtung ist zum grossen Teil von Mitgliedern und Freunden gestiftet; so hat der Norddeutsche Lloyd das Barzimmer geschenkt und damit den Vogel abgeschossen. Die Einrichtung ist damals in Bremen durch Schäfer angefertigt, die Bilder sind von Bollhagen; an dem bronzenen Kronleuchter befindet sich überall der Bremer Schlüssel. Leider hat sich Bollhagen auf dem Hauptbilde, den Bremer Marktplatz darstellend, arg verzeichnet, indem die Leute sich dort bei der Begrüssung die linke Hand geben und ganz im Vordergrunde des Bildes ein Mann verkehrt auf einem Fahrrade reitet.

Die grosse, breite Marmortreppe, die in den ersten Stock hinaufführt, ist von Herrn Hermann Melchers, ein wundervoller Bronze-Kronleuchter in dem sogenannten Kaisersaal von Herrn Korff gestiftet. Im unteren Stock befinden sich die Bar-, Billard- und Rauchzimmer sowie die Bibliothek, im ersten Stock die Gesellschaftsräume, im zweiten 15 Schlafzimmer, die von den Mitgliedern benutzt werden. Die ganze Ausstattung macht einen sehr vornehmen Eindruck.

Im Kaisersaal wurde das Souper eingenommen; ein herrliches Büfett, wie es der Norddeutsche Lloyd bei seinen Festlichkeiten nicht schöner haben könnte, bot alle möglichen Genüsse, und da die kulinarischen Darbietungen des chinesischen Diners, wenn sie auch sehr interessant waren, den Hunger, wie schon gesagt, nicht sehr stillen konnten, so fand dieses Büfett hier um so mehr Anerkennung. Als wir gegen Mitternacht aufbrachen, waren nur noch wenige Trümmer von seinen Herrlichkeiten übrig gelassen.
81

Das Soldatenspiel.

Die Bevölkerung der Stadt hatte sich recht bald an den Anblick des Militärs gewöhnt, die Jugend fand sogar großen Gefallen daran und zeigte sich besonders gelehrig in der Wiedergabe von Kommandos. Bei einem Spaziergang auf der Mauer der Tartarenstadt trafen wir einst eine Kinderschar, die uns bald umringte und durch Handanlegen an den Kopf begrüßte. Ein Bengel kommandierte fortwährend „Stillgestanden", und schließlich gaben wir der Bande unsere Spazierstöcke, die sie als Gewehre benutzten. Der Sprecher von vorhin machte uns hierauf eine vollständige Compagniebesichtigung à la Lustgarten in Potsdam vor und ging zum Schluß zum Feuergefecht über, indem er Sprung, Marsch, Marsch kommandierte. Das Exerzieren und die nie vorher gesehene Strammheit unserer Truppen interessierte die Bevölkerung der Stadt nämlich ungemein, und so kam es, daß die Bengels diese Kommandos überraschend schnell gelernt hatten und damit ein Geldstück verdienen wollten. Der Chinese ist ja in Allem überaus gelehrig und ich kann nur wiederholen, daß es nur die harte Kruste der Mandarinenwirtschaft ist, die Alles im Keim erstickt.

82

meen, den Nutzen der im Aufbau befindlichen Flotte und die Vorrangstellung, das Ansehen, welches die deutschen Herren durch die eingeführte Kultur genossen. Neben diesem Reiz, Pionier zu werden, stand Wilhelm Wilshusen gewiß in der Tradition weitreichender Handelsbeziehungen, über die die alteingesessenen Unternehmen verfügten. Zumindest in den Hansestädten gehörte es schon lange zum Selbstverständnis des Kaufmannsstandes, auch in den überseeischen Ländern Handel zu treiben.

Der junge Kaufmann brauchte sich wenig Gedanken um die Ungewißheiten und die politische Situation in dem fremden Land zu machen, das noch fünf Monate zuvor als Unruheherd und Kriegsschauplatz die Spalten der europäischen Presse füllte, in welchem Chinesen Krieg gegen alle Weißen, die „fremden Teufel", führten, denn in China gab es wieder „Ordnung", seit die Entente der Kolonialarmeen den Aufstand in Peking „bereinigt" hatte. Tausend Kilometer südlich davon, in der Stadt der Europäer, Shanghai, dem „Paris des Ostens", bemerkte man nur einige Truppenbewegungen sowie leichte Umsatzsteigerungen.

Der „Boxeraufstand", wie dieser Krieg von den Fremden genannt wurde, war das Ergebnis der gewaltsamen Landnahme der Kolonialmächte, welche mit Industrialisierung und Missionaren in den durch Feudalismus geprägten totalitären Staat eindrangen. Es war ein Kampf des verarmten und hungernden Volkes in Nordchina, Bauern, arbeitslose Schiffer und entlassene Soldaten, vereint in der Geheimgesellschaft „Yihequan", den „Fäusten der Gerechtigkeit und Eintracht".

Die Geheimgesellschaften waren Organisationen des rechtlosen Volkes, Bauern, Handwerker, Händler, Kulis, Schiffer, Treidler und Soldaten, im starren System des Feudalismus, das sich Jahrhunderten der bewußten Isolation manifestierte, dessen hierarchische Ordnung von Vizekönigen, Gouverneuren, Beamten und Gelehrten angeführt wurde, der herrschenden Klasse, über der als „Sohn des Himmels" der Kaiser von China stand, welcher in der „Verbotenen Stadt" in Peking residierte.

„Munitionstransport in Chungking während der Kämpfe im Jahre 1911", Chungking; Aufnahme ca. 1911

Die Macht und Ideologie der Herrschenden entsprang der allumfassenden Staats- und Weltenlehre des Konfuzianismus, der die von Chinesen bewohnte Welt, den Mittelpunkt des Kosmos, nach der „Harmonie" und den natürlichen Gesetzen des Kosmos ordnete und jedem seinen festen Platz darin mit der Geburt anwies. In diesem System waren nur vier Stände anerkannt: Beamte-Gelehrte, Bauern, Handwerker und Händler, der „Rest" galt als

„Pöbel". Die ' Beamten-Gelehrten, vom kleinsten Schreiber bis zu Distriktherr-scher, nutzten die Stellung in ihren ohnehin käuflichen Ämtern und machten Bestechung und Unterschlagung, das sogenannte „Squeezing", zu ihrer eigentlichen Erwerbsquelle.

Die Unzufriedenheit der steuerbelasteten niederen Stände fand ihr Ventil in den Geheimgesellschaften, die eine illegale Opposition bildeten, durch ihre Anhängerzahl große Macht besaßen und sogar Einfluß auf die jeweilige Dynastie ausüben konnten. Die Geheimgesellschaften hatten in China lange Tradition. Es gab im 19. Jahrhundert zwei große Systeme, das nördlich des „Weißen Lotus" und das südliche der „Triade", von denen sich die anderen Geheimbünde ableiteten und durch gemeinsame Tradition einen lockeren Verband bildeten.

Die „Boxer" gehörten zum System des „Weißen Lotus". Ihren Zweit-Namen bezogen sie aus kultischen Boxkämpfen, welche hauptsächlich jüngere Anhänger zur körperlichen Ertüchtigung und Stärkung der Kampfmoral aufführten. Die Boxer bekämpften, wie die anderen Geheimgesellschaften, die herrschende, korrupte konfuzianische Oberschicht im Land, die Mandschu-Dynastie. Ihr wichtigstes politisches Ziel bestand jedoch von Anfang an in der Vertreibung der Europäer, deren gewaltsam verbreitete Religion und Zerstörung ihrer machtvollen Technik, den Eisenbahnen, Telegrafen, Maschinen und Waffen. Sie wollten China wieder unabhängig sehen, wie es jahrhundertelang inmitten seiner Vasallenstaaten existierte, und setzten sich sogar, als der offene Kampf

unmittelbar bevorstand, für eine Neustärkung der von den Geheimbünden verhaßten, regierenden Ching-Dynastie und die Restaurierung der Mandschu-Herrschaft ein. England, Frankreich, Rußland, später noch Japan, die USA und Deutschland hatten nur etwa 60 Jahre gebraucht, um bei ihrer fieberhaften Suche nach Gewinn, neuen Rohstoffquellen und Absatzgebieten in China ihren Einfluß zu sichern. Vor allem England und Frankreich erzwangen systematisch durch die provozierten Opiumkriege und militärischen Interventionen darauf folgende Friedensverträge und Reparationsleistungen, die Öffnung wichtiger Häfen wie Shanghai, Ningpo, Canton, Fuchou und Gebietsabtretungen wie Honkong für den Handel. Alle Kolonialstaaten nahmen die geringsten Vorfälle zum Anlaß, Handels- und Militärstützpunkte zu erpressen. Den Chinesen Kredite für die hohen Reparationsleistungen der Friedensverträge anbietend, sicherten sich die europäischen Mächte, zwar untereinander rivalisierend, mit großem Erfolg ihre „Einflußsphären". Sie machten sich den Aufruhr, den ihr importierter Glaube, das unter Druck von Kanonen verbreitete Christentum, im Volke schuf, zunutze. So besetzte Deutschland im Jahre 1897 Kiautschou, nachdem dort zwei Missionare ermordet worden waren. Der katholische Bischof Anzer drückte zu diesem Vorfall gegenüber dem Kaiser die Hoffnung aus, „daß wir jetzt die Gelegenheit benutzen würden, Kiautschou zu besetzen, weitaus den besten und entwicklungsfähigsten Stützpunkt für uns in jeder Hinsicht."[83]

Der erneute, direkte Angriff der Chinesen auf die Stellung der Europäer, die

Kaiser's Geburtstag.

Als ich früher Gesandter in Berlin war, wurde mir die Gnade zu Teil, seine Majestät den Kaiser zu sehen, und ich genoss seine Huld. Bei meiner Rückkehr nach China verlieh mir Seine Majestät sein Bild und Porzellanvasen und den Kronenorden erster Klasse. Für diese Gnade bin ich zu stetem Danke verpflichtet.

Jetzt ist das Regierungsjubiläum Seiner Majestät des Kaisers. Zu weit ist der Weg, sodass ich nicht persönlich meine Huldigung darbringen kann; ich kann nur die Geschichte der Beziehungen zwischen China und Deutschland so, wie sie sich mir in den letzten Jahren darboten, aufzeichnen.

Wenn Seine Majestät das vernimmt, trinkt er wahrscheinlich vor Freude ein Glas Wein.

Den 9ten Mai 1913
Sun-Pao-chi.
84

Der Ostasiatische Lloyd

Gottes Segen.

„Ihr sollt das schwere Unrecht, das geschehen ist, sühnen . . . Ihr wißt es wohl, ihr sollt fechten gegen einen verschlagenen, tapfern, gut bewaffneten und grausamen Feind. Kommt ihr an ihn, so wißt: Pardon wird nicht gegeben, Gefangene werden nicht gemacht! Führt eure Waffen sicher, daß auf tausend Jahre hinaus kein Chinese mehr es wagt, einen Deutschen scheel anzusehen . . . Der Segen Gottes sei mit euch!"

85

Besetzung des Gesandtschaftsviertels in Peking und die Ermordung ihrer Missionare, Beamte und Landsleute durch die Boxer zeigte, daß die Kolonialherren sich des Landes noch nicht sicher waren. Es wurde eine gemeinsame Strafexpedition unter deutscher Führung formiert, die nach der Eroberung des Taku-Forts an der Küste gegen die Aufständischen in Peking vorrückte. Am Ende dieses Plünderungsfeldzuges unterschrieb die chinesische Regierung das „Boxerprotokoll", einen Friedensvertrag, der zum finanziellen Ruin des Kaiserreiches führte und seine Souveränität soweit einschränkte, daß Handel und Aufbau westlicher Industrie ungestört fortgeführt werden konnte.

„Melchers Office", Shanghai; Aufnahme ca. 1903
(v.l.l. Officeboy, Müller, Delgado, „Phillipp", „Edu", Ridder, Hoppenberg)

Die ersten Truppen zogen bereits ab, als Wilhelm Wilshusen die Arbeit für das große Handelsunternehmen aufnahm. Er lebte in Shanghai, einer der ältesten für fremden Handel freigegebenen Städte Chinas, 1843, nach dem 1. Opiumkrieg, im

Frieden von Nanking durch die Engländer geöffnet. Die Europäer dort bewohnten einen besonderen Teil der Stadt, die internationale Niedelassung, kurz „Settlement" genannt, welche aus drei aneinandergelegenen, nur durch Kanäle getrennten Gebieten entlang des Hafen nördlich der Chinesenstadt gebildet wurde. Die erste Konzession erwarb England, später kamen die Frankreichs und die USA hinzu, alle mit meist mehrstöckigen Häusern europäischer Bauart, eigenen Banken, Clubs, Kirchen, Kaufhäusern und Postämtern ausgestattet. Hinter dem Rennplatz schlossen sich ausgedehnte Villenviertel reicher Kaufleute an. Die Fremden verwalteten diesen Teil der Stadt selbst, indem die Versammlung aller Grundbesitzer und Steuerzahler einen Gemeinderat wählte, dessen Entschlüsse nur von der obersten Konsulatsbehörde abgeändert werden konnten. Für alle Rechtsstreitigkeiten mit Chinesen im „Settlement" schufen sie das „Mixed Court", ein Gericht mit europäischen Beisitzern, bei dem ein Chinese den Vorsitz führte. Vor diesem Gericht mußten sich „selbstverständlich" nur die Chinesen verantworten.

Die Europäer suchten trotz Anwesenheit von Kolonialtruppen weitere Autonomie und Schutz durch ein eigenes Militär, dem „Freiwilligencorps", welches allerdings von sehr zweifelhafter Schlagkraft war, was die zitierten Artikel aus dem „Ostasiatischen Lloyd" über die regelmäßig stattfindenden Exerzierübungen leicht beweisen. Die Fremden beherrschten die Stadt auch ohne die Truppe, ihre Haushaltungen und Geschäfte beanspruchten den größten Teil der Kulis, Rickshaws, der

Schiffe, Eisenbahnen, Straßen, kurz alles, was transportieren konnte, nahmen sie in Beschlag, denn von Shanghai wurden die meisten der aufgekauften Rohstoffe und Waren in die Heimatländer verschifft, von hier transportierten chinesische Zwischenhändler die importierten Industriegüter weit in das Hinterland.

Wilshusen paßte sich schnell in diese lebendige Stadt ein, die trotz des „europäischen Charakters" genug Chinesisches bewahrte, um Neuangekommene in Bann zu ziehen. Er sah es als seine patriotische Pflicht, dem „Freiwilligencorps" noch im gleichen Jahr beizutreten, und bekam dort, wie auch über seinen Vetter Hoppenberg, der schon längere Zeit für den „Norddeutschen Lloyd" bei Melchers arbeitete, genug Bekannte, welche ihn mit den notwendigsten Gegebenheiten des Lebens in China bekannt machen konnten.

„Nach dem Exerzieren", Shanghai;
Aufnahme ca. 1905 (Wilhelm Wilshusen, sitzend)

Zur empfohlenen Ausrüstung eines jeden Tropenreisenden gehörte auch damals schon der Photoapparat. Das Angebot der verschiedenen Marken stand dem heu-

tigen nicht viel nach. Diverse Ojektive, darunter für damalige Verhältnisse recht lichtstarke, Tele- oder Weitwinkelobjektive, die man wahlweise gebrauchen konnte, waren erhältlich.

Eines der um die Jahrhundertwende am häufigsten verwendeten Aufnahmeformate hatte die Abmessungen von 9 x 12 cm, beziehungsweise 4 x 5 inch. Gleichwohl gab es auch Kameras, welche größere Negativformate zuließen und die ebenfalls sehr verbreitet waren.

Seit der Einführung der trockenen Bromsilbergelatine-Platte im Jahre 1871 und des Planfilms im Jahre 1888 hatte sich die Zeit, die für eine Aufnahme benötigt wurde, wesentlich verkürzt, wie auch die Verarbeitung einfacher wurde. Allerdings hatten auch die trockenen Bromsilbergelatine-Platten ihre Tücken, die vornehmlich im unterschiedlichen Verhalten der Emulsionen, selbst aus einer Packung, begründet lagen.

Auf diese Unsicherheiten im Umgang mit dem Aufnahmematerial läßt sich wohl auch zurückführen, daß viele Photographen der damaligen Zeit zur Sicherheit zwei oder noch mehr Aufnahmen des gleichen Motivs machten und somit unbeabsichtigt erste Bildserien schufen.

Jetzt konnte man auch die dunklen Straßen der von den Europäern so genannten „Chinesenstadt" aufnehmen, ohne ein Blitzgerät zu benutzen, das mit Magnesium-Pulver arbeitete. Noch wenige Jahre zuvor war man gezwungen, die nassen Kollodium-Platten an Ort und Stelle zu entwickeln, nachdem man sie aufgenommen hatte. Pferde oder Kulis wurden benötigt, die unzähligen Kisten mit photographi-

Ein Wunder auf dem Gebiete des Automatenwesens!

„Automatisch" ist ein Schlagwort unserer Zeit! Nach Einfachheit und Vervollkommnung strebt alles, und der Automat in jeglicher Gestalt in einer derjenigen Factoren, der schon heute als einer der wichtigsten in unsere Lebensverhältnisse eingreift, und es in absehbarer Zeit wahrscheinlich noch viel mehr thun wird.

Der menschliche Geist rastet eben nicht, sondern bethätigt auf allen Gebieten seine Erfindungsgabe: So hat man auch versucht, den Automaten in den Dienst der Photographie zu stellen, und siehe da, es ist gelungen.

„Bosco" nennt Herr Conrad Bernitt in Hamburg, der geniale Erfinder, seinen wunderbaren Apparat, und wahrlich mit einem Zauberer könnte man ihn vergleichen. Wir lassen hier eine Beschreibung folgen:

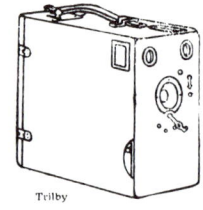

Trilby

Man denke sich einen hübsch angestrichenen, lackierten Pavillon, etwa 2 Meter hoch und 50 Centimeter im Quadrat. In angemessener Höhe vom Erdboden ein schwarzes Loch, das Objektiv, daneben ein kleiner Schlitz zur Aufnahme des Geldstückes und oben am Apparat eine Blitzlampe. Sobald man photographirt zu werden wünscht, stellt man sich vor das Objektiv, steckt das betreffende Geldstück in den Kasten hinein, ein Aufflammen des Blitzlichtes erfolgt, und die Aufnahme ist gemacht. Man kann nun durch seine seitlich angebrachte Glasscheibe das Funktioniren des Mechanismus beobachten. Man sieht da einen kleinen Balanceur in rasender Schnelligkeit herumwirbeln, eine gelbe Messingtrommel sich langsam drehen, sieht einzelne Hebel sich auf- und niederbewegen, hört ab und zu ein verdächtiges Knacken, und bevor man sich noch vor seinem Erstaunen erholt hat, klingelt im Apparat, ein Schnurren, als wenn ein Ohrfeder abläuft, und fix und fertig fällt das Bild vorne am Apparat heraus in eine besonders dazu angebrachte Schaale. Die ganze Prozedur hat knapp drei Minuten gedauert und das abgelieferte

Bild ist nicht allein von unvergleichlicher Schärfe und Klarheit, sondern auch dauernd haltbar.

Der ganze Mechanismus arbeitet so schnell, so einfach und sicher, dass man garnicht zum Bewußtsein dessen kommt, wieviel Mühe und Arbeit damit verbunden gewesen ist, einen Automaten in dieser Vollkommenheit herzustellen.

Vor etwa fünf Jahren führte Herr Bernitt die ersten tadellos funktionierenden Automaten in Hamburg und Berlin dem Publikum vor. Diese erregten ein grosses Aufsehen, erstens durch ihr absolut sicheres, nie versagendes Arbeiten, und zweitens durch die brillante Schärfe und Klarheit der Bilder. Nach diesem Debut sind dann weitere Apparate an allen Ausstellungen, u.s.w. erschienen, und erwarben sich die Gunst des Publikums in so hohem Maasse, dass es dem Herr Bernitt in der ersten Zeit kaum möglich war, die an ihn gestellten Ansprüche und Aufträge prompt zu befriedigen. Nachdem sind dann im Laufe der Zeit die Apparate immer noch weiter vervollkommnet worden, sodass sie heute einzig dastehen, und durch nichts zu übertreffen sind.

Zur Herstellung von photographischen Bildern haben sich in tropischen Ländern seit Jahren bestens bewährt ::

Satrap Gaslicht
Papiere und Postkarten

CHEMISCHE FABRIK AUF ACTIEN
(vorm. SCHERING)
Photographische Abteilung
BERLIN-CHARLOTTENBURG, Tegeler Weg 28/33

Den grössten Erfolg bei seinem Apparat hat der Erfinder aber erst ganz kürzlich davon getragen, dadurch, dass es ihm gelang, sowohl die Automaten selbst wie auch die Platten für das tropische Klima passend herzustellen, und ferner für die Verpackung so sichere und zweckmässige Verkehrungen zu treffen, dass der Automat anstandslos die schwierigsten Transporte durchmachen kann, ohne dass der Mechanismus irgendwie beschädigt wird.

Infolgedessen ist es nun möglich, den Photographie-Automaten „Bosco" auch nach überseeischen Ländern zu liefern, und der Zweck dieser Zeilen ist u.a. auch unsere Leser, die dafür ein spezielles Interesse haben, und von denen vielleicht manche bei einem Besuch in Deutschland den Apparat schon gesehen haben, besonders darauf aufmerksam zu machen. Zur besseren Ausnutzung der Sache hat Herr

schem Material, Glasplatten und Chemikalien zu transportieren, und auch ein lichtdichtes Zelt als transportable Dunkelkammer durfte nicht fehlen.

Der beträchtliche Aufwand solcher „photographischen Expeditionen" ermöglichte damals auch nur wenigen, entweder besonders begüterten Amateuren oder im Auftrag reisenden Photographen, das Arbeiten in China.

Mit der rapiden Entwicklung photographischer Technik ging auch eine gewisse Popularisierung des Mediums einher, denn nun konnten auch Amateure beginnen, Bilder aufzunehmen. In Shanghai gab es um die Jahrhundertwende auch schon einige Geschäfte, vornehmlich Drogerien, die mit Kameras, Aufnahmematerial und Chemikalien handelten, Clark Worswick nennt „Burr Photo Co." und „Kung Tai"[86], die von Fritz van Briessen erwähnte „Chinesisch-Europäische Drogerie Chung-Hsi Ta Yao Fang"[87] und das auf einer Photographie von Wilhelm Wilshusen zu sehende „Photo- und Vergrößerungsgeschäft Mei Wah und Yi Ji" (s. S. 71).

Auf zahlreichen Original-Abzügen von Wilhelm Wilshusen finden sich in chinesischen Schriftzeichen Vermerke, die den Schluß nahelegen, daß auch er sich eines solche Geschäftes bediente, um seine Aufnahmen entwickeln zu lassen.

Dabei fand Albumin- und später Gelatine-Papier häufig Verwendung, ersteres kann als das im 19. Jahrhundert gebräuchlichste Photopapier gelten. Bei beiden Papieren handelt es sich um sogenanntes Auskopier-Papier, auch Printing-Out-Papier (P.O.P.), das nicht chemisch entwickelt wurde, sondern bei dem das Bild direkt

durch Lichteinwirkung entstand. Hierzu benötigte man allerdings Sonnenlicht, und es bedurfte recht langer Belichtungszeiten, um zu einem Abzug zu kommen. Vermutlich sind die Negative Wilhelm Wilshusens eigens für solche Kopierverfahren belichtet worden, denn die schönsten Kopien lassen sich auf diese Weise von relativ dichten Negativen ziehen.

„Chinesen beim Betrachten von Neujahrsbildern", Shanghai, Aufnahme ca. 1902/1903

Nun handelten die Geschäfte nicht nur mit Platten, Filmen und Chemikalien, sondern auch mit Abzügen, welche von den Negativen anderer Photographen angefertigt wurden. Bekanntestes Beispiel hierfür ist wohl „The Firm" aus Hongkong, die im Jahre 1860 gegründet wurde. Als die verschiedenen europäischen Photographen, darunter auch John Thomson, der zwischen 1865 und 1871 China im Auftrage der Royal Geographic Society bereiste und dabei gewissermaßen eine photographische Enzyklopädie des Landes anlegte und auch Felice Beato, welcher den zweiten Opiumkrieg im Jahre 1860 photographierte, nach Europa zurückreisten, ließen sie ihre Negative in Hongkong zurück.

Die Qualität der verkauften Abzüge sank jedoch im Laufe der Zeit auf das Postkartenniveau ab, und kaum einer der nachfolgenden Photographen konnte die Aussagekraft seiner Vorgänger erreichen. Das gleich gilt im übrigen auch für die meisten Amateur-Photographen, von denen kaum einer den ästhetischen Standard der Professionellen aus der Frühzeit erlangte:

„Considering the great number of photographs taken in China between 1846-1912, it is surprising, that so few resident amateurs or visitors created work of lasting merit. Although the amateur had ample time, there was no pressing need for him to finish his work in a careful way.

As a result, the amateur photograph is often lacklustre, diffuse and poorly realized technically. In contrast to this, the professional photographer who worked in a climate of commercial vigor, had to produce work that was direct and technically proficient. It is therefore mainly in the work of the professional that we find a cogent view of imperial China."[88]

Stattdessen verkauften die Geschäfte Ansichten von China an die heimkehrenden Europäer, die damit ihre Erinnerungsalben zu füllen begannen. Sie sahen China ausschließlich als ein Land „of endless rustic scenes. This tradition had such immense appeal that it was subsequently adopted by the new medium becoming the stock in trade of two generations of commercial photographers"[89]. Im Nachlaß von Wilhelm Wilshusen finden sich ebenfalls einige dieser Bilder, darunter auch das von einem unbekannten Photographen aufgenommene, welches drei wegen ihrer Streitsüchtigkeit verurteilte Frauen in der Halskrause zeigt. Die Darstellung der drakonischen Strafen und Hinrichtungsszenen scheint zur damaligen Zeit vielfach ein ästhetischer Standard gewesen zu sein, ein Bild, das nicht fehlen durfte, um sich beim Betrachten der Alben eine Vorstellung von „China und die Chinesen" machen zu können. Beispiele dieser europäischen Sichtweise, die dann besonders zynisch wird, wenn neben dem Bestraften noch ein im weißen Tropenanzug posierender Europäer mit ins Bild gerückt wird, finden sich im Nachlaß von Wilhelm Wilshusen glücklicherweise nicht. Das gleiche gilt im übrigen auch für den literarischen Bereich; dort feiern die noch Minuten nach der Exekution zuckenden Köpfe mitunter grausige Urständ.

Das Leben eines Kaufmanns im Shanghai der Jahrhundertwende scheint kein besonders anstrengendes gewesen zu sein, wenn man die vielen erhalten gebliebenen Reiseberichte und Tagebuchaufzeichnungen jener Tage studiert. Viel eher als die Belastung durch Arbeit im Kontor der jeweiligen Firma, schien die reichlich vorhandene Freizeit den Kaufleuten ein Problem.

So sind denn zwei Beweggründe zu vermuten, die den jungen Wilhelm Wilshusen zum Photo-Amateur werden ließen — Zeitvertreib und Spaß am Photographieren, wie auch das Interesse, von diesem fremden und geheimnisvollen Land ein kleines Stückchen einzufangen und abzubilden. Diese Eindrücke und Erfahrungen spiegeln sich in den Photographien und Reiseaufzeichnungen wieder — sie waren

Bernitt, um weiter ganz ungestört seinen Erfindungen auf diesen Gebiete nachgehen zu können, die Vertretung seiner Interessen nach übersee, an die Firm Sievers & Ravenborg in Hamburg vergeben, an welche überseeische Reflektanten sich zu wenden belieben, und die gerne bereit sind, jede gewünschte Auskunft über Preis etc. zu ertheilen, sowie Abhandlungen, in verschiedenen Sprachen, Probebilder, Kostenanschläge, u. a. w abzugeben.[90]

Hafenkolonien

und

kolonieähnliche Verhältnisse

in China, Japan und Korea

Eine kolonialpolitische Studie

von

Dr. Ernst Grünfeld

Privatdozent an der Universität Halle

Mit 3 Kartenbeilagen

Jena
Verlag von Gustav Fischer
1913

Fern der Heimat.

Wie verläuft denn nun eigentlich so ein Werktag in Peking, oder überhaupt im Osten? Da möchte ich zunächst sagen, daß die Europäer ja sehr auf den Verkehr unter einander angewiesen sind. Es hängt lediglich von den anderen Mitgliedern der Fremdenkolonie ab, ob man sich wohlfühlt oder nicht, denn es lebt sich in dieser Kolonie wie auf einer kleinen Insel im Meer, wo man sich täglich zu sehen bekommt. Es hat dies ja auch seine Schattenseiten, aber im allgemeinen fragt man nicht den Anderen, woher er kommt und wohin er geht. Zunächst ist der Tag ja größtenteils dem Berufe gewidmet, denn lediglich zum Vergnügen hält sich wohl niemand im Osten sein ganzes Leben auf, und jeder verbringt den Lebensabend gern in seiner engeren Heimat. Ich habe Kaufleute kennen gelernt, die sich draußen jeden nur erdenklichen Luxus gestatten können und denen dies zu Hause nicht möglich sein wird, aber trotzdem drängt es sie, wieder bald in die Heimat zu gelangen.

Fast regelmäßig besucht man den unentbehrlichen Klub um die Mittagszeit vor dem 1 Uhr-Frühstück. Der Whisky und Soda spielen dabei die Hauptrolle, denn er-

sterer ist am besten bekömmlich, wenn er nicht, wie ich es allerdings auch gesehen, „half and half" getrunken wird. Dann folgt das Frühstück, oder, wie man es in Indien und im Osten zu nennen beliebt, das „tiffin". Meist ist es recht gut, denn besonders der Chinese ist ein Koch ersten Ranges. Am Nachmittag folgt die „Siesta" und für den, der die Zeit dazu findet, eine Tennis- oder Reit-Partie, je nach der Passion, aber Bewegung muß man sich machen, denn dies ist im Osten gradezu als Arznei zu betrachten. Gegen 6 Uhr ist wieder große Vereinigung im Klub, wo die Tagesfragen meist erledigt werden, und um 8 Uhr ist das Diner. Wohl selten ereignet es sich, daß jemand den Abend nicht eingeladen ist oder keine Gäste bei sich hat, denn andere Vergnügungen gibt es nicht. Der echte Resident des Ostens hat allabendlich seine Whist-, Bridge- oder Poker-Partie, die ihm die sonst fehlende Zerstreuung verschafft.
91

Wäfferungskaften

宇相照昌號

Über 1000 neue Aufnahmen von Shanghai und Umgegend Allerhand Chinesisches auf Ansichtskarten
Entwickeln ♦ Billigste Preise
Lai Chong, Photograph
North Szechuen Rd. 1855, gegenüber d. Apollo-Theater

in vielen Fällen auch als Einheit von Bild und Text gedacht und ausgeführt. So zum Beispiel in den vielen, durch die mitgesandten Photographien illustrierten Briefen, von denen einer beispielsweise schließt:

„Hoffentlich interessiren Sie diese Bilder und können Sie sich einen kleinen Begriff von „China und die Chinesen" machen. —" 92 Der Gedanke an eine spätere gemeinsame Erinnerung beim Durchblättern der Photoalben, als Illustration zu den Erzählungen und als Versicherung des Wahrheitsgehaltes lag hier nicht fern.

Anlässe zum Photographieren gab es wohl im Übermaß, lag doch besonders in Shanghai das Europäische und das Chinesische eng beieinander. Verließ man die Hauptstraßen im französischen Teil der europäischen Niederlassung, so geriet man sehr schnell in eine andere Welt, in der nur noch die Gaslampen und französischen Straßennamen daran erinnerten, noch nicht in die „Chinesenstadt" geraten zu sein.

Anlässe — Schriftzeichen, überdimensional werbend an die Wände gemalt; Menschen, die, in den Straßen wimmelnd, den verschiedensten Tätigkeiten nachgingen, Händler, Märkte und so vieles andere, das, obwohl es lediglich chinesischen Alltag darstellt, doch unseren Augen fremd und pittoresk erscheint.

Wilhelm Wilshusen sah durchaus diesen Alltag, erlag nicht mehr nur der vordergründigen Exotik der farbenprächtig-fremden Szenerie, denn im Laufe eines zwanzigjährigen Aufenthaltes in China sieht man wohl kaum mehr mit den schnappschußgeschärften Augen des Phototouristen.

Durch seine Tätigkeit als Kaufmann besaß Wilhelm Wilshusen häufig Gelegen-

heit zum Reisen und er nutzte sie auch, so daß vielfach geschäftlicher Zweck und privates Vergnügen zusammenfielen.

„Europäer auf einem Ausflug zu Pferde", bei Chungking; Aufnahme ca. 1916

Wie auch schon die Mehrzahl der erhalten gebliebenen Aufnahmen zeigt, bereiste er sehr ausgiebig den mittleren Teil Chinas, die Provinz Kiangsu, in der auch Shanghai liegt. Reisen in die deutsche Kolonie Kiautschou, Tientsin und Peking schlossen sich an. Den eigentlichen Mittelpunkt seines China-Aufenthaltes bildeten jedoch die verschiedentlich im Auftrage der Firma unternommenen Reisen auf dem Yangtse-Kiang, die ihn bis nach Szechuan und an die Grenze nach Tibet führten.

„Sowie es mir meine Zeit erlaubt, werde ich wiederum einen kleinen Ausflug machen, denn interessanteres, als in unbekannter Gegend herumzustreifen, kenne ich garnicht. —" so endet der Bericht von einer kleinen Tour nach Chinkiang, doch dabei sah Wilhelm Wilshusen das Land auch stets mit den Augen eines Kaufmanns — scharf beobachtend, das Eigentümliche

184 einer Landschaft und ihrer Menschen erfassend. Vielfach verknüpfte sich die Lust am Schauen mit dem Wunsch, die abgebildeten Gegenstände zu besitzen. Hierin begründet sich eine Wahrnehmung, die Gegenstände von kultureller Bedeutung ausschließlich in ihrem monetären Wert begreift.

China — das war für die damals dort lebenden Kaufleute ein einziger großer Kaufmannsladen, in dem sie nahezu alles zu lächerlichen Spottpreisen erstehen konnten — die Chinesen jedoch garnichts.

Leider, oder vielleicht glücklicherweise hielt der damalige Kunstverstand der Kaufleute nicht allzu großen Ansprüchen stand. Vielfach konnten sie die wirklich wertvollen Antiquitäten nicht von deren Imitationen aus dem 19. Jahrhundert unterscheiden.

Viele der so erworbenen Stücke wurden nach der Heimkehr des erfolgreichen Überseekaufmanns den heimischen Kolonialmuseen gestiftet, um dort eher den Geschmack der Käufer als bedeutende Beispiele chinesischer Kunst darzustellen.

In diesem Zusammenhang ist daran zu erinnern, daß Wilhelm Wilshusen ganz wesentlich zur Erwerbung und Aufstellung des sogenannten „China-Hauses" im damaligen Bremer Museum für Völkerkunde, anläßlich der Eröffnung desselben im Jahre 1911, beigetragen hat.

Von den Vorbereitungen hierfür zeugen noch heute einige Fotografien, auf denen Schnitzereien und Bemalung des Giebel abgebildet sind und somit als Beleg für die Richtigkeit der ausgeführten Arbeiten dienten — vergleichbar heutigen Polaroid-Aufnahmen. Den gleichen Zweck

erfüllten auch die vielen Photographien von Bronzevasen, Tempelgongs, Musikinstrumente und anderen Kunstgegenständen, die er erwarb und dem Bremer Museum zum Kauf anbot. Die Photographien von Wilhelm Wilshusen überschreiten hier den Rahmen des bloßen Erinnerungsbildes, das

„Holzschnitzereien an der Decke des Gildenhauses", Hankow; Aufnahme ca. 1909

sich lediglich auf das Exotische stürzt und bilden vielmehr einen sinnvollen Bestandteil seiner gesamten Tätigkeit in China.

In den gleichen Bereich fallen die Aufnahmen, die Lager und Arbeiter der Firma Melcher zeigen. Ebenso wie in den Bildern für das Bremer Museum geht es ihm hier darum, Arbeit zu dokumentieren; welche Rohstoffe werden verarbeitet, wie werden sie gelagert und nicht zuletzt, wie arbeiten die Menschen mit ihnen. Einige seiner Aufnahmen fanden Eingang in die Festschrift zum hundertjährigen Bestehen der Firma.

Chrysanthemum und Drache.

Vor und während der Kriegszeit in Ostasien.

Skizzen aus Tagebüchern von

Freiherrn Wilhelm von Richthofen,
Oberleutnant im 3. Garde-Ulanen-Regiment

Mit 16 Tafeln Illustrationen und einer Karte.

Berlin 1902.
Ferd. Dümmlers Verlagsbuchhandlung

Ein Abgrund.

Nach so viel Sport, Spiel, Geselligkeit sehnt sich aber doch das Herz nach den erhebenderen Genüssen der Kunst und Wissenschaft. Und auch dafür ist in ganz mustergültiger Weise gesorgt. Allsonntäglich sind in der großen Stadthalle Konzerte unter der Leitung unseres Landsmannes, des von idealstem Streben und großer Tatkraft durchdrungenen Professors Buck, in denen eine tausendköpfige Menge andächtig den Klängen unserer großen Tonmeister lauscht. Diese Konzerte, die natürlich kein Chinese betreten darf, sind völlig unentgeltlich und mithin eine Einrichtung, auf die wir Deutschen in der Heimat mit Neid blicken können. Seltsam ist es, wenn wir, nachdem uns soeben noch die Klänge deutscher Musik ergriffen haben, auf die Straße treten und plötzlich von dem Gewühl schreiender Chinesen in der exotischen Stadt umgeben sind. Welch eine andere Welt — welch ein unüberbrückbarer Abgrund zwischen diesen beiden Welten!
94

Vom Standpunkt der Fremden.

Bezeichnend ist, dass die Chinesen nie jemand von vorne anzugreifen wagten. Durch Faust- und Stockschläge von rückwärts trachteten sie ihre Opfer zu Falle zu bringen, dann schlugen und rissen in blinder Wut an ihnen herum. Knaben und Mädchen trugen in Körben Steine herbei, die so geschickt in die Höhe geworfen wurden, dass sie im Herabfallen immer den Fremden auf die Köpfe fielen. Als sie dann, mit langen Bambusstangen ausgerüstet, sich daran machten, die öffentlichen Gebäude zu demolieren, war es mit der Langmut der Stadtverwaltung endlich aus.

Es wurde das Freiwilligenkorps alamiert, gleichzeitig landeten die fremden Kriegsschiffe Matrosendetachements mit Maschinengewehren. Die kleinkalibrigen Stahlmantelgeschosse hatten die Strassen bald reingefegt. Die Chinesen waren jedoch im Forttransportieren der Toten so geschickt, dass am Morgen nach dem Aufruhr kaum dreissig Leichen in den Strassen angetroffen wurden. Seitdem sind die Chinesen wieder mäuschenstille. Und es wird wohl weiter so bleiben. Es müssten denn die Internationalen sich untereinander bekriegen.

Um den Besitz von Shanghai könnte man wohl einen Strauss wagen.

95

Allgemeines Zeichen
für
Sekunda-Büffelhäute.

Auf seinen Reisen sah Wilhelm Wilshusen oft Menschen bei der Arbeit. In den dabei entstandenen Bildern läßt sich das Zusammenfallen zweier Arten von Wahrnehmung erkennen — einmal der Kaufmann, der sich qua Geschäft zum Beispiel

„Häute-Trockenplatz der Firma Melchers & Co.", Shanghai; Aufnahme ca. 1906

für den Anbau und die Verarbeitung von Baumwolle interessiert und dabei nicht zuletzt auch auf die Qualität der Produkte achtet — zum anderen aber auch der Photograph, der ein Bild von Menschen bei der Arbeit machen möchte — und dazu ein schönes, das auch die besonderen Eigenheiten des Landes zeigen sollte.

Schön — das bedeutete für Wilhelm Wilshusen vermutlich etwas anderes als für die in Europa und Amerika lebenden Amateur-Photographen seiner Zeit.

Sie waren in der Hauptsache Vertreter des sogenannten „pictorialism" — einer Photographie, die sich aus der Realität

einer immer stärker industrialisierten und verelendeten Welt ins malerische Dekor flüchtete. Das typische Stilmittel bestand in der absichtlich herbeigeführten Unschärfe und Auflösung der Konturen zugunsten einer malerischen Verklärung der Welt.

In Verleugnung der eigentlichen technischen Möglichkeiten der Photographie ersann man technische Manipulationen der Objektive und photographische Drucktechniken, die einen schummrigen Jedermann-Impressionismus zur Folge hatte — sicher auch ein Ausdruck der künstlerischen Gepflogenheiten jener Zeit. Mitzudenken sind wohl auch die heftigen Debatten um die Frage, ob Photographie jemals Kunst sein könne, oder lediglich eine mechanische Kopie der Wirklichkeit, und die dazu führten, daß die Künstlerphotographie jener Zeit die bestehenden ästhetischen Konventionen übernahm, um anerkannt zu werden.

Nun, mit diesen Stilmitteln, dem Weichzeichner, dem zerbrochenen Objektiv und der Retouche hatte Wilhelm Wilshusen wohl nichts im Sinne und, so darf man vermuten, hätte er auch garnichts anfangen können.

Ihm ging es mehr darum, mit seinen Bildern etwas über dieses Land zu erzählen, nüchtern und sachlich das Alltägliche, wie auch das unseren Augen Fremde in eine visuelle Gestalt zu bringen, die immer in enger Verbindung mit seinen Aufzeichnungen und Erzählungen stehen sollte.

Der „pictorialism" wollte der Realität entfliehen, sie in allgemeine und zeitlose Stimmungen verwandeln, die sich nicht mehr eindeutig bestimmen lassen würden

186 und stattdessen dem nostalgischen Genuß huldigen.

Diese Art der Wahrnehmung und der Photographie mußte den Anforderungen der Berichterstattung und der Bestandsaufnahme, der photographischen Landnahme nämlich, die mit der kolonialen einherging, völlig zuwiderlaufen, denn ihr waren zu wenig bedeutsame Informationen zu entnehmen.

Und so finden sich unter den vielen Photographen, die das China jener Zeit bereisten und aufnahmen, auch nur ganz wenige, die nicht präzise und scharf abzubilden versuchten, was sie zu sehen bekamen.

So gesehen, stellen die Photographien von Wilhelm Wilshusen durchaus keine Ausnahmen dar, eher reihen sie sich gleichwertig in die Reihe derjenigen Bilder ein, mit denen uns die Überlieferung schon vertraut gemacht hat.

Wilhelm Wilshusens chinesische Jahre waren mit dem verlorenen Weltkrieg beendet. Er mochte wohl oft an eine Rückkehr ins Reich der Mitte gedacht haben, doch machten sich nach der Ankunft in Deutschland die großen materiellen Verluste, die er durch seine unfreiwillige Rückreise erlitt, stark bemerkbar, so daß die Verhältnisse ihn zwangen, erneut Arbeit zu suchen.

Anfangs benutzte der Kaufmann seine langjährige China-Erfahrung, zeigte die von ihm erworbenen Kunstgegenstände, Bronzen, Vasen, Weihrauchgefäße in einer Ausstellung der „Bremer Raumkunst", einem kleinen Möbelgeschäft, und bot sie dort zum Verkauf an. Die Nachkriegsjahre verhinderten wohl eine größere Nachfrage, allein das „Bremer Museum", insbesondere

Wilshusens guter Bekannter, Professor Schauinsland, zeigte Interesse und erwarb einige der Ausstellungsstücke, immer an Wilshusens Großzügigkeit appellierend, zu äußerst geringen Preisen. Auch mit seinen Photographien, die er in Diareihen zusammenstellte, um sie an Schulen zu zeigen, hatte er wenig Erfolg. Es fand sich kein Käufer hierfür. Nur etwa 15 seiner Bilder wurden, anfangs ohne sein Wissen und seine Zustimmung in Joseph Lauterers Buch „China — Das Reich der Mitte, einst und jetzt", Leipzig 1910, zur Dokumentation verwandt. Darin fehlte dann auch der notwendige Hinweis auf den Urheber der Bilder und die entsprechende Honorarzahlung.

Eine weitere Buchveröffentlichung bereitete ihm jedoch große Freude. Gegen Ende seines Aufenthaltes in China besuchte ihn der Schriftsteller Norbert Jacques in Chungking, mit dem er 1904/05 in Shanghai bekannt gemacht wurde, anläßlich dessen Reise auf dem Yangtse-Kiang. Jacques, der später durch die Verfilmung seines Romans „Dr. Mabuse" bekannt wurde, schrieb gerade an einem Reisebuch „Auf dem chinesischen Fluß" und Wilhelm Wilshusen wurde darin zum „dicken deutschen Kaufmann", dem „Norddeutschen" in seinem Hause „Ba Fung".

Häufiger erbaten Museumsmitarbeiter oder verschiedene Firmen von Wilshusen Experten über chinesische Kunstgegenstände, auch über Fragen des Alltagsleben dort, so z.B. über die Möglichkeit, den chinesischen Holzölbaum in Deutschland einzuführen.

War das vielfach geäußerte Interesse am Wissen, den Erfahrungen und am

Die Deportation.

Die „Times" melden aus China, dass am 13. März morgens die Dampfer mit 993 Männern, 402 Frauen und 400 Kindern an Bord abgegangen seien. Etwa tausend Personen sollten nach dem 1. April mit dem Dampfer „Antilochus" nachfolgen. Es werde in der Fremden-Niederlassung von Schanghai bitter empfunden, dass ein halbes Dutzend hervorragender Männer englisch-amerikanischer Staatsangehörigkeit beim chinesischen Militärgouverneur eine Bitte eingereicht habe, die Heimsendung der Schanghaier deutschen Ärzte zu verschieben, die zu ärztlichen Begleitern der Schiffstransporte ernannt wurden. Diese Ärzte seien verschwunden und man glaube, sie hätten im Woosung Medical College unter dem Schutz chinesischer Behörden Zuflucht gefunden.

Chinesische Geschäftsleute erheben gegen die Deportation der Deutschen lauten Protest. Diese Massregel werde den chinesischen Interessen nur schaden; während der letzten 20 Jahre hätten sie nur Vorteil von ihrer Zusammenarbeit mit den Deutschen gehabt, warum solle ferner China die Deutschen vertreiben, wenn es Japan nicht tue. („Jap. Gaz." vom 1.2.)
96

Ein deutscher Kommis.

... Schnell sind wir durch die freundliche Einführung und die von unserer liebenswürdigen Wirtin uns zu Ehren veranstalteten Gesellschaften mit einer großen Anzahl der anderen angesessenen Europäer bekannt geworden und von ihnen gleich freundlich aufgenommen. Im Klub lernen wir die übrigen Ortsangesessenen kennen und gleich vom ersten Tage unserer Ankunft an sind wir mit einer Menge liebenswürdiger Einladungen zu Tiffins und Diners beglückt. Bei den gesellschaftlichen Zusammenkünften geht es meist überaus opulent zu, die Zahl der Gänge ist eine sehr große und die Bonität der Weine und Gerichte würde einer fürstlichen Tafel Ehre machen. Ob ein so großer Aufwand, wie er — ich will nicht sagen von allen, aber doch von sehr vielen der europäischen Firmen in Hongkong und Schanghai und anderen Hafenplätzen Ostasiens getrieben wird, wirklich aus Repräsentationsgründen notwendig ist, ob nicht viel Übertreibung dabei mit unterläuft, ja ob nicht in manchen Fällen absoluter Luxus absolut nicht im Verhältnis steht zu dem Einkommen der betreffenden Firmen, will ich hier ununtersucht lassen, scheinen will es mir aber, als ob diese opulente Lebensweise noch ein Überrest jener goldenen Tage sei, da nur wenige europäische Firmen in Ostasien ansässig waren und konkurrenzlos gewaltigen Verdienst einheimsen konnten.

Jene Zeiten aber, da 60, 100 und mehr Prozent auf den ein- oder ausgeführten Artikel netto verdient wurden, sind längst vorüber; der europäische Firmen Ostasiens sind mehr, die Konkurrenz ist immer grösser und der Chinese im Verkehr mit dem Europäer immer schlauer geworden; wo früher 80 oder 100 Prozent verdient wurden, da werden jetzt häufig nur noch 10 bis 20 Prozent hereingebracht. Der Luxus, welchen in den früheren Jahren einige der einzigen und grossen Kaufmannshäuser trieben, hat sich mit der wachsenden Konkurrenz, der ständig steigenden Anzahl der ansässigen europäischen Kaufleute mehr verbreitet und mit der Erschwerung des schnellen und grossen Verdienstes hat auch in den grössten Hongs die früher übliche Pracht und Verschwendung sich etwas verringert, immerhin aber ist zu einem sehr grossen Teile die kostspielige Lebensweise jener goldenen Tage noch heute beibehalten und die Repräsentationsspesen vieler Häuser dürften sich nicht im richtigen Verhältnis verringert haben.

künstlerisch-dokumentarischem Schaffen des Kaufmanns nach seiner Rückkehr noch recht vielversprechend, so ließ es ein Jahr später, 1920, erheblich nach.

Photographien und Reiseaufzeichnungen verschwanden auf dem Dachboden und in Schubladen und blieben dort nur der Familie und wenigen neugierigen Bekannten vorbehalten.

Wilshusen verließ in diesem Jahr seinen Heimatort und siedelte nach Danzig über, wo er eine Stelle bei der „Baltropa-Reederei" und später bei den „United States Lines" übernahm. Er kehrte fünf Jahre später als verheirateter Mann mit der Familie nach Lilienthal zurück und arbeitete weit über das Pensionsalter hinaus, bis 1945, in der dortigen Sparkasse. Wilhelm Wilshusen starb 92jährig, am 18. Juni 1966 in Lilienthal.

»Wenn ich heute an Opa Wilshusen zurückdenke, den ich nur aus den letzten Jahres seines Lebens kannte, erinnere ich mich nur an wenige Einzelheiten und Gefühle. Wir Kinder, mein Vetter und ich, besuchten ihn häufiger in der nicht weit von unserem Haus gelegenen Wohnung ich empfand ihn dort immer als sehr geheimnisumwitterten Großvater meines Vetters, einem kleinen, etwas runzligen alten Mann mit wenigen, schneeweißen Haaren, der, umgeben von vielen fremdartigen Möbeln, Teppichen und Tüchern, in der Ecke eines Sofas im Wohnzimmer saß und uns manchmal Geschichten aus dem fernen Land erzählte. Obwohl wir immer neugierig nach weiteren Erlebnissen fragten, blieb mir der Inhalt des Berichteten oft unverständlich und fremd. Lediglich einen Satz aus der chinesischen Sprache habe ich nie vergessen

können und der klang ähnlich wie: „Malle ge pi" — „Leck mich am Arsch!"« [97]

Glücklicherweise hatte Wilhelm Wilshusen schon auf seiner Europareise im Jahre 1908 vieles von seinem Negativmaterial mit nach Deutschland gebracht. Dennoch fällt der Verlust von zahlreichen Kisten mit Photomaterial, darunter seine Kameras und weitere Negative, schmerzlich ins Gewicht.

In Deutschland angekommen, wanderten die Negative und Abzüge, verstaut in einer großen Holzkiste, auf den Dachboden, wo sie auch die nächsten 60 Jahre verblieben. Unter denkbar ungünstigen Bedingungen, Licht- und Temperaturschwankungen, wechselnder Feuchtigkeit, sowie starkem Staub und Schmutz ausgesetzt und dabei nur notdürftig in den ur-

„Chinesische Kinder", Kontaktabzug vom Negativ

188 sprünglichen Verpackungen aufbewahrt, führten die Negative, Dias und Abzüge ein kümmerliches Dasein.

Insgesamt umfaßt der Nachlaß etwa folgenden Bestand:

ca. 800 Stück Glasnegative im Format 9 x 12 cm

ca. 700 Stück Glasnegative im Format 4 x 5 inch.

ca. 300 Stück Planfilme im Format 4 x 5 inch. Hierbei handelt es sich um trockene Bromsilbergelatine-Platten verschiedener Hersteller und um Vorläufer heutigen Sicherheits-Planfilms.

ca. 300 Stück Glasdias im Format 7,5 x 7,5 cm, welche als Reproduktionen von Kontaktabzügen angefertigt worden waren.

ca. 250 Stück Kontaktabzüge im Format 4 x 5 inch., welche größtenteils auf Albumin- oder Gelatinepapier, sogenanntem Auskopier-Papier hergestellt worden waren.

ca. 450 Kontaktabzüge, die seinerzeit in Photoalben eingeklebt worden waren. Zusammengezählt macht das einen Gesamtbestand von rund 2800 Photographien aus, welche entweder als Negativ oder als Positiv vorliegen.

Es war die Neugierde und Entdeckerfreude, die uns vor drei Jahren dazu brachte, die Photographien gleichsam „auszugraben" und einmal anzuschauen. Mit der Zeit und zunehmender Kenntnis der Materie entstanden dann Gedanken an eine Veröffentlichung der Bilder. Dazu war erst einmal nötig, das gesamte Bildmaterial zu sichten und so einen Überblick über das Schaffen des verstorbenen Großvaters zu gewinnen.

Seinem Sohn, Herrn Rolf Wilshusen, sei dafür ganz besonders herzlich gedankt, daß er uns ohne Einschränkungen den gesamten Nachlaß Wilhelm Wilshusens zur Verfügung stellte, unsere vielen wissbegierigen Fragen geduldig beantwortete und somit dieses Buch überhaupt erst ermöglichte.

Doch was ist zu tun, wenn man einen solchen Schatz findet? — die Negative in einem bedauernswerten Zustand, vollkommen unbeschriftet und nicht numeriert — kurz ein rechtes Durcheinander.

Die Arbeiten begannen nun auf zwei Ebenen — zum einen mit der Entschlüsselung und zum anderen mit der Restaurierung und Archivierung des Negativmaterials. An dieser Stelle ist Herrn Hans-Christian Adam zu danken, der uns die ganze Zeit mit vielen Ratschlägen und praktischer Hilfeleistung zu Seite stand. Ebenso gilt unser Dank dem Negativ-Restaurator des Rheinischen Bildarchivs Köln, Herrn Brendel, sowie Herrn Dr. Paul Naredi-Rainer für deren Hilfe bei der Restaurierung des teilweise stark angegriffenen Materials. Diese Hilfe war umso wertvoller, als heute nicht allzuviele Leute etwas von der Restaurierung historischen Bildmaterials verstehen.

Die Negative waren seinerzeit nicht genügend fixiert worden, ein auch heute noch allzu häufig auftretender Fehler, bzw. durch eine ungenügende Wässerung war das Natriumthiosulfat (Fixiersalz) nicht gründlich genug ausgewaschen worden. Die Folgen waren einmal eine starke Aura oxidierten metallischen Silbers rings um das ganze Negativ, oder große gelblichbraune Flecken auf demselben.

Naturgemäss muss dieser grosse Aufwand in der Lebensweise der Grosskaufleute als ansteckendes Beispiel auf deren jüngere Angestellte wirken und gar mancher der letzteren findet, dass er nach einer Reihe von Jahren überseeischen Aufenthalts statt des erhofften grossen Vermögens sich eine grosse Schuldenlast angesammelt hat. Der junge deutsche Kommis, welcher zu Hause im günstigsten Falle einen Monatsgehalt von zwischen 100 bis 150 Mark bezogen hat, wird nach hier mit einem Anfangsgehalt von durchschnittlich etwa 50 Dollars nebst freier Station engagiert. Das klingt glänzend, denn unbekannt ist dem jungen Manne zur Zeit noch, dass er hier für den Wert eines Dollars noch nicht soviel Genüsse sich verschaffen kann, wie in der Heimat für eine Mark. Wenige machen sich eine auch nur annähernd richtige Vorstellung von dem Leben, welches sie hier in Ostasien erwartet. Die Hälfte der jungen Leute, welche sich in Hamburg oder Bremen, in Genua, Marseille oder Triest nach dem fernen Osten einschiffen, hat nur eine sehr unbestimmte Ahnung von den Anforderungen, welche hier draussen an sie gestellt werden.

Meistens nur ungenügend mit dem ausgerüstet, was das Klima an Kleidungsstücken verlangt, sieht sich der Ankömmling schon am ersten Tage nach seinem Eintreffen genötigt, so ziemlich ganz neu zu equipieren. So ist, falls überhaupt vorhanden, der mitgebrachte Notpfennig sofort ausgegeben und jetzt kommen die anderen notwendigen Ausgaben.

Da gibt es in den grossen Hafenplätzen Ostasiens verschiedene Klubs, denen beizutreten der Taipan (Chef der Firma) dem neu angekommenen dringend empfiehlt. Der Klub soll dazu dienen, das Familienleben zu ersetzen, welches der selbst verheiratete Chef unmöglich allen seinen Angestellten bieten kann. Diesen Zweck erfüllt denn auch dieser Klub bis zu einem gewissen Grade, aber das notwendige Eintrittsgeld, 20 Dollars, der erste Beitrag, 15 Dollars, und die notwendig gewordenen Ausgaben für Kleider haben den Gehalt von mindestens zwei Monaten schon im voraus verschlungen. Doch macht dies dem Jüngling zunächst keine Sorgen. Bares Geld braucht er nicht, wohin immer er sich begibt, tönt ihm das magische Wörtchen „Kredit" entgegen, allüberall wird eine kurze Bleifedernotiz über den betreffenden Dollarbetrag, mit seiner Unterschrift versehen, bereitwilligst als Zahlung entgegengenommen, ein überaus bequemes

Mittel, binnen kurzer Zeit sehr viel Geld auszugeben.

Ganz sich selbst überlassen, ohne jede Leitung, genießt der junge Ankömmling plötzlich eine Freiheit, die ihm in den bislang bekleideten unteren Stellungen zu Hause versagt gewesen ist, und je nach seiner Charakterveranlagung wird er infolge dieser grossen Freiheit leicht auf Abwege geraten. Trotzdem unser junger Mann mit guten kaufmännischen Vorkenntnissen ausgerüstet ist, gelingt es ihm doch erst nach Ablauf des zweiten Jahres mit den Verhältnissen des ostasiatischen Handels derartig vertraut zu werden, dass ihm von seinem Chef eine wichtigere Stellung, etwa die eines Shipping Clerk oder Salesman anvertraut werden kann.

Bis dahin war der junge Mann kaum etwas besseres als eine Schreibmaschine, die vor dem um mindestens die Hälfte billigeren portugiesischen Clerk nur den Vorteil voraus hatte, der deutschen Sprache mächtig zu sein, ein Vorteil, der in einzelnen Geschäften oder Geschäftsbranchen auch nur illusorisch ist. Nach zwei Jahren ist der Durchschnitt-Clerk soweit, dass er selbständig arbeiten und seiner Firma wirklich von Nutzen sein kann. Er bezieht jetzt durchschnittlich ein Gehalt von 80—120 Taels per Monat mit freier Station. Mit dem höheren Gehalt sind aber auch seine Anforderungen an das Leben gestiegen. Er hält sich gleich so vielen Kollegen Wagen und Pferde, wettet hoch auf dem Rennplatz, verliert so manchen Dollar im Glückspiel, hält eine Yacht und vielleicht auch noch ein Hausboot, mit welchem er höchst interessante und belehrende, aber etwas kostspielige Touren „up country" unternimmt. Soupers intimes, bei denen das ewig weibliche Element durchaus nicht die zweite Rolle spielt, sind ihm nichts Unbekanntes mehr, und da jetzt der Herr Komprador alle Skrupel überwunden hat, so spielt für einige Jahre das Geld keine Rolle mehr.

In allen Läden der Stadt geniesst der junge Herr des besten Rufs, denn sein Prinzip war, stets alle Schulden durch den Komprador der Firma berichtigen zu lassen, und auch die Schulden im Klub wurden stets mit peinlichster Pünktlichkeit bezahlt — vom Komprador. So steht der junge Mann vor der Welt gross da, aber nicht vor seinem Taipan, von welchem er eines schönen Morgens zitiert wird. Den Komprador ist das hochgeschwollene Konto unheimlich geworden und so hat er sich um Bezahlung der Schuld des Angestellten an den Chef der Firma gewandt. Jetzt tritt der Ernst des

Die Restaurierungsvorgänge seien hier nur kurz skizziert. Sie bestanden aus der Verarbeitung in folgenden Bädern:

Netzmittel, nicht-ionisierend	5 Minuten
Wasserbad	abspülen
Jod-Alkohol-Lösung (5%ig)	5 Minuten
Alkohol	abspülen
Fixierbad	5 Minuten
(kein Express-Fixierer)	
Wasserbad	3 Minuten
Hypo Clearing Agent	5 Minuten
Schlußwässerung	20 Minuten

Durch genau Befolgung der Verarbeitungshinweise führte die Restaurierung zu einem guten Erfolg, wenn auch in einigen Fällen zuvor verdeckte Schäden offen sichtbar wurden. Neben den oben beschriebenen Mängeln in der Negativverarbeitung führte die unsachgemäße und zu feuchte Lagerung in einigen Fällen zum Befall der Gelatine-Trägerschicht mit Pilzen und anderen Mikroorganismen. Zum Teil sind die chemischen Veränderungen der Negative auch auf den hohen Säuregehalt des Kartons zurückzuführen, aus dem die alten Original-Verpackungen bestanden und worin die Glasplatten und Filme aufbewahrt worden waren.

Jede Glasplatte und jeder Planfilm wanderte nach erfolgter Restaurierung in eine chemisch neutrale Kunststoff-Tasche, die numeriert und aufrecht gestellt aufbewahrt wurde. Nach Abschluß dieser Arbeiten konnte man daran gehen, das vorliegende Material zu entschlüsseln. Als Quellen dienten hierfür die erhalten gebliebenen Reiseaufzeichnungen und Manuskripte von Wilhelm Wilshusen, sowie die numerierten Bildbeschreibungen der Dia-Positive. Teilweise waren auch die Kontakt-

abzüge und Photo-Alben mit kleinen Hinweisen beschriftet. Hinzu kam noch diverse Literatur über China und verschiedene, sowohl um die Jahrhundertwende entstandene, als auch moderne Bildbände, die eine Identifizierung einiger Aufnahmeorte erlaubten. Aus dem erhalten gebliebenen Briefverkehr konnte eine recht genaue Datierung des China-Aufenthaltes von Wilhelm Wilshusen gewonnen werden, sodaß die angegebenen Aufnahme-Daten der Photographien als zuverlässig angenommen werden können.

Großzügigerweise wurde uns die Einsicht in den gesamten Schriftverkehr zwischen dem Übersee-Museum-Bremen und damaligen Museum für Völkerkunde mit den am Ostasien-Handel beteiligten Bremer Firmen und das Abdruck einiger Briefe gestattet, so daß auch hier einiges über Wilhelm Wilshusen zu erfahren war.

Wie eingangs schon erwähnt, sandte er einige seiner Negative an das Bremer Museum, die seitdem auch dort friedlich und verstaubt in den Schränken schlummerten.

Ganz besonders sei Herrn Dr. Andreas Lüderwaldt für dessen freundliche Unterstützung gedankt, nicht zuletzt mit seiner Hilfe konnten wir einige Original-Negative von Wilhelm Wilshusen in einem der besagten Schränke wiederentdecken.

Aus diesen Quellen setzte sich das Material zusammen, mit dessen Hilfe wir eine Anzahl von zunächst 500 Negativen entschlüsseln und verhältnismäßig sicher datieren konnten. Aus diesem Bestand wurde die Auswahl, der in diesem Buch veröffentlichten Photographien getroffen.

Letzte Unsicherheiten an der Bedeutung einzelner Bildinhalte wurden durch eine kritische Überprüfung und Übersetzung der abgebildeten Schriftzeichen beseitigt, welche freundlicherweise Dr. Wingpui Leung und Dr. Y.F. Law von der Universität Bielefeld vornahmen. Für die Schlußdurchsicht danken wir Herrn Dr. Willibald Veit von der Universität Heidelberg.

Die sich anschließenden Vergrößerungsarbeiten stellten sich als ungewöhnlich schwierig heraus, schließlich hatten wir es hier nicht mit modernem Negativmaterial, das mittlere Kontraste und Grauwerte aufweist, sondern mit historischem Material und seinen ganz besonderen Eigenheiten zu tun. Diese liegen besonders im orthochromatischen Charakter der damals verwandten Emulsionen begründet. Bei dieser Art Aufnahmematerial wird Blau als starke Schwärzung im Negativ wiedergegeben, Rot und Gelb dagegen überhaupt nicht. Das führt dann im Positiv zur Wiedergabe von Gelb und Rot als Schwarz, währenddem ein blauer Himmel auf dem Abzug vollkommen weiß bleibt.

So ist es auch zu erklären, daß in den Aufnahmen jener Zeit nur selten Wolken am Himmel zu sehen sind, obwohl es sie damals auch sehr wohl gegeben haben mag. Eine weitere Schwierigkeit ergab sich aus der relativen Überbelichtung des Negativmaterials, eine damals recht gängige Arbeitsweise, die sich aus der Verwendung sogenannten Auskopierpapiers (Printing-Out-Paper) für die Kontaktkopien herleitete. Hier empfiehlt sich herkömmliches Baryt-Papier, in Verbindung mit einer diffusen Lichtquelle und besonders weich

arbeitendem Entwickler, wiewohl Kunststoff „papier" kaum den Ansprüchen einer adäquaten Verarbeitung historischen Materials standhalten konnte.

Einige der in diesem Buch veröffentlichten Photographien lagen nur als Kontaktabzug vor, sodaß eine Reproduktion unumgänglich war. Für die freundliche Bereitstellung von Aufnahmemöglichkeiten und Filmmaterial sei hier Christel Hermes und Reinhard Dohr von der Universität Bremen ganz herzlich gedankt.

„Chengtu, die Hauptstadt von Szechuan", Aufnahme ca. 1908

Mit der Zeit nahm neben der Erstellung der Vergrößerungen auch die textliche Gestaltung dieses Buches Konturen an. Hierbei sollte eine kunsthistorische Darstellung vermieden werden, welche sich wie so häufig von den jeweils konkreten Gegebenheiten des gefundenen Materials löst und dieses letztlich nur noch als Anlaß für immer neue Photo-Ästhetiken quasi instrumentalisiert. Gerade hierin liegt die Schwierigkeit eines authentischen Umgehens mit historischem Photomaterial —

Lebens an den Jüngling heran und auch der Taipan befindet sich in durchaus nicht beneidenswerter Lage.

Der in allen Geschäften versierte Angestellte repräsentiert jetzt für die Firma einen durchaus bedeutenden Wert. Soll dies Anlagekapital durch Entlassung des Missetäters verloren gehen, soll sie ihm die Rückreise nach Europa bezahlen und auch die Kosten der Herreise eines neuen Arbeiters von Deutschland tragen, der wiederum zwei Jahre braucht, um sich in das Geschäft einzuarbeiten? Soll die Schuld durch regelmässige Abzüge am Gehalt getilgt werden? Beide Alternativen sind misslich, und so entschliesst sich die Firma sehr häufig, die Schuld des Frevlers zu tilgen gegen dessen Versprechen, sich zu bessern, und auch der Herr Komprador wird angewiesen, den bisher so freigebig bewilligten Kredit einzuschränken.

Wer hier draussen — und das gilt nicht nur für China, sondern für alle überseeischen Gebiete — vorwärts kommen und eine geachtete Stellung in der deutschen Kaufmannswelt einnehmen will, der muss vor allen Dingen charakterfest sein. Nach diesen Ländern sollten nur solche junge Kaufleute gesandt werden, welche schon eine gewisse Lebenserfahrung besitzen. Es liegt in dieser Beziehung eine hohe Verantwortung in den Händen der Eltern und Angehörigen des jungen Mannes, die leider nur zu häufig die einschlägigen Verhältnisse nicht genügend kennen, wenn sie ein Mitglied ihrer Familie in die Fremde ziehen lassen. Wirklich tüchtige junge Kaufleute machen hier draussen oft überraschend schnelle Karriere, und ich kann mit Freuden konstatieren, dass sich eine ganze Reihe solcher charakterfester, tüchtiger junger Deutsche sowohl in China wie in Japan kennen gelernt habe. Solche junge Leute bringen es ausnahmslos im Laufe der Zeit zu einer geachteten Stellung. Gern wird ihnen die Prokura erteilt und bald sehen wir sie als Chef von Filialen grösserer Häuser in einer der kleineren Hafenstädte wie Tientsin, Amoy, Kobe, Nagasaki oder in Korea thätig. Manche können es auch wagen, sich selbst zu etablieren, und besonders in China kommt ihnen dann ein mustergültiges Vorleben zu gute. Die interessierten Chinesen sind nämlich vielfach weit besser mit dem Privatleben der jungen Leute bekannt als häufig der Taipan selbst. Ist ihnen der junge Mann aus seiner seitherigen Thätigkeit bereits sympathisch und ist ihnen bekannt, dass sie mit einem ehrlichen tüchtigen Kauf-

manne zu thun haben, so sind sie auch zuerst bereit, „*give he Numbel Wan chancee,*" d.h. „*give him a first class chance*" dadurch, dass sie ihm Geschäfte in das Haus bringen, ihn gewissermassen protegieren. Dann ist es auch für den jungen Kaufmann nicht schwer, sich eine gesicherte Existenz zu schaffen, und in wenigen Jahren steht seine Firma angesehen und gross da, ein weiterer Stein im Gebäude des deutschen Ansehens und Einflusses im fernen Osten.
98

was nützt die umfassendste theoretische Einordnung und Kommentierung, wenn seitens der Photographen so gut wie keine Äußerungen vorliegen, die solche Vermutungen überhaupt angemessen erscheinen lassen? Wir hielten es stattdessen für wichtiger, auch angesichts der Probleme des deutschen Kolonialismus, Material zu sammeln und aufzubereiten, welches gewissermaßen das Kolorit jener Zeit einfängt und den Leser in die Lage versetzt, sich selbst ein Bild jener glücklicherweise vergangenen Welt zu erlesen.

Die in langwieriger Archivarbeit zusammengetragenen Stimmen und Reiseberichte belegen weit besser als jede Kommentierung das tun könnte, in welcher Stellung sich die größte Zahl der Deutschen zum sogenannten „Rest der Welt" begriff. Die chauvinistische Arroganz jener Herrenmenschen läßt bereits deutlich die spätere organisierte Form des Rassenwahns erkennen. Dies ist ebenfalls unter dem Gesichtspunkt des authentischen Arbeitens geschehen, nicht zuletzt auch, um einem allzu leichtfertigen und nostalgischen Genuß der Photographien vorzubeugen. Reichhaltiges Material fand sich hierfür in der Bibliothek des Übersee-Musuems in Bremen, für dessen freundliche Zurverfügungstellung wir uns herzlich bedanken. Ebenso gilt unser Dank dem Staatsarchiv Bremen für dessen hilfreiche Unterstützung und all den anderen, die durch ihre Geduld und Hilfe dieses Buch erst ermöglichten.

Bremen, 1980

Axel Roschen
Thomas Theye

Fußnoten und Anmerkungen:

1 „Der Auslandsdeutsche", Halbmonatsschrift für Auslandsdeutschtum und Auslandskunde, Stuttgart 1919, S. 252 f.

2 Negativ aus den Beständen des Übersee-Museums, Bremen. Wir danken für die freundliche Bereitstellung.

3 „Der Auslandsdeutsche", Stuttgart 1919, S. 74 f.

4 Heineken, Ph., „Tagebuch meiner Reise nach Australien, der Südsee und dem Osten — Vom 21.5.1910 bis zum 11.2.1911", als Manuskrip gedruckt, Bremen 1911, S. 213

5 Jacques, N., „Der Kaufherr von Shanghai", Roman, Berlin 1925, S. 104 f.

6 Ammann, Prof. Dr., „Europäer und Chinesen in Shanghai", in, „Kolonie und Heimat" (abgek. K&H), Berlin, Jg. 6/1913, Nr. 50, S. 3

7 v. Brandt, M. „Aus dem Lande des Zopfes — Plaudereien eines alten Chinesen", Leipzig 1898, S. 54 f.

8 Kähler, J., „Deutschland und China", München 1914, S. 20

9 „Koloniale Rundschau", Monatsschrift für die Interessen unserer Schutzgebiete und ihrer Bewohner, Berlin 1909, S. 360

10 o.N. in, „Ostasiatischer Lloyd" (abgek. OL), Shanghai, v. 9.2.1900, S. 95

11 o.N., ebd., v. 30.3.1900, S. 231

12 o.N., ebd., v. 6.4.1900, S. 248

13 o.N., ebd., v. 27.7.1900, S. 569

14 Jacques, N., „Kaufherr von Shanghai", S. 275 f.

15 Heineken, Ph., „Tagebuch", S. 253

16) v. Richthofen, Freiherr W., „Chrysanthemum und Drache — Vor und während der Kriegszeit in Ostasien — Skizzen aus Tagebüchern", Berlin 1902, S. 187

17 Heineken, Ph., „Tagebuch", S. 111

18 o.N., in, OL v. 27.4.1900, S. 305

19 Goldmann, P., „Ein Sommer in China — Reisebilder", Frankfurt a.M. 1899, S. 164 f.

20 Jacques, N., „Auf dem chinesischen Fluß — Reiseberichte", Berlin 1922, S. 77 f.

21 o.N., „Ein Renntag in Tsingtau", in K&H, Jg. 5/1912, Nr. 49, S. 4

22 Ku Hung Ming, „Chinas Verteidigung gegen Europäische Ideen", Jena 1911, S. III

23 „Illustrierter Deutscher Kolonialkalender", München 1912, S. 158 ff.

24 Ku Hung Ming, „Chinas Verteidigung", S. IIIf.

25 Ammann, Prof. Dr., „Europäisches Leben in Shanghai", in, K & H, Jg. 6/1913, Nr. 48, S. 2

26 „Der Auslandsdeutsche", S. 210

27 o.N., „Lokalnachrichten", in, OL v. 23.3.1900, S. 212

28 „Illustrierter Deutscher Kolonialkalender" 1911, S. 169

29 Goldmann, P. „Sommer", S. 187 f.

30 Jacques, N., „Chinesischer Fluß", S. 199 f.

31 Meyers Konversationslexikon, Leipzig, Wien 1897, Bd. 3, S. 597

32 Ku Hung Ming, „Chinas Verteidigung", S. IV f.

33 Grosse, E., „Ostasiatische Erinnerungen", München 1938, S. 248 f.

34 v. Richthofen, Freiherr W., „Chrysanthemum", S. 238

35 o.N., in, OL v. 27.7.1900, S. 562f.

36 Bachgarten, H., „Aus einem Schiffstagebuch — Zwei Jahre in Japan und China", Pola 1911, S. 69 f.

37 Kähler, J., „Deutschland und China", S. 57 f.

38 Heineken, Ph., „Tagebuch", S. 207

39 Negativ aus den Beständen des Übersee-Museums, Bremen. Wir danken für die freundliche Bereitstellung.

40 Lindau, R., „Aus China und Japan — Reiseerinnerungen", Berlin 1896, S. 158

41 Stenz, P.G.M., „Arzt und Apotheker in China", in, „Globus", Braunschweig, Bd. 81/1902, Nr. 24 v. 26.6.1902, S. 383 f.

42 Bachgarten, H., „Schiffstagebuch", S. 63

43 Negativ aus den Beständen des Übersee-Museums, Bremen. Wir danken für die freundliche Bereitstellung.

44 Grosse, E., „Erinnerungen", S. 95 f.

45 Stenz, P.G.M., „Die Frau in China", in, OL v. 6.4.1900, S. 251 f.

46 Heineken, Ph., „Tagebuch", S. 214

47 Wilshusen, W., Brief an das damalige Städtische Museum für Natur-, Völker- und Handelskunde, Bremen, Shanghai 15.8.1908, Wir danken dem Übersee-Museum, Bremen für die freundliche Erlaubnis zum Abdruck.

48 o.N., in, OL v. 20.4.1900, S. 287

49 Goldmann, P., „Sommer", S. 159

50 Ku Hung Ming, „Chinas Verteidigung", S. V f.

51 o.N., in, OL v. 16.2.1900, S. 126

52 o.N., ebd., v. 1.6.1900, S. 399

Gaudeamus igitur.

Ausser dem in China üblichen Reisabsud „Samschu", einem starken, heissen, branntweinartigen Getränk, welches in winzig kleinen Metalltassen getrunken zu werden pflegt, ist unter den reichen, mit den Europäern häufiger in Berührung kommenden Tientsinesen auch das deutsche Bier ein sehr geschätztes Getränk geworden. Abgesehen davon, dass höheren Mandarinen zuweilen von europäischen Kaufleuten einige Kisten Bier zum Geschenk gemacht werden, ist der stärkere Absatz unseres Bieres in die Kreise der reichen Tientsin-Chinesen folgendem Umstand zu verdanken. Eine deutsche Firma Tientsins hatte von Hamburg eine grössere Sendung Marienburger Exportbieres erhalten zu einer Zeit, da der Bedarf des Platzes in diesem Artikel durch mehrere kurz vorher eingetroffene Biersendungen für geraume Zeit vollauf gedeckt erschien. Was war zu thun?

Ein Verkauf des Bieres zu einigermassen annehmbaren Preisen galt für den Augenblick als ausgeschlossen und allzu langes Abwarten musste ein Versauern desselben befürchten lassen. In dieser Lage kam dem Chef des betreffenden Importhauses der ingeniöse Gedanke, eine echt deutsche Kneiperei, eine Art Kommers zu veranstalten und hierzu eine grössere Anzahl chinesischer Geschäftsfreunde einzuladen. Die deutschen Angestellten der wenigen europäischen Platzfirmen, lauter liebenswürdige, lebensfrohe junge Leute, zu jedem gemütlichen Scherz aufgelegt, brachten auf die ergangene Einladung hin zu dieser grossen deutschchinesischen Verbrüderungskneipe ihre Kommersbücher mit und gar bald befanden sich deutsche und chinesische Gäste in heiterster, urgemütlichster Stimmung. Die Deutschen sangen ihr Gaudeamus igitur, rieben ihre Salamander und tranken ihre Bierjungen. Die Chinesen sangen zwar nicht gaudeamus igitur, aber sie rieben mit und tranken zum Entzücken ihrer deutschen Lehrmeister untereinander „Bierduschungen" aus Flaschen. Wenige Tage später war die Ladung Bier verkauft.

Ich wurde heute abend sowohl von meinem Wirt, dem Komprador, wie von einem feisten Tientsiner Bankier höflichst eingeladen, einen „Bierduschungen" mit ihm zu trinken. Wengleich ich dieser Thätigkeit seit meinen Studienjahren nicht mehr obgelegen, so wollte ich doch kein Spielverderber sein und, offen gestanden, ich glaubte auch, als guter Deutscher es im

Biertrinken mit einem Chinesen immerhin noch aufnehmen zu können. Freund Fischer figurierte als Unparteiischer, wir präsentierten, setzten an und — ich wurde um 1 1/2 Sekunden geschlagen. Der Chinese soff, um einen burschikosen Ausdruck zu gebrauchen, wie ein Loch. Der Bankier entpuppte sich als ein noch schnellerer Trinker. Beide übten sich später in „Bierdschungen" aus Flaschen.
99

53 Kähler, J., „Deutschland und China", S. 50 f

54 Grosse, E., „Erinnerungen", S. 55

55 Goldmann, P., „Sommer", S. 191 f.

56 Wilshusen, W., Brief an das damalige Städtische Museum für Natur-, Völker- und Handelskunde, Bremen, Chungking 10.11.1909. Wir danken dem Übersee-Museum, Bremen für die freundliche Erlaubnis zum Abdruck.

57 o.N., in, OL v. 19.5.1911, S. 148 f.

58 Jacques, N., „Chinesischer Fluß", S. 117 f.

59 v. Richthofen, Freiherr W., „Chrysanthemum", S. 232 f.

60 Werner, R. „Die preußische Expedition nach China, Japan und Siam in den Jahren 1860, 1861 und 1862 — Reisebriefe", Leipzig 1863, S. 200 f.

61 Boerschmann, E., „Die Baukunst und religiöse Kultur der Chinesen, Bd. 1, P'u T'o Shan", Berlin 1911, S. 1

62 o.N., in, OL v. 9.3.1900, S. 180

63 Stenz, P.G.M., „Die Frau in China", in, OL v. 6.4.1900, S. 251 f.

64 Dohrn, H., „Die Strafen der Chinesen", Dresden 1898, Nr. 7

65 ebd., Nr. 8

66 ebd., Nr. 9

67 ebd., Nr. 11

68 ebd., Nr. 18

69 ebd., Nr. 20

70 ebd., Nr. 13

71 ebd., Nr. 21

72 ebd., Nr. 4

73 ebd. Nr. 6

74 Kähler, J., „Deutschland und China", S. 14 f.

75 Jacques, N., „Chinesischer Fluß", S. 217 f.

76 o.N., in, OL v. 2.11.1900, S. 902

77 o.N., ebd., v. 30.11.1900, S. 999

78 Werner, R., „Reiseberichte", S. 248 f.

79 Heineken, Ph., „Tagebuch", S. 185

80 Negativ aus den Beständen des Übersee-Museums, Bremen. Wir danken für die freundliche Bereitstellung.

81 Heineken, Ph., „Tagebuch", S. 215 f.

82 v. Richthofen, Freiherr W., „Chrysanthemum", S. 247 f.

83 zit. n. Kuo Heng yü, „China und die Barbaren", Pfullingen 1967, S. 76

84 „Festnummer des Ostasiatischen Lloyd zum 25-jährigen Jubiläum der Regierung Sr. Majestät des Kaisers Wilhelm II", Shanghai 15.6.1913, S. 23 f.

85 Friedjung, H., „Das Zeitalter des Imperialismus 1884-1914", Berlin 1919, Bd. 1, S. 332, zit. n. Glade, D., „Bremen und der Ferne Osten", Bremen 1966, S. 134

86 Worswick, C., (Ed.), „Imperial China 1850-1912 — Photographs", New York 1978, S. 150

87 v. Briessen, F., „Shanghai-Bildzeitung 1884-1898", Zürich 1977, S. 16

88 Worswick, C., (Ed.), „Imperial China", S. 145

89 ebd., S. 135

90 o.N., „Geschäftliche Mittheilungen", in, OL v. 30.3.1900, S. 235 f.

91 v. Richthofen, Freiherr W., „Chrysanthemum", S. 251 f.

92 Wilshusen, W., undatierter Brief

93 ders., in, „Beschreibung einer kleinen Tour nach Chinkiang", Shanghai 16.1.1903, s.a. S. 146.

94 Ammann, Prof. Dr., „Europäisches Leben in Shanghai", in, K&H, Jg.6/1913, Nr. 48, S. 2

95 Bachgarten, H., „Schiffstagebuch", S. 59

96 „Der Auslandsdeutsche", 1919, S. 112

97 Eine Erinnerung A. Roschens

98 Exner, A.H., „China, Skizzen von Land und Leuten mit besonderer Berücksichtigung kommerzieller Verhältnisse", Leipzig 1889, S. 68 f.

99 ebd., S. 127 f.

China — Geschichte und Kultur

Beuchert, M., „Ein kreisrundes Tor zum Himmel", in, Frankfurter Allgemeine Zeitung v. 31.3.1979

Bismarck, H., „Die Belagerung von Peking", in, Ostasiatische Rundschau, Jg. 1, o.J., Heft 5

Blaser, W., „Chinesische Pavillon-Architektur", Stuttgart 1974

Boerschmann, E., „Die Baukunst und religiöse Kultur der Chinesen, Bd. 1, P'u T'o Shan, Berlin 1911
— ders., „Die Baukunst und religiöse Kultur der Chinesen, Bd. 2, Der Gedächtnistempel Tze T'ang", Berlin 1914
— ders., „Chinesische Baukunst", Frankfurt a.M. 1926

v. Brandt, M., „Dreiunddreißig Jahre in Ostasien", Leipzig 1901
— ders., „Der Chinese in der Öffentlichkeit und der Familie wie er sich selbst sieht und schildert", Berlin o.J.

v. Briessen, F., „Gründzüge der Deutsch-Chinesischen Beziehungen", Darmstadt 1977
— ders., „Shanghai-Bildzeitung 1884-1898", Zürich 1977

Chen Chi, „Die Beziehungen zwischen Deutschland und China bis 1933", in, Mitt. d. Inst. f. Asienkunde Nr. 56, Hamburg 1973

Chesneaux, J., „Weißer Lotus, rote Bärte — Geheimgesellschaften in China", Berlin 1976

„China und Europa — Chinaverständnis und Chinamode im 17. und 18. Jhdt.", Ausstellungskatalog, Berlin 1973

„Die preußische Expedition nach Ostasien — Nach amtlichen Quellen", Berlin 1864-1873, 4 Bde.

Dohrn, H., „Die Strafen der Chinesen", Dresden 1898

Eberhard, W., „Geschichte Chinas — Von den Anfängen bis zur Gegenwart", Stuttgart 1971

Exner, A.H., „China, Skizzen von Land und Leuten mit besonderer Berücksichtigung kommerzieller Verhältnisse", Leipzig 1889

Fieldhouse, D.K., „Die Kolonialreiche seit dem 18. Jhdt.," Frankfurt a.M. 1965

Filchner, W., „Tschung-kue — Das Reich der Mitte", Berlin 1925

Fleming, P, „Die Belagerung von Peking", Stuttgart 1961

Franke, H. und Trauzettel, R., „Das chinesische Kaiserreich", Frankfurt a.M. 1968

Franke, O., „Erinnerungen aus zwei Welten", Berlin 1954

Franke, W., „China und das Abendland", Göttingen 1962

Franke, W. und Staiger, B., (Hrsg.), „China — Handbuch", Düsseldorf 1974

Fuhrmann, E., „China — Das Land der Mitte", Hagen 1921

Gollwitzer, H., „Die gelbe Gefahr", Göttingen 1962

Grünfeld, Dr. E., „Hafenkolonien und kolonieähnliche Verhältnisse in China, Japan und Korea", Jena 1913

Hahn, E., „China — Gestern und Heute", München 1966

Kähler, J., „Deutschland und China", München 1914

Ku Hung Ming, „Chinas Verteidigung gegen Europäische Ideen", Jena 1911

Kuo Heng-yü, „China und die Barbaren", Pfullingen 1967

Lauterer, J., „China — Das Reich der Mitte, einst und jetzt", Leipzig 1910

Martin, W.A.P., „A Cycle of Cathay", Edinburgh, London 1900

Marx, K., „Über China — Das Eindringen des englischen Kapitalismus in China", München 1972

Melchers, B., „China — Der Tempelbau", Hagen 1921

Miles, H.A., „A Glossary of Reference on Subjects connected with the Far East", Third Edition 1900, reprinted, London, Dublin, Totowa 1974

Mommsen, W., „Das Zeitalter des Imperialismus", Frankfurt a.M. 1969

Navarra, B., „China und die Chinesen", Bremen 1901

Pirazzoli — t'Serstevens, M. und Bouvier, N., „Weltkulturen und Baukunst — China", München 1970

Pommeranz-Liedtke, G., „Chinesische Neujahrsbilder", Dresden 1961

Pyau Ling, „Beiträge zur neuesten Geschichte Chinas", Berlin 1917

Rohrbach, P., „Deutsche Kulturaufgaben in China", Berlin 1910

Smith, A.H., „Chinesische Charakterzüge", Würzburg 1900

Stoecker, H., „Deutschland und China im 19. Jahrhundert", Berlin 1958

Thilo, T., „Klassische chinesische Baukunst", Wien 1977

Warner, M., „Die Kaiserin auf dem Drachenthron", Würzburg 1974

Werner, E.T.C., „A Dictionary of Chinese Mythology", New York 1969

Witte, Dr. D., „Ostasien-Jahrbuch, Jahresbericht des Allgemeinen Evangelisch-Protestantischen Missionsvereins", Berlin 1921

Wright, M.C., „The last stands of Chinese Conservatism", New York 1966

Bachgarten, H., „Aus einem Schiffstagebuch — Zwei Jahre in Japan und China", Pola 1911

v. Brandt, M., „Aus dem Land des Zopfes — Plaudereien eines alten Chinesen", 2. Aufl., Leipzig 1898

Enzensberger, H.M., „Eine Theorie des Tourismus", in, „Einzelheiten I", Frankfurt a.M. 1962

Fischer, M., „Szetschuan", München, Wien 1968

Gervais, A., „Ein Arzt erlebt China", Bern, Leipzig, Wien 1935

Goldmann, P., „Ein Sommer in China — Reisebilder", Frankfurt a.M. 1899

Grosse, E., „Ostasiatische Erinnerungen", München 1938

Heineken, P., „Tagebuch meiner Reise nach Australien, der Südsee und dem Osten — Vom 21.5.1910 bis zum 11.2.1911", als Manuskript gedruckt, Bremen 1911

Hesse-Wartegg, E.v., „China und Japan — Erlebnisse, Studien, Beobachtungen auf einer Reise um die Welt", Leipzig 1897

v. Heyking, E., „Briefe, die ihn nicht erreichten", 10 Aufl., Berlin 1903, anonym erschienen

Jacques, N., „Auf dem chinesischen Fluß — Reiseberichte", Berlin 1922
— ders., „Der Kaufherr von Shanghai", Roman, Berlin 1925

Kisch, E.E., „China Geheim", Berlin 1961

Leist, C., „Bericht des Inspectors Leist über seine Reise nach Australien und Ostasien", als Manuskript gedruckt, Bremen 1886

Lindau, R., „Aus China und Japan — Reiseerinnerungen", Berlin 1896

Little, Mrs. A., „Round about my Peking Garden", London 1905

Manes, A., „Ins Land der sozialen Wunder", Berlin 1911

v. Richthofen, Freiherr W., „Chrysanthemum und Drache — Vor und während der Kriegszeit in Ostasien — Skizzen aus Tagebüchern", Berlin 1902

Schivelbusch, W., „Geschichte der Eisenbahnreise", München 1977

Sontag, S., „Project for a Trip fo China", in, „I, etcetera", New York 1978
— dies., „Trip to Hanoi", New York 1968

Waln, N., „Süsse Frucht, bittre Frucht — China", Reinbek 1959

Werner, R., „Die Preußische Expedition nach China, Japan und Siam in den Jahren 1860, 1861 und 1862 — Reisebriefe", Leipzig 1863

Wiegand, H., „Bericht des Director Dr. jur. Wiegand an die Verwaltung des Norddeutschen Lloyd über seine Reise nach Nordamerika und Ostasien 1898-1899", als Manuskript gedruckt, Bremen 1899

Witte, H., „Die Wunderwelt des Ostens — Reisebriefe aus China und Japan", Berlin 1913

Wolf, E., „Meine Wanderungen im Inneren Chinas", Stuttgart und Leipzig 1901

Theorie und Geschichte der Photographie

Adam, H.-C., „Wilhelm Wilshusen — Fotografien aus China 1901-1919", in, Fotografie 1978/7, S. 50

— ders., „Photographie auf Forschungsreise — Reisende Photographen im 19. Jahrhundert", in, „In unnachahmlicher Treue", Ausstellungskatalog, Köln 1979

Baier, W., „Quellendarstellungen zur Geschichte der Fotografie", München 1977

Beck, J., „Photographieren im Süden", in, Deutscher Camera Almanach, Jg. 2, 1906, S. 130ff.

Benjamin, W., „Das Kunstwerk im Zeitalter seiner technischen Reproduzierbarkeit", Frankfurt a.M. 1963

v. Brevern, M., „Künstlerische Photographie", Berlin 1971

Buckland, G. (Ed.), „Reality Recorded — Early Documentary Photography", London 1974

Capa, C., „Behind the Great Wall of China — Photographs from 1870 to the Present", Ausstellungskatalog, New York 1972

Freund, G., „Photographie und Gesellschaft", München 1976

Gernsheim, H. und A., „Creative Photography — Aesthetic Trends 1839-1960", London 1962
— dies., „History of Photography", London 1969
— dies., „Die Fotografie", Wien, München, Zürich 1971

Goodrich, LC. und Cameron, N. (Ed.), „The Face of China as seen by Photographers and Travellers 1860-1912", Millerton N.Y. 1978

Harford, C.F., „Ratgeber für die Ausrüstung von Reisenden nach Übersee und den Tropen", Berlin 1910

Kahmen, V., „Fotografie als Kunst", Tübingen 1973

Kempe, F., „Vor der Camera — Zur Geschichte der Photographie in Hamburg", Hamburg 1976

o.N., „Leitfaden für den Amateurphotographen", Dresden o.J., Verlag der ICA-Aktiengesellschaft, verm. um die Jahrhundertwende erschienen.

Lichtwark, A., „Die Bedeutung der Amateurphotographie", Halle a.S. 1894

Loescher, F., „Leitfaden der Landschaftsphotographie", 3. Aufl., Berlin 1908

Maas, E., „Die goldenen Jahre der Photoalben", Köln 1977

Matthies-Masuren, F., „Künstlerische Photographie — Entwicklung und Einfluß in Deutschland", Leipzig 1907

Neumann, T., „Zur Sozialgeschichte der Photographie", Neuwied, Berlin 1966

Newhall, B., „The History of Photography", London 1972

Peters, U., „Stilgeschichte der Fotografie in Deutschland 1839-1900", Köln 1979

Pritchard, H.B., „About Photography and Photographers", New York 1883, reprinted 1973

Ricalton, J., „China through the Stereoscope — A Journey through the Dragon Empire at the Time of the Boxer Uprising", New York, London 1901

Saal, A., „Die Photographie in den Tropen mit den Trockenplatten", Halle a.S. 1908

Scharf, A., „Pioneers of Photography", New York 1976

Salisbury, H. (Ed.), „Imperial China 1850-1912 — Photographs", New York 1978

Seler, C., „Die Photographie auf Forschungsreisen", in, Deutscher Camera Almanach, Jg. 2, 1906, S. 103ff.

Sontag, S., „Über Fotografie", München 1978

Stelzer, O., „Kunst und Photographie", München 1966

Tausk, P., „Die Geschichte der Fotografie im 20. Jhdt.: Von der Kunstfotografie zum Bildjournalismus", Köln 1977

Thomson, J., „Illustrations of China and its People. A Series of 200 Photographs with Descriptions of the People and Places represented" (Vol. I-IV), London 1873
— ders., „China — The Land and its People", Early Photographs by John Thomson, reprinted by John Warner, Hong Kong 1977
— ders., „Street Life in London", London 1877, reprinted, Wakefield 1973

Vogel, H.W., „Handbuch der Photographie", Berlin 1890-1894, 4 Bde.
ders., „Lichtbilder nach der Natur", Berlin 1879

Wentzel F. und Paech, F., „Photographisches Reisehandbuch" Berlin 1909

Worswick, C., (Ed.), „Imperial China 1850-1912 — Photographs", New York 1978

Zille, H., „Photographien Berlin 1890-1910", hrsg. von Winfried Ranke, München 1975

Umgang mit historischem Photomaterial

Adam, H.-C., „Bericht über die Archivierung von Bildern", in, Fotografie, 1978/5, S. 47ff.

Rheinisches Bildarchiv, (Hrsg.), „Negativfehler in Negativarchiven", Hektografiertes Manuskript, Köln o.J.

Mutter, E., „Die Technik der Negativ- und Positivverfahren", Wien 1955

Porter, A., „Das Camera-Handbuch alter Phototechniken, wie sie von zeitgenössischen Photographen angewandt werden", in, Camera, 58. Jg., 1979/2, S. 3ff.

Time/Life, (Hrsg.), „Umgang mit Photos", Amsterdam 1972

Weinstein, R.A., Booth, L., „Collecting, Use and Care of Historical Photographs", Nashville 1977

Bremensien

Abel, H., „Vom Raritätenkabinett zum Bremer Übersee-museum", Bremen 1970

Duckwitz, R., „Aufstieg und Blüte einer Hansestadt", Bremen 1951

Historische Gesellschaft des Künstlervereins Bremen, (Hrsg.), „Bremische Biographie des 19. Jhdts.", Bremen 1912

Historische Gesellschaft zu Bremen, (Hrsg.), „Bremische Biographie 1912-1962", Bremen 1969

Glade, D., „Bremen und der Ferne Osten", Bremen 1966

„Jahresberichte der Handelskammer Bremen", Bremen 1899-1914

„Katalog der Nordwestdeutschen Gewerbe- und Industrie-, Marine-, Handels- und Kunstausstellung in Bremen", Emmerich 1890

Melchers, C., „C. Melchers & Co., Bremen — Melchers & Co., Hong Kong, Kanton, Shanghai, Hankow, Tientsin, Chingkiang, Ichang, Tsingtau", Festschrift zum 100. Firmenjubiläum, Bremen 1909
— dies., „150 Jahre C. Melchers & Co. Bremen — 90 Jahre Melchers & Co., China", Festschrift, Bremen 1956

Schauinsland, H., Jahresberichte des Museums für Natur-, Völker- und Handelskunde, Bremen 1896-1919

Zeitschriften/Periodika

„Der Auslandsdeutsche", Halbmonatsschrift für Auslandsdeutschtum und Auslandskunde, Stuttgart 1918ff.

„Camera", hrsg. v. Allan Porter, Luzern 1922 ff.

„Deutscher Camera Almanach", hrsg. v. Fritz Loescher, Berlin 1905ff.

„Fotografie", hrsg. v. Wolfgang Schulz, Göttingen 1977ff.

„Globus", Illustrierte Zeitschrift für Länder- und Völker-kunde, Braunschweig 1862ff.

„Illustrierter Deutscher Kolonialkalender", München 1909ff.

„Kolonie und Heimat", Unabhängige Koloniale Wochen-schrift, Organ des Frauenbundes der Deutschen Kolonial-gesellschaft, Berlin 1907ff.

„Deutsche Kolonial Zeitung", Organ der Deutschen Kolo-nialgesellschaft, Berlin 1883ff.

„Der Ostasiatische Lloyd", Organ für die deutschen Inter-essen im Fernen Osten, Shanghai 1886ff.

„Dietrich Reimers Mitteilungen für Ansiedler, Farmer, Tropenpflanzer, Beamte, Forschungsreisende und Kauf-leute", Berlin 1907ff.

„Koloniale Rundschau", Monatsschrift für die Interessen unserer Schutzgebiete und ihrer Bewohner, Berlin o.J.

„Ostasiatische Rundschau", Shanghai, Tsingtau, o.J.

„Brücke über einen Creek", bei Shanghai; Aufnahme ca. 1902

Zwanzig Jahre sind seit unserer ersten Begegnung mit den alten Glasplatten vergangen. Zwanzig weitere Jahre wechselhafter politischer und gesellschaftlicher Entwicklung Chinas und der deutsch-chinesischen Beziehungen, die den Bogen zwischen den einzigartigen Bilddokumenten und zuweilen vorwitzigen Texten von Wilhelm Wilshusen spannen und deren Aktualität mehr als verdeutlichen: Kulturrevolution und „Viererbande", Maos Tod und Dengs Aufstieg, Sonderwirtschaftszonen und wirtschaftliche Kooperation – ein VW aus Shanghai, der Fund der vergrabenen Armee aus Ton und andere glanzvolle Ausstellungen zum Reichtum chinesischer Kultur, die Demokratiebewegung und ihr vorerst blutiges Ende auf dem Tienanmen-Platz, Abschied von der „eisernen Reisschüssel" und eine ganz andere Art von „Sozialismus" als ihn sich hier viele erträumt hatten. Schließlich mit der Übergabe Hongkongs im vergangenen Sommer ein Schlußstrich unter die von China als besonders demütigend empfundenen „Ungleichen Verträge" der Kolonialzeit, wenngleich unter anderen politischen Vorzeichen als lange erwartet.

Zur Entstehung dieses Buches trug neben der exotischen Faszination seines Sujets sicher auch der Nachhall der bei uns vollmundig vorgetragenen Vorstellungen von einer Befreiung der sogenannten Dritten Welt bei – eine Art schreibender Wiedergutmachung durch Kritik an den einstigen Kolonialherren.

Dies war nicht unser Weg! Wir ließen die Zeitzeugen auf eine Art und Weise zu Wort kommen – mit ihren eigenen Texten in einer Marginalienspalte – die sich selbst entlarvte. Neu war auch die Wertschätzung und Nutzung der Photographie als historischer Quelle zur Kolonialzeit, die auf nüchterne und unverstellte Art über das „Leben und Treiben der Chinesen" wie ihrer Ausbeuter berichtete. So war unser Ziel eine differenzierte Darstellung des deutsch-chinesischen Verhältnisses in einer für China leidvollen und als demütigend empfundenen Zeit.

Auch persönlich verdanken wir dem vorliegenden Buch voller Erinnerungen und Photographien viel, denn das überlieferte Quellenmaterial bot uns einen starken Anreiz zu intensiver Beschäftigung, sowohl mit der jüngeren Geschichte Chinas und der Kolonialzeit, als auch mit der Geschichte der Photographie – zumal auf Reisen und in Übersee. Die Arbeit an *Abreise von China* führte zu immer wieder neuen Begegnungen mit Menschen, die sich aus ganz unterschiedlichen Motiven mit China befaßt hatten: Der Kaufherr, der uns den Betrieb eines Tonbandgerätes zur Aufnahme unseres Gespräches untersagte, wohl aus Furcht vor vermeintlicher allzu radikaler Kritik am Kolonialismus; der Gefängnisaufseher, der am „Boxer"-Krieg teilgenommen und Tagebuchnotizen in einer Bremer Sonntagszeitung veröffentlicht hatte. Aber auch für die Nachkommen der „Old-China-Hands", die zu Wilshusens Zeiten als Akteure auf der Bühne der Zeitgeschichte agiert hatten, bot das Buch immer wieder neuen Anlaß zur Gesprächsaufnahme. Es wurden Geschichten erzählt – kriegerische, wie die von dem preußischen Truppeninspekteur, der eine chinesische Stellung gegen feindliche Truppen von See aus befestigen half, bis die Japaner sie dann vom Land her im Handstreich nahmen – von einem Koffer mit doppeltem Boden, in dem deutsche Botschaftsdokumente nach 1919 aus China transportiert werden sollten – aber auch rührende Episoden, wie die von dem jungen Kindermädchen aus Shanghai, die Wilshusen auf einer Bootsfahrt begleitete und eine dick wattierte seidene Bettdecke als Geschenk erhielt. Nicht zu vergessen auch das Interesse der „Linken" an China als vermeintlich geglücktem Modell der Befreiung von kolonialer Ausbeutung und der Selbständigkeit. Doch mußte – oft wohl nach eigenen Reiseeindrükken – von vielen bald bemerkt werden, daß sich, auch ohne den Mythos vom ewigen Stillstand Chinas weiter zu befördern, vieles von dem auch heute noch wiederfindet, was einst Wilshusen im Riesenreich der Mitte ins Auge stach.

Unser Buch, unsere Begegnung mit den photographisch festgehaltenen Eindrücken Wilhelm Wilshusens, war für uns immer auch eine gedachte Reise nach China, und wenn sie nur in der Dunkelkammer oder in unseren Vorstellungen stattfand. Der Wunsch, die Stätten und Plätze aufzusuchen, an denen „unser" China-Kaufmann lebte, und seine Bilder mit neuen Aufnahmen zu vergleichen, besteht weiter.

Bremen, im September 1997

Axel Roschen
Thomas Theye

Aus unserem Programm:

Claudia Balk
Theatergöttinnen
Inszenierte Weiblichkeit
C. Ziegler – Sarah Bernhardt – Eleonora Duse
44 farbige Abbildungen, 92 Duplex

Dagmar Barnouw
Deutschland 1945
Ansichten von Krieg und Gewalt
Mit über 100 ganzseitigen Abbildungen z.T.
farbig

Kevin Brownlow
Pioniere des Films.
Vom Stummfilm bis Hollywood
Mit über 200 Abbildungen

daedalus-daedalus
Die Erfindung der Gegenwart
Vierfarbiger Druck

K.R. Eissler
Leonardo da Vinci.
Psychoanalytische Notizen zu einem Rätsel
144 z.T. vierfarbige Abbildungen

Raoul David Findeisen
Lu Xun (1881 - 1936).
Texte, Bilder, Dokumente, Chronik

Sigmund Freud
Tagebuch 1929 - 1939
Über 200 Abbildungen

Friedrich Hölderlin
Sämtliche Werke
Frankfurter Ausgabe, Hg. D.E. Sattler
Mit Handschriften-Faksimiles

Pierre Imhasly
Rhone Saga
Mit über 200 Abbildungen

Franz Kafka
Historisch-Kritische Ausgabe
Hg. R. Reuß und P. Staengle
Mit Handschriften-Faksimiles

H. v. Kleist
Sämtliche Werke
Brandenburger Ausgabe
Hg. R. Reuß und P. Staengle
Mit Handschriften-Faksimiles

Sehsucht: Das Panorama
als Massenunterhaltung des 19. Jahrhunderts
Ausstellungskatalog der Kunst- und
Ausstellungshalle der BRD
Über 300 vierfarbige Abbildungen

Stroemfeld Verlag

CH-4007 Basel · Oetlingerstrasse 19
D-60322 Frankfurt am Main · Holzhausenstr. 4